# 驚くべき人間のからだ

## 神のかたちとして

ポール・ブランド
フィリップ・ヤンシー［共著］
赤木真理子［訳］　有光潤介［監訳］

いのちのことば社

**Fearfully and Wonderfully: The Marvel of Bearing God's Image**

# 日本の読者の皆さんへ

クリスチャンの歩みにおいて私が最も影響を受けた人は、宣教師であり外科医のポール・ブランド博士です。十五年以上にわたって、私はブランド博士とともに三冊の本を出版しました。インドとイギリスの旅に同行し、博士の人生の軌跡《きせき》をたどりました。私は医学、人生、神について、思いつくかぎりの質問を博士に投げかけました。元患者、同僚、家族、手術室の看護師からも、ブランド博士の人柄を知る貴重なエピソードを聞くことができました。

二〇〇三年にブランド博士は天に召されましたが、彼とともに過ごした時間は私にとってかけがえのない宝物となっています。私自身の信仰について書く自信がないころでしたが、私は彼の信仰については自信をもって書くことができました。

ブランド博士によって私は生まれ変わり、博士は私の信仰の道しるべとなりました。あらゆる面で深みを持っていたブランド博士を人生の模範とすることで、私の信仰は確固たるものとなったと思います。私は今も、正義、ライフスタイル、お金に関する問題を、彼の目を通して見ています。自然環境を見る目も変わり、さらに人間の身体、特に痛みを受けとめる見方も大きく変わりました。ブランド博士は、私の内面の核心部分に深く影響を与えてくれました。ブランド博士の世界に触れるたびに、私の世界観も、私自身も新たにされました。

日本の読者が本書を通してブランド博士に出会ってくだされば、これ以上の喜びはありません。一九八〇年代にブランド博士と私は共著という形態で二冊の本を公にしました。本書はそれらを一冊にまとめたものです。旧版を出版して以来、医学や科学の発展を含め、世の中は大きく変化しました。本書は、キリストの「からだ」、そして神ご自身についてのブランド博士の思想をそのままに、入念に改訂したものです。ブランド博士は常に、患者とのエピソードを交えながら、活き活きと、具体的に自分の考えを表現していました。ポール・ブランド博士の知恵と模範的な生き方を日本の読者の皆さまに紹介できることをたいへん光栄に思っています。

フィリップ・ヤンシー

# 目次

＊本書の聖書本文は、一部を除いて、『聖書 新共同訳』（日本聖書協会発行）を使用しています。

# 改訂版序文

私がポール・ブランド博士のことを知ったのは、一九七六年、拙著『痛むキリスト者とともに』（いのちのことば社）を執筆しているころでした。私が痛みの問題について考えていたとき、妻が医療用品の収納棚に、博士の書いた『痛みという贈り物』（The Gift of Pain）という興味深い小冊子を発見しました。その中で、多くの人が痛みから逃れようとするのに対して、ブランド博士は、数百万ドルを費やして痛みのシステムを考案しようとしていました。彼はこう記していました。「痛みに感謝する！　ハンセン病患者にとってこれほど貴重なものはないのだから。」

ブランド博士は、英国で整形外科医の研修を受けた後、人生の大半をインドで過ごし、昔から恐れられている病の一つ、ハンセン病について大きな発見をしました。ハンセン病の症状は、手足の指の欠損、失明、皮膚潰瘍、顔面変形などがありますが、入念な研究のもと、いずれも痛みを感じないことを共通の原因とすることを解明しました。ハンセン病は、神経細胞を麻痺させ、その結果として患者は痛みを感じなくなるために、知らず知らずのうちに少しずつ自滅の道を歩むことになるのです。

インドからルイジアナのハイテク研究所に移ったブランド博士は、感覚鈍麻や無痛症について学んだことを、糖尿病の治療に応用しました。ブランド博士の発見は、糖尿病の足の治療に革命を起こし、年間何万人もの患者が足を切断せずにすみました。そのことを、元公衆衛生局長官のC・エヴェレット・クープが私に教えてくれました。

ブランド博士の研究は、世界各地で称賛を浴び、エリザベス女王から大英帝国勲章を授与され、インドのマハトマ・ガンジー財団では、西洋人でただ一人、理事に任命され、米国公衆衛生局からは最高賞を授与されました。このような国際的な評価を受けているにもかかわらず、彼はとても謙虚な人でした。

私がブランド博士に出会ったときには、博士はまだアメリカでの生活になじんでいませんでした。都会の贅沢《ぜいたく》な生活に不安を覚え、土に親しむシンプルな生活を懐かしがっていました。裸足で過ごすことを好み、余暇にはバードウォッチングや庭の手入れをしていました。ガンジー、マザー・テレサ、アルベルト・シュヴァイツァー、フィリップ殿下といった人物と親交があったにもかかわらず、そのことに触れることはほとんどありませんでした。自分の失敗を率直に語り、成功の手柄を常に同僚に譲ろうとしました。最も印象的だったのは、私の知るかぎり最も聡明な人物が、人生のその大半を、地球上の最下層といわれる人々、ハンセン病に苦しむインドの不可触民カースト（現在はダリットと呼ばれている）の人々のためにささげていたということです。

**遺志を継ぐ**

ブランド博士との対話で私の心に最も鮮明に残っているのは、博士が医療を施した「名もなき患者」のことです。先駆的な活動を始めた当初、ブランド博士は、千五百万人のハンセン病患者の中で働く、世界でたった一人の整形外科医でした。お連れ合いのマーガレットとともに数十件の外科手術を行い、革新的な腱移植によって、硬くなってしまった爪を使える手に変え、足を作り変え、失明を防ぎ、眉毛を移植し、新しい鼻を作りました。

博士は、患者の病気が発症して家族から拒絶された話や、医師と患者が一緒になって試行錯誤を重ねながら行った治療法などについて話してくれました。そして患者たちの苦しみを思い出すと、いつも目を潤ませ、涙を拭っていました。彼にとって、この世で最も疎外されているこの人々は「名もなき者」ではなく、「神のかたち《イメージ》」に似せて創られた「人」であり、敬意を払うべき存在であって、彼は、そのかたち《イメージ》を回復させるために自らをささげたのです。

私と親しくなるにつれて、ブランド博士は、かつて本を出版したいと思ったことがあると、いくらか恥ずかしそうに話してくれました。インドのキリスト教医科大学での博士の講演を聞いた教授陣が、その内容を出版するために整理しておくように勧めてくれたのです。しかしその原稿はわずか九十頁ほどのもので、本にするほどの量ではありませんでした。それから二十年以上が経ち、原稿に手が加えられることはありませんでした。私は博士を説得し、クローゼットやタンスの引き出しを探って、あのチャペルで話をしたときの講演要旨のひどく汚れたコピーを三枚見つけました。その晩遅くまで私は、人体に関する博士の深遠な熟考に引きつけられたのでした。

ブランド博士は、この原稿の目的をこう記しています。

「ある意味、私たち医師は、大きなデパートの苦情受付窓口の従業員のようなものです。一日中、製品についての苦情を聞いていると、その製品の品質について偏った見方をしてしまいがちです。こここでは、そうではなく、神がお造りになったもの、つまり人体について、立ち止まって考えてみたのです。」

さらに一歩進んで、ブランド博士は新約聖書のキリストの「からだ」という類比《アナロジー》に注目して、現代科学の知見でもってそれを改訂しました。

私は、医学的・霊的な見識を広げながら、博士自身の人生における多くのエピソードを加え、元の原稿を自由に発展させる許可を得て、博士からそれをお預かりしました。十年近くブランド博士のお供をし、英国での医学修行の足跡をたどり、インドやルイジアナのハンセン病療養所で患者たちと接する様子を観察しました。タマリンドの木の下に座り、研究室で仕事をする博士を眺め、ランドローバーに乗って飛び回り、ロンドンの地下鉄を疾走する博士に、私は思いつくかぎりの質問をしました。ブランド博士は四十年も医師をやっていても、人体の壮大さに対しては少年のような熱意を持ち続けていました。話が多岐にわたっても、私が持ち出す話題について、彼は深い知識を持っていました。シェイクスピアを引用し、ギリシア語、ヘブライ語、ラテン語の語源を論じてくれました。休憩時間には、熟したイチジクの選び方（蝶が寄って来ているかを見るのです）や、機織鳥《はたおりどり》が片足とくちばしだけで精巧な巣を作る方法なども教えてくれました。駆け出しの作家だった私は、彼の知恵を貪欲に吸収しました。

それ以来、約七十万人の読者が、博士の『人間のからだ』（*Fearfully and Wonderfully Made*）やその続編の『神のかたちとして』（*In His Image*）を購入してくれました。妊娠中の女性からは「生命と誕生の奇跡を知ることができた」と感謝され、医学生からは「医学の道に進むきっかけになった」と言われ、高校や大学の生物の教師からは「本を抜粋させていただいた」と告げられ、ある読者たちからは「人体の素晴らしさを思い起こさせてもらった」と感謝されました。

著名な医師たちも、ブランド博士の功績を称賛しています。ノーベル賞受賞者で最初の腎臓移植を行ったジョセフ・マレー、医学作家のリチャード・セルツァーとアブラハム・ヴェルゲーゼ、神経外科医のオリバー・サックス、現代のホスピス運動の創始者であるシシリー・ソンダースらです。全員がブランド博士と同じ信仰を持っていたわけではありませんが、彼の言葉に知恵を見いだし、彼の思いやりに満ちたその医療スタイルにインスピレーションを受けています。

**改訂新版**

二冊の本は三十年以上版を重ね、それだけに古さも目立ってきました。長年にわたって多くの読者の声を聞いてきた私は、ポール・ブランド博士のことを新しい世代に紹介したいと思いました。医学や科学が大きく進歩した今、編集上の修正を加え、関連する内容を更新し、その過程で本文テキストを凝縮して、この新しい合本版を作成しました。

ブランド博士は二〇〇三年に召されましたが、ここには、インドやルイジアナで暮らしていたころの博士の声を一人称（「私」という言葉）で残しています。科学者、宣教師、外科医、語り手、神学者という豊かな視点から、自分の人生を振り返っています。

私たちは分断の時代に生きています。政治的にも、人種的にも、宗教的にも、米国は結束するのに極度の緊張を強いられており、同様のことは世界中に広がっています。実際に世界中が戦火に包まれた第二次世界大戦の激戦の中で医学を学び、百万人以上の死者を出し、千四百万人の難民を生んだインド分離の中で医学者としてのキャリアをスタートさせた人から、私たちは多くを学ぶ必要があります。

現代世界は、グローバルな同盟関係、企業、教会の宗派、政府の官僚機構などの制度に依存していますが、その多くが破綻しています。今こそ、これまでとは違うコミュニティのあり方を模索する時です。組織ではなく、人体に最もよくたとえられる有機体ということです。

現代文化もまた還元主義的になっています。私たちは、音楽や映画、知識を、携帯スマートフォンに保存できるデータの断片に還元しています。科学、医学などの専門分野は、部門の壁を設けて縦割り型になり、情報共有がほとんど見られなくなりました。そうしたなか、ブランド博士には、各分野を結びつける稀有な能力がありました。熱心な科学者であり、バードウォッチャーであり、登山家であり、オーガニック・ガーディナーであった彼は、自然の秩序と霊的な摂理を統合しようと努めていました。クリスチャンである博士は、自然界の中に創造主のささやきを見いだすことに喜びを感じていました。

宇宙の銀河、星、惑星を望遠鏡で観察し、さらに高性能の顕微鏡で微小な分子、原子、電子をのぞいてみると、構造とパターンがきわめて類似していることに気づきます。同じ創造主が両方のレベルのことを設計されたのです。ですから、同じ創造主が、人体を設計し、新約聖書の著者たちに霊的真理をそこに見いだすように霊感をお与えになったのです。ブランド博士の洞察は、説教としてではなく、細胞がコミュニティの中でどのように作用し合い、そこから私たちが何を学ぶことができるかを観察したものです。

本書が、ずいぶん長い間、創造された世界とその源を隔ててきた溝を埋めてくれる一助になることを願っています。神は物質を創り、この世界、とりわけ私たちの身体の設計に大いなる創造性を注ぎ込まれました。私たちにできることは、とにかく感謝することです。

私は博士と一緒に働いた十年間を懐かしく思い起こします。当時、私は文筆活動を始めたばかりでしたが、そこで得たものは素晴らしい題材でした。自然界、とりわけ壮大な人体。肉体的な痛みを知らないゆえに多くの苦しみを味わう人々に癒しを与えた外科医の稀有な人生。そして、神の名声を移り気な従者である私たちに委ねるという、神によってなされた最も危険な賭けであるといえるキリストのからだの神秘。

**個人的なメモ**

真の友人とは、時間が経つとともに周囲に与えた影響の大きさを示す、そんな存在です。最初にブランド博士に出会ったときの私と今の私を比べると、私の中で大きな変化が起きていることがわかります。そのほとんどはブランド博士のおかげです。

別の書物等で、私は、心を蝕む教会にいたことが原因で、信仰のことで悩んでいたことを正直に述べてきました。私の霊的な旅路の重要な時期に、神がブランド博士のもとへそっと導いてくださったことは間違いありません（もちろん、妻が医療用品の収納庫で偶然発見したことによるのですが）。

「フィリップ、あなたは、教会の悪い側面を何度か見てきました。今度は素晴らしいものを見せてあげましょう」と。

ポール・ブランド博士は善良な人であるとともに、偉大な人物でした。私は、一緒に時間を過ごせたことを心より感謝します。信仰によってあらゆる面で強められた人物を、ジャーナリスト特有の批判的な目で観察するなかで私の信仰は深められました。これほど私に影響を与えた人物はいませんし、福音書の中で最も引用されているイエスの言葉、「わたしのためにいのちを失う者は、それを見いだす」(ルカ九・二四参照)をこれほどよく表している人を私は知りません。成功に固執する文化から見れば、整形外科医が地球上で最も貧しく虐げられている人々のために自分のキャリアをささげることは、「自分のいのちを失う」ことの実例でしょう。しかしブランド博士は、私の知るかぎり、だれよりも充実した豊かな人生を送り、専門家としての業績と、謙虚さと壮大な冒険心という恒久的な資質を兼ね備えた人物でした。

博士はだれよりも、私の将来の展望、霊的なもの、理想を方向づける手助けをしてくれました。私は、博士の目を通して自然界や環境問題を見てきました。また、頭で理解していたクリスチャン生活が実現するとの確信も得ることができました。現代社会に生き、謙虚さを失うことなく成功を収め、犠牲を払って人に仕え、しかも喜びと満足感を得ることは確かに可能なのです。そのことに疑いを感じるときには、私はポール・ブランド博士と過ごした日々を思い起こします。

この本は博士と私の共同執筆ですが、深い交わりがそこにあったと今になって思います。教会で傷つき、疑心暗鬼に悩まされていた私には、芽生えたばかりの自分の信仰を成長させる力がありませんでした。しかし、私はブランド博士の信仰について誠実に書くことができ、その過程で博士の言葉や考えが私のものとなりました。博士と過ごした十年間は、私にとってかけがえのない蛹期《さなぎき》でした。私はジャーナリストとして、博士の信仰を言葉にしました。そして、博士は私が書いた言葉を信じてくれました。

シモーヌ・ヴェイユはかつてこう言いました。「(本や映画に描かれるような) 空想上の悪はロマンチックで変化に富んでいる。現実の悪は陰鬱で単調、不毛で退屈である。空想上の善は退屈だ。現実の善は常に新しく、驚嘆すべきものであり、夢中にさせるものである。」私は、ポール・ブランド博士の中に真の善を見ました。そして、それは実に驚嘆すべきものであり、夢中にさせるものでした。共著者として、博士の人生に光を当てる役割を果たせたことをとても光栄に思っています。

フィリップ・ヤンシー

「あなたは、わたしの内臓を造り
母の胎内にわたしを組み立ててくださった。
わたしはあなたに感謝をささげる。
わたしは恐ろしい力によって
驚くべきものに造り上げられている。」（詩編一三九編一三～一四節）

# 第一部　「かたち」（イメージ）の担い手

「人間とはなんという傑作だろう！　崇高な理性、無限ともいえる肉体の働き、かたち、動き、ともに驚くほど的確、行動は天使のごとく、こころの働きは神のごとく。」

――ウィリアム・シェイクスピア

## 1　見えない神が、形ある人間を創造された

インド、ヴェールールにある病院の四十床の病棟で、私のところの研修医と医学生のグループはカーテンで外と仕切られた中にいました。病棟は活気に満ち、看護師が患者の世話をし、家族が手料理を運んで来ていました。しかしその一方で、カーテンの内側の私たちは、これから診断を下す若い同僚に全神経を注いでいました。

若い医師は、私が教えたとおりに膝をつき、温かい手をシーツの下に入れ、女性患者の腹部に当てました。痛みを訴える部分を指でなぞりながら、いくつかの質問をしました。虫垂炎と卵巣の感染症の可能性を疑っているようです。若い医師の顔がわずかに動くのが目に入りました。眉をひそめたのです。私の中でかすかな記憶がよぎりましたが、それが何であるかははっきりと思い出すことができませんでした。

研修医の質問は、とりわけ慎み深いヒンドゥー社会においてデリケートな領域に踏み込んだものでした。「あなたは性病にかかったことがありますか。」彼は女性の目をまっすぐ見つめながら、静かな口調で尋ねました。その表情には、同情と探求心と温かさが混在していました。女性が気まずい思いをせず、本当のことを話せるようにとの配慮がそこにありました。

その瞬間、私の記憶が鮮明によみがえってきました。そうだ！　彼の上がった左眉、下がった右眉、片側に傾いた頭、きらきらした目、優しそうな笑み、これらは紛れもなく、かつてロンドンで外科医長をしていたロビン・ピルチャー教授の顔だ。私は思わず息を呑みました。

私の反応に驚いて、医学生たちが一斉に顔を上げます。私には、まるでこの研修医がピルチャー教授の仕草を研究して、演技のオーディションでそれを再現しているように思えたのです。私は医学生たちに、どうしてそのような反応を示したのかを説明しなければなりませんでした。「あの表情は、私のかつての恩師にそっくりだったのですよ。皆さんはイギリスには行ったことがないし、ピルチャー教授もインドに来たことがないのに、こんな不思議なことがあるものなのですね！」

最初、医学生たちは戸惑ったように黙って私を見つめていました。やがて、二、三人が微笑んで、その一人が言いました。「私たちはピルチャー教授を存じあげません。でも、ブランド教授、あれはあなたの表情そのものでした。」

その日の夜、私は事務所でひとり、ピルチャー教授のもとで過ごした日々を振り返っていました。私は教授から手術や診断の技術を学びました。それだけでなく、教授は、直感や患者を診るまなざし、表情、笑顔までも他の人たちにしっかりと刻み込んでいたのです。その優しい笑顔は、患者の羞恥心を和らげ、重要な情報を聞き出すのに最適なものでした。ピルチャー教授の教え子である私は、一万五千キロも離れた医学生たちに彼から学んだ知恵を伝える人間の鎖の輪となっていたのです。インド人医学生は、若く褐色の肌を持ち、タミル語を話しており、ピルチャー教授とも私ともまったく似ていません。けれども、そのインド人学生が私の恩師の面影をあまりに正確に伝えてくれたので、私を医学生時代に引き戻したのです。その病棟での経験は、私に「イメージ」（かたち）という概念について明確な洞察を与えてくれました。

## 不思議な表現

現代では「イメージ」という言葉は、その本来の意味とはほとんど正反対のことに使われているようです。今日、政治家はイメージメーカーを雇って、自分を良く見せ、求職者は自信と成功のイメージを与えるように装いを凝らし、企業は市場から好意的なイメージを持ってもらえるよう工夫をします。私は、この言葉の本来の意味に立ち返りたいと思います。まやかしのイメージ操作ではなく、真実の似姿です。

　毛布の中でもぞもぞしている体重約四キログラムの赤ちゃんを思い浮かべてみてください。その子の父親はその二十倍の体重があり、身体の各部分の比率も異なっています。しかし、母親は赤ちゃんが父親に「そっくり」だと誇らしげに語ります。それを聞いた人が目を凝らすと、えくぼ、広がった鼻の穴、特徴的な耳たぶが確かに似ています。やがて、話し方や姿勢など、様々な特徴が父親を思い起こさせるようになります。

　赤ちゃんやピルチャー教授の表情など、このようなイメージの使い方は、聖書の中に出てくる不思議な言葉、「神のかたち《イメージ》」に光を当てています。この表現は創世記の第一章に登場し、その著者が興奮のあまりでしょうか、二度繰り返しています。

「神はご自分のかたち《イメージ》に人を創造された。神のかたち《イメージ》に創造された。彼らを男と女に創造された」（二七節、新リビングバイブル英訳）。

最初に創造された人間は神のかたち《イメージ》を受け継ぎ、私たち一人ひとりも何らかの形でこの聖なる性質を持っています。

神はそれぞれの創造物を見て「良し」と宣言されました。それでも、何かが欠けていて、神はこう決断されました。「わたしたちのかたち《イメージ》に、わたしたちに似せて、人を造ろう」（同二六節、新リビングバイブル英訳）。地球上のすべての被造物の中で、人類だけが神のかたち《イメージ》を受け継いでいるのです。けれども、どのようにして目に見える人間は、目に見えない霊である神の似姿なのでしょうか。

私たちは動物と同じように、骨、内臓、筋肉、脂肪、皮膚で身体が構成されています。そして、動物の能力に比べて、劣るところがあるのは確かです。馬は私たちを簡単に走り追い抜き、鷹は私たちよりはるかに優れた視力を持ち、犬は私たちには感知できない匂いや音を察知します。私たちの身体能力は、猫よりも神に近いものではありません。それなのに、私たちは神のかたち《イメージ》として造られ、私たちの肉体は神のかたち《イメージ》を収納する役割を担っているというのです。

成長する子どもが親の特徴を刻みつけられていくように、学生が教授から学ぶように、私たちは、神の特質であるいつくしみ、あわれみ、愛、優しさを受け継ぎ、助けが必要な人や、傷ついた世界にそれらを伝えることができます。霊である神は目に見えないままではありますが、その見えない霊を見えるようにするのが私たちなのです。

神が私たちのような平凡な人間を通して神の似姿を伝えることを選ばれたのは、この上ない神秘です。というのも、私たち一人ひとりは神のからだとしては不完全なかたち《イメージ》であり、不誠実なところがあり、常に歪んでおり、割れた鏡の破片のような存在だからです。しかし、そのような多様の中で、私たちはコミュニティとしてまとまることで、神のかたち《イメージ》をこの世に現すことができるのです。

**身体から学ぶ**

目を閉じると当然、外の景色は見えません。鉛筆の半分の幅しかない右足の指の小さな骨が私の体重を支えています。この指のおかげで私たちは楽々と歩くことができます。手で耳を塞ぐと、おなじみの「ボーゴー音」が聞こえます。実はこれは、頭の中の毛細血管を血球が駆けめぐっている音なのです。左腕を伸ばして、筋肉細胞が働いているのを想像してみます。指を腕にこすりつけると、二・五センチ四方の皮膚に四百五十個もの触覚細胞が密集しているのを感じます。

身体の内部では、胃や脾臓、肝臓、膵臓、腎臓など、たくさんの特殊な細胞が非常に効率的に働いているため、ふだんその存在に気づくことはありません。その一方で、私たちの内耳にある細い毛が体液の動きを監視しており、突然バランスを崩したときには警告を発します。

細胞がうまく機能しているときは、その存在を意識することはほとんどありません。その代わり、ポール・ブランドという細胞の活動の複合体を感じることができます。多くの部分から構成されている私の身体は一つです。それが、私たちがこれから探求する類比性《アナロジー》の根源です。

私は、人体を個々の細胞から成るコミュニティとして認識しています。たとえば、白血球は構造や構成においてアメーバによく似ていますが、自律性ということではほるかに低いのです。より大きな有機体がその動きを決定し、ときにはその有機体のために白血球は自分の命を犠牲にしなければならないこともあります。それでも、白血球はきわめて重要な働きをしています。アメーバは危険から逃げますが、白血球は危険に向かって行きます。白血球は、ニュートンやアインシュタインのような人間、あるいはあなたや私のような人間を生かすことができるのです。

細胞は生物の基本単位であり、それ自身のために生きることもできれば、より大きな存在の形成と維持を助けることもできます。同じ原理が、近隣のコミュニティや国家といった人間の集団にも当てはまります。ジョン・F・ケネディ大統領は、「国があなたのために何をしてくれるかを問うのではなく、あなたが国のために何をなすことができるのかを問うてほしい」とアメリカ人に呼びかけました。組織の一員になると、特権があると同時に、責任もあるのです。

使徒パウロはコリントの信徒への手紙一の一二章で、教会と人間の身体と比較して、その類比性《アナロジー》を語っています。私は毎日、身体の細胞と向き合っているので、この類比性《アナロジー》に非常に大きな意味を感じます。パウロの言う類比《アナロジー》にしたがって、私は次のように表現します。

「身体は多くの細胞からできていますが、一つの単位であり、細胞全体は多くありますが、一つの身体を形成しています。たとい白血球が『私は脳細胞ではないから、身体に属さない』と言ったとしても、それで身体の一部であることをやめるわけではありません。筋肉細胞が視神経細胞に対して、『私は視神経ではないから、身体に属さない』と言ったとしても、それで身体の一部でなくなるわけではないでしょう。もし身体全体が視神経細胞であったら、どこに歩行能力があるのでしょうか。もし身体全体が聴覚神経であったとしたら、視覚はどこにあるのでしょうか。もし細胞全体がただ一つの部分であるとしたら、身体はどこにあるのでしょうか。神は理由を持って、身体の中にそれぞれの細胞を備えてくださいました。ですから、細胞は多くあっても、身体は一つなのです。」

この類比《アナロジー》は私に、より正確な意味を伝えてくれます。手や足や耳は身体の一部であり、身体から切り離されて生命を維持することはできませんが、細胞にはその可能性があるからです。細胞は忠実な構成員として身体の中で生きることもできますし、自分の自律性にしがみつくこともできます。中には、完全な独立性を保ちながらも、自分本位に身体の恩恵を享受する細胞もあり、私たちはそれを寄生虫、癌細胞などと呼んでいます。人体から、私たちは神のかたち《イメージ》を担うことの重要な教訓を学ぶことができるのです。

## 2 人間という鏡

私がロンドンで医学を学んだのは、第二次世界大戦の暗黒の時代でした。ドイツ軍の爆撃機の波が空を埋め尽くし、そのエンジン音は鳴りやまない雷のように唸り、爆弾倉から次から次へと破壊の貨物が放り出されていきました。ある時期には、千五百機もの爆撃機が五十七夜連続で私たちの街を攻撃し、八時間も間断なく破壊し続けたこともありました。ドイツ軍と戦うために大空に舞い上がった英国軍のパイロットたちが私たちの唯一の希望でした。

ウィンストン・チャーチルは、「人間の紛争史上、こんなに少数の兵士に、これほど多くの人が借りを作ったことはない」と言って、私たちの感謝の気持ちをやや控えめに表現しました。私は火災監視員として、屋上から空中戦を目で追いました。英国軍の戦闘機ハリケーンやスピットファイアは小型で機動性に富んではいましたが、巨大なドイツ爆撃機の前では蚊のようでした。英国軍の半数以上が撃墜され、その思いは無に帰しているように思えましたが、パイロットたちは決してあきらめませんでした。毎晩、彼らはさらに恐ろしい爆撃機を何機も炎に包み、地上へと回転させて落としていき、私たち民衆の喝采を浴びました。

やがてヒトラーは、高い戦闘技術を持つ英国軍のパイロットたちによってこれ以上ドイツが損害をこうむるわけにいかないと判断し、ロンドンに静かな夜が戻ってきました。ロンドン市民が勇敢な英国のパイロットたちに与えた称賛は測り知れないものがありました。パイロットたちは英国で最も聡明で、強健で、容姿端麗で、自信にあふれ、英国の誇りでもありました。勲章をつけた軍服を着て街を歩くのを見ると、人々は彼らをあたかも神のように処遇しました。少年たちはこの英雄に触れようと駆け寄り、目を輝かせ、女性たちは、航空服を着た男性のそばを歩ける数少ない幸運を羨みました。

私は、こうした若者たちの何人かを、それとはまったく異なる状況の中で知ることになりました。ハリケーンは機敏で実戦に適した戦闘機でしたが、設計上致命的な欠陥を持っていました。正面に搭載された単独プロペラのエンジンは、コックピットの横を通るパイプから燃料が供給されており、ドイツ軍の戦闘機にそこを攻撃されると、コックピットは炎の地獄と化してしまいました。パイロットは脱出することができますが、脱出レバーを探すのに数秒かかり、その間に鼻、まぶた、唇、頬など、顔のあらゆるところが火傷を負ってしまうのです。私は、包帯に包まれた英国軍の英雄たちに会い、彼らの顔を再形成するために必要な一連の拷問のような手術を始めることになりました。

墜落したパイロットたちの手足の治療を手伝い、それと同時に形成外科医チームが、火傷を負った顔の治療に取りかかりました。一人のパイロットが受ける外科手術の回数は二十回から四十回にも及びました。アーチボルド・マッキンドー卿と形成外科医たちは、奇跡ともいえるような再形成手術を行い、そのプロセスでたくさんの新しい手術法を考案しました。長い時間がかかり、ひたすら忍耐を要する治療であるにもかかわらず、パイロットの士気は驚くほど高く保たれていました。また、彼らの愛国心は強く、彼ら自身そのことを誇りにしていました。パイロットたちは痛みをものともせず、顔が象のように変形していることを互いにからかい合っていました。彼らはまさに理想的な患者でした。

### 恒久的に顔が変わること

ところが、療養生活の終盤に差しかかるにつれ、徐々に変化が現れてきました。パイロットの多くが、鼻を少しへこませたり、口角を少し上げたり、右まぶたの皮膚移植を少し薄くしたりといった、ちょっとした手直しを求めてきたのです。そのうちに、患者はもちろん医療者全員が、行き詰まりを覚えるようになってきました。患者たちは、病院の外の世界を直視することができなくなったのです。マッキンドーの医療チームが起こした奇跡にもかかわらず、パイロットの容姿はまったく変わったものになってしまいました。どんなに腕利きの外科医も、ハンサムな若いころの豊かな表情を取り戻すことはできませんでした。まぶたは柔軟で、透けて見える薄い組織ですが、腹部の粗い皮膚でそれを作ってみると、初めて元のまぶたの素晴らしさがわかります。膨らんだ硬い組織は目を保護するには十分であっても、外見の美しさはありません。技術的には良い出来栄えであっても、パイロットの顔の傷痕は残ったままなのです。

私が特に覚えているのは、ピーター・フォスターという英国軍のパイロットのことです。彼は、退院の日が近づくにつれ、不安が増してきたことを話してくれました。「鏡が鍵なんです」と彼は言いました。何か月も前から鏡を客観的な測定器として使い、外科医の手術の状況を測っていました。瘢痕《はんこん》組織〔訳注＝組織の切り傷、擦り傷、火傷などの創傷が治癒するときに生じる結合組織のこと〕、皮膚の不自然な皺《しわ》、唇の厚み、鼻の形などをじっと見るのです。気になるところがあれば手直しを申し出てきます。そして医師たちは、その要望が妥当かどうかを判断します。

退院の日がいよいよ近づくと、鏡に対する見方が変わってきます。生まれつきの顔ではなく、下手な模造品のような新しい顔が映し出されるのを見つめるうちに、他人が見るように自分の顔を見るようになります。病院では英雄でした。けれども、病院の外に出ると、変わった人になってしまいます。恐怖が忍び寄ってきます。この顔と結婚する勇気のある女性がはたしているのだろうか。仕事をくれる人がいるのだろうか。

フォスターは言いました。「新しい顔で世の中に出ようとするときに重要なことはただ一つ、家族や親しい友人たちがどう反応するかです。外科医が顔を再形成する技術そのものは実は、たいしたことではないのです。重要なのは、外科医ができるかぎりのことはすべてやったという知らせに、家族がどう反応するかです。その大切な瞬間に、気まずいためらいをちらつかせるのか、それとも、そんなことは関係なく、外見が変わっても、自分を愛し、受け入れてくれるという確証を得られるかなのです。」

心理学者たちがパイロットたちのその後の経過を追跡しました。ある人たちは、恋人や妻が新しい顔を受け入れることができず、そっと家を出たり、離婚を申し出たりしました。こうしたパイロットは、昼間には外へ出ようとせず、家にこもりがちで、家でできる仕事を探す傾向がありました。それとは対照的に、妻や恋人、家族がそばにいてくれたパイロットは、キャリアを積んだり、指導的立場についたりしました。彼らはその後も英国のエリートでした。

ピーター・フォスターもその幸運な一人でした。恋人は、「数ミリの皮膚の厚さ以外は何も変わっていない。自分は顔だけでなく、あなたのすべてを愛している」と言いました。二人は、ピーターが退院する少し前に結婚しました。

だれもが好意的な反応を示したわけではありませんでした。多くの大人は彼を見ると、すぐに目をそらしました。子どもたちは正直なだけに残酷で、彼の顔を嘲りました。ピーターは、「私の内側は以前と何も変わっていない！　なのに、私だとわからないのか！」と泣き叫びたくなったということです。その代わり、彼は妻に目を向けることを学びました。そしてこう言いました。「彼女は私の鏡となり、新しい自己像《セルフイメージ》を与えてくれました。今でも、私がどう感じているかに関係なく、妻に目をやると、温かく愛情に満ちた笑顔を向けてくれます。そのことが、ぼくは大丈夫だと教えてくれるのです。」

**カジモド・コンプレックス**

こうしたパイロットたちと働いた二十年後、私は『英国整形外科学会』誌で「カジモド・コンプレックス」という興味深い記事を読みました。一九六七年、二人の医師が、殺人、売春、レイプなどの重罪を犯した一万一千人の受刑者を対象に行った画期的な研究を報告するものです。医学では、情緒的な葛藤が身体的な病を引き起こすことが古くから知られていましたが、この医師たちは逆シンドロームの可能性を提起しました。つまり、身体の変形が苦痛感情を引き起こし、その結果、犯罪に走るということです。

この記事によれば、成人の二割が外科手術で矯正可能な顔面の変形（突出した耳、形の悪い鼻、後退したあご、にきび痕、あざ、目の変形）を持っているということです。研究者たちは、一万一千人の犯罪者のうち六割がこのような変形を持っていることを発見しました。

この現象をヴィクトル・ユーゴーの『ノートルダム・ド・パリ』にちなんで命名した記事の執筆者たちは、気になる疑問を投げかけました。この犯罪者たちは、自分の変形のゆえに学校のクラスメートから拒絶されたり、いじめられたりしたのではないか。そして、周囲の子どもたちの残酷な仕打ちが、この人たちの中に、後に犯罪行為につながるような復讐の敵意を育てたのではないか。

執筆者たちは、刑務所の受刑者を対象とした形成外科の矯正プログラムを提案しました。もし社会がある人々を外見のゆえに拒絶するのであれば、外見を矯正することで、扱われ方が変化し、その行動も変わるのではないかと考えたのです。死刑囚であろうと、英国軍のパイロットであろうと、人が自己像《セルフイメージ》を形成するのは、人がどのようなイメージを映し返すかによるのです。

カジモドの受刑者に関する報告は、火傷の被害者や身体的な障がいを持つ人ならだれもが熟知している真実と統計的に一致しています。私たち人間は、肉体、つまり外見を過剰に気にするのです。ピーター・フォスターの妻のように、外見を乗り越えて、内なる真の人間を見ることができる人は、きわめて稀です。

カジモド・コンプレックスについて考えるうちに、私も人を外見で判断し、レッテルを貼ってきたことに気づきました。昔、よく子どもたちと一緒にやっていた遊びのことを思い起こしました。毎年夏休みになると、私は、家族全員の名前と人物を登場させる連続冒険物語を創作しました。子どもたちは、物語の中の勇敢で利他的な自分を見せられ、実生活でもそうなりたいと思うような話を聞くのです。

悪役も登場させ、子どもたちを怖い目に遭わせ、そこから脱出させるというお話にしました。振り返ると、毎年登場する悪役の名前が「スカーフェイス（傷のある顔）」と「ハンチバック（丸まった背中）」であったことを、今心苦しく思います。この二人の悪役は変装していましたが、子どもたちのだれかがそれを見破り、正体を暴きます。

なぜ悪役にこのような名前をつけたのでしょうか。私が、醜いものは悪いもの、美しいものは良いものという偏見と差別の固定観念に従っていたからです。そうすることで、自分の子どもたちに醜さと悪を同一視するように仕向け、変形や傷のある人を愛することを困難にしてしまったのではないかと思います。

カジモド・コンプレックスのこの記事を読み、自分の作った物語が偏見に基づいたものであることに気づいてから、私は、文化というものが人間の価値や受容の基準にどのような影響を与えているかを意識するようになりました。雑誌やテレビに登場するイメージでアメリカ人を見ると、完璧な肉体をした社会に住んでいると判断するでしょう。オリンピック選手やミスコンの優勝者についてその肉体の完璧さを称賛しますが、そのような価値観がハンセン病患者たちにどんな影響を与えるかを私は目の当たりにしてきました。

そして私は、自分の子どもたちが学校生活を送るなかで、もっと微妙な力が子どもたちに働いているのを見てきました。不器用で、内気で、野暮ったい子どもは、嘲笑やいじめの格好の標的になる傾向があるのです。私たちの周囲にある「鏡」は、私たち自身のイメージを決めるのに役立ちます。クラスメートや同僚に拒絶されることが、どれだけ自己肯定感を損なうことでしょうか。

私はこれまで、患者の「外見」を改善するために医療の道を歩んできました。傷ついた手や足や顔を元の状態に戻すことに努めてきました。患者たちが歩き方や指の使い方を習得し、普通の生活を送れるようになり、地域社会に戻っていく姿を見ると、大きな満足感を覚えます。それでも私が扱うのはあくまでも身体の外見であって、全人的でないことをますます意識するようになっています。

私の患者たちは、腱や筋肉、毛根、神経細胞、皮膚細胞の単なる集合体ではありません。外見上の変形や肉体的な損傷があったとしても、一人ひとりが神のかたち《イメージ》の器なのです。彼らの肉体の細胞は、いつか地球の基本要素である「腐植土」に還るでしょう。けれども、彼らのたましいは生き続け、私がそのたましいに与える影響は、私が彼らの肉体を改善しようとすることよりもはるかに大きな意味を持つのです。

私は、強さ、豊かさ、美しさを尊ぶ社会に生きていますが、神は私を、弱く、貧しく、蔑まれたハンセン病患者の中に置いてくださいました。そのような環境の中で、私たちみながピーター・フォスターの妻のように鏡なのです。私たち一人ひとりは、人間のたましいの中にある神々しい輝きを他の人の中に呼び起こすことができます。あるいは、そのイメージを無視して、外見だけを見て判断することもできるのです。

マザー・テレサは、コルカタで死を前にした物乞いの人の顔を見るとき、そこにイエスの顔を見て、キリストに仕えるようにその人に仕えることができるように祈っている、とよく話していました。しばしば引用される一節ですが、C・S・ルイスはこれに通じる考えを述べています。

「神々や女神たちが存在する可能性のある社会で生きるということは、大変なことです。あなたが話している最も退屈で面白くない人が、いつの日か、強く崇拝したくなるような人になるかもしれません。あるいは、その人が今は悪夢の中でしか出会わないような恐怖や堕落した者になるかもしれません。一日中、私たちは、多少なりとも、これらの目的地のいずれかへ向かうために助け合っているのです。」（『被告席に立つ神』より）

**人から人へ**

私のメール受信箱には、様々な団体から依頼文が届きます。飢えに苦しむ人々に食事を提供する団体、貧しい人々に衣服を提供する団体、受刑者を訪問する団体、難民を支援する団体、性的な人身売買と闘う団体、医療活動を行う団体などからです。この世界の絶望的な状況を説明し、その痛みを和らげるために寄付を求めてきます。私自身このような慈善団体で働いた経験があり、実際にこうした組織が愛と思いやりを広めていることを知っているので、よく寄付をしています。けれども、何百万人もの寄付者とその世界をつなげる唯一の糸が、ダイレクトメールという非人間的な媒体だけであることを悲しく思っています。紙に捺されたインク、一斉送信メール、できるかぎりの結果を得るために編集されたお話や写真。これらにはみな人間的なつながりがないのです。

小切手やクレジットカードで愛を伝えるだけでは、愛が本来呼び起こす、人と人との心のつながりを築くことはできません。私たちのだれもが、人々の必要があふれ返っている世界で奉仕できるわけではありません。けれども、私たちのだれもが、刑務所やホームレス・シェルターを訪ね、引きこもりの人々に食事を提供し、母子家庭や父子家庭、里子のために奉仕することはできます。私たちが遠距離恋愛だけを続けているなら、その愛は消えてしまうでしょう。なぜなら、愛には直接の触れ合いが必要だからです。

この真理を最もよく示しているのが、この地上で生きられた神の「かたちの現れ」であるイエス・キリストです。ヘブライ人への手紙は、イエス・キリストのこの地上での歩みを要約し、私たちの弱さに同情してくださる指導者であると宣言しています（四・一五）。神は、単に私たちを遠くから愛するのではなく、そばに寄り添う必要性があると見ておられるのです。

ところが、イエスが影響を及ぼしたのは、世界のごく限られた地域だけでした。この地上の歩みにおいて、ケルト人、中国人、アステカ人らには影響を与えることはありませんでした。ところが、世界中に広がる働きを開始し、あらゆるところで人々の必要に応えるようになさいました。私たちは世界のすべてを変えることはできませんが、神のご臨在と愛で地上を満たすために共に努力することができます。私たちが助けの手を差し伸べるとき、それはキリストの「からだ」の手を差し伸べていることなのです。

私は、コルカタでインドの最下層の人々のために活動し、ノーベル平和賞を受賞したマザー・テレサと知り合う機会に恵まれました。彼女の修道会は、コルカタの路地やゴミ捨て場にいる病人や、死を前にした物乞いを捜しますが、その中にはハンセン病で身体が変形した人もいます。私は何度か彼女にこの病の適切な治療法について相談しました。

彼女の「神の愛の宣教者会」の修道女たちは、路上で物乞いを見つけると、病院へ連れて行き、愛をいっぱい注ぎます。優しい笑顔をもって、彼らのただれた皮膚をなでて洗い、何層にも重なった汚れを落とし、柔らかいシーツで包みます。物乞いたちは口もきけないほど弱っていることが少なくありませんが、この見当違いともいえるような温かい看護に目を見開きます。自分たちはすでに死んで天国に来ているのだろうか。どうして突然こんなにも愛にあふれた、栄養たっぷりの温かいスープが優しく自分たちの口に運ばれるのだろうか、と。

ニューヨーク在住のある報道記者が、マザー・テレサにまさにそうした疑問をぶつけたことがあります。この記者は自分のジャーナリストとしての手腕に自信を持っているようでした。なぜ彼女は限られた資源を、先のない人たちのために使うのか。どうして回復の見込みのある人たちのほうを診ないのか。患者のほとんどが数日、数週間で死んでしまうのに、彼女の病院はどんな成果を示すことができるのか、と。

マザー・テレサは、黙って彼を見つめ、それらの質問の意味を理解し、どんな人物がこうした質問をしたのかと考えました。彼女は、この記者を納得させられる答えは持っていませんでした。それで優しくこう答えました。「この人たちはずっと犬のように扱われてきました。彼らの最大の病は、自分が必要とされていないと感じていることです。彼らに天使のように死ぬ権利はないのでしょうか。」

もう一人のジャーナリスト、マルコム・マゲリッジもこの記者と同じ疑問と格闘していました。彼はコルカタの貧困を目の当たりにし、イギリスに帰ってから、苦悩と憤りをもってそのことについて記しました。しかし、自分とマザー・テレサのアプローチの違いは、自分は英国に戻ったけれども、彼女はコルカタにとどまっているところにある、と彼は言います。統計的に見れば、マザー・テレサは貧しい人を困窮の淵から救い出すことについては大きな成果を上げられなかった、とマゲリッジは認めます。そしてこう結論づけます。「しかし、キリスト教は統計的な人生観ではない」と。

確かにそうです。統計的な合理性から考えれば、羊飼いが九十九匹の羊を野に残して、いなくなった一匹を見つけるために息を切らして捜し歩くようなことはないでしょう。たった一時間しか働かない労働者が、一日中働いた労働者と同じ賃金を受け取るというようなことはないでしょう（マタイ二〇・一～一六）。一人の罪人が悔い改めるなら、九十九人の立派な市民のためよりも、大きな喜びが天にあるといったことがあるでしょうか（ルカ一五・四～七）。神の愛、アガペーの愛は、統計的に測られるものではないのです。

# 第二部　一つと多数

「私たちは往々にして、そこで『1』の勉強が終わったら、『2』のことはすべてわかったと考えてしまいます。『2』は『1＋1』だからです。けれども、私たちはまだ『足す』ということについて学んでいないことを忘れています。」

——アーサー・エディントン卿

## 3　身体の役割

インドで少年期を過ごした私は、宣教師の父を心から尊敬していました。父は、自分のもとにやって来る人々のあらゆる要望に応えていました。その父がたった一度だけ救いの手を差し伸べるのを躊躇したことがありました。私が七歳のとき、見知らぬ三人の男性が、私たちの山小屋に続く未舗装の道を重い足取りで訪ねて来た時のことです。

一見したところ、三人は、私たちの家へ治療を受けに来た他の何百人もの見知らぬ人たちと同じに見えました。それぞれが腰布とターバンを身につけ、片方の肩に毛布を掛けていました。ところが、彼らが近づいて来るにつれ、肌に斑点があり、額と耳が厚く、足には血のついた布が巻かれていることがわかりました。近くに来て、よく見ると、指がなく、つま先もありません。足は丸い切り株のようになっています。

何か不吉なことが起きていて、私はそれを目撃しなければいけないと思いました。父を呼びに行ってから、私は急いで近くの見晴らしのいい場所までよじ登りました。父の顔に不安そうな、恐怖に近い表情が浮かぶのを見て、私の心臓は激しく脈打ちました。父のそんな表情を見たのは初めてだったからです。

三人は地面にひれ伏しました。インドの一般的な礼儀作法ですが、父はこれを嫌っていました。いつもなら、「私は神ではありません。神だけが皆さんの崇めるべきお方です」と言って、インド人を立ち上がらせるのですが、今回は違いました。父はじっと立ったまま、少し経ってから悲しげな声で言いました。「たいへん申し訳ありませんが、私たちにできることはほとんどありません。そこから動かずに待っていてください。私のできるかぎりのことはいたします」と。

彼らが地面にしゃがんでいる間、父は診療室へ走って行き、すぐに包帯と軟膏の缶、手術用の手袋を持って戻って来ました。父は手術用の手袋をはめるのに手こずっていました。この光景に私は困惑しました。父は患者の治療中に手袋をはめることがめったになかったからです。父はこの見知らぬ人たちの足を洗い、軟膏を塗り、包帯を巻きました。しかし不思議なことに、父が足を洗って包帯を巻いても、彼らは痛がったり泣いたりしませんでした。

その間、母は籐《とう》の籠《かご》に果物をいくつか入れていました。母は籠をその訪問者たちのそばの地面に置き、籠を持って帰るように勧めました。彼らは果物を受け取りましたが、籠は置いて行きました。彼らが尾根の向こうに消えたので、私は籠を拾おうとしました。「だめよ、ポール！」母が叫びました。「それに触っちゃだめ！　あの人たちが座っていた場所にも近づかないで！」それから、父がその籠を持って行き、火をつけて燃やし、お湯と石鹼で入念に手を洗うのを目にしました。そして、私と妹は訪問者たちと直接接触することはありませんでしたが、母は私たちを風呂に入れました。

この出来事は、私が初めてハンセン病に接した時でした。ハンセン病は記録に残る最古の病気であり、最も恐れられている病気の一つです。七歳の少年は尻込みしたでしょうが、後にその私がハンセン病患者のもとで医師として生涯を過ごすように召されたのです。そして、ほぼ毎日、ハンセン病患者と接し、誤解されながらも勇気のある彼らとのたくさんの親密で変わることのない友情を育んできました。

この数年間、少なくとも医療関係者の間では、ハンセン病に対する恐怖や偏見の多くはなくなってきました。その理由の一つとして、特効薬が開発されたことによって現在では制御可能で、ほとんど接触感染しない病気と認識されたことがあります。ハンセン病が恐ろしいと言われるようになったのは、見た目に明らかな損傷を与えるからです。薬を服用していても、重度の損傷、失明、手足の欠損などを引き起こす病気であることには変わりありません。そして、私の生きている間にも、この古くからある病気がどのようにしてこうした恐ろしい状況をもたらすのかがわかってきました。

私がインドでハンセン病について研究を進めていたときに、いくつかの発見があり、それが一つの単純な理論へと向かわせました。ハンセン病の恐ろしい症状は、ハンセン病患者が痛みの感覚を失っているために生じているのではないか。ハンセン病は肉を食べる細菌が増殖するのではなく、神経細胞という一種類の細胞を攻撃する病気ではないか。その神経細胞が機能しなくなると、もはや危険を知らせることがなくなり、無痛症の人は文字どおり自分の身体を破壊させてしまうのである、と。

何年もの試験と観察の結果、私はこの理論が正しいと確信しました。何度も失敗を繰り返しながら、私のチームはどのように損傷が発生するのかを追究しました。ある人は、破損した柄のついたハンマーを使っても痛みを感じないため、手に傷ができ、たちまち感染症を発生させてしまいました。ある人は、歩道の縁石から足を踏み外して足首を捻挫しても、それに気づかず、そのまま歩き続けました。

またある人は、数秒おきにまばたきをして水分を補給する神経が働かなくなり、眼球が乾燥して失明してしまいました。このように、ハンセン病の症状はすべて、ある一種類の神経細胞が機能しなくなってしまったことに起因しているのです。

## 孤独な細胞と集団の細胞

私は初めて、生きた細胞を顕微鏡で見たときのことをよく憶えています。ある日の早朝、池から汲み上げた汽水液の入ったコップを持って、まだだれも来ていない大学の研究室に入りました。朽葉が浮いていて、有機物の腐敗臭を放っていました。

顕微鏡のスライドグラスに池の水を一滴たらすと、たちまち新しい宇宙が広がりました。何百という微生物が、顕微鏡の光の温かさに反応して、繊細な単細胞の結晶を広げたり、横へ横へと飛び跳ねたりしているのが見えました。スライドグラスを少しずらすと、さらに活き活きとした微生物が目に入りました。「あ、いた！　アメーバだ！」　それは半透明の青色で、肉眼ではほとんど見えませんが、顕微鏡を通すと、その内部構造が見えます。

このシンプルな原生生物は、人体の生理機能である呼吸、消化、排泄、生殖のすべてを果たしていました。アメーバは独特な方法で移動します。自分の一部を前に突き出し、他の部分はテーブルの上に広がる一滴の油のように楽な動きでそのあとを追います。このような活動を一、二時間続けると、粒状の細胞の固まり（アメーバ）は一センチほど移動します。見た目はただのゲルですが、単なる物質とはまったく異なる生命が宿っています。

その躍動感あふれる一滴の水が、私に生と死のジャングルについて忘れられないイメージを焼きつけ、さらに生きた細胞を探求するきっかけを与えてくれました。

それから何年も経った今も、私は細胞の観察を続けています。私は、ルイジアナ州のバイユーの湿地帯にあるハンセン病の病院に自分の研究室を持っています。医師として現在は、細胞が体内でどのように協力し合っているかに焦点を当てています。ここでも、まだだれも起きていない早朝に研究室に入ります。蛍光灯の静かな音だけが静寂を破ります。

今朝は、冷蔵庫の箱の中で冬眠中のアルビノコウモリを観察しました。このコウモリは、怪我や感染に対して身体がどのように反応するかを研究するのに役立ちます。私は慎重にコウモリを持ち上げ、仰向けに寝かせ、十字架の姿勢に翼を広げます。顔は、博物館に展示されているしなびた表情の気味の悪い人間のようです。私は、コウモリが目を開けて、私に向かって叫ぶのではないかと期待していましたが、眠ったままでした。

翼を顕微鏡のレンズの下に置くと、またしても新しい宇宙が広がります。翼の下のアルビノコウモリの皮膚は透明で、皮膚細胞を通してその下の血管を直接見ることができます。青みがかった一本の毛細血管に顕微鏡の焦点を合わせると、その中で一つ一つの血球がひしめき合っているのが見えます。脈打つ液体は生命体を蓄えた川のようです。この〔blood（血）の〕「o」の字ほどの大きさの血の固まりの中には、五百万個の赤血球と七千個の白血球が含まれているのです。

私は、外敵から身体を守るエリート特殊部隊である白血球を探します。透明で、武器を持っていて、フーディーニ（マジシャン）のように他の細胞の間をすり抜ける能力を持つ白血球は、身体の前衛部隊として機能します。顕微鏡のスライドグラスで平らにすると、まるで胡椒《こしょう》をかけた目玉焼きのようです。

じっと見ていると、その白い細胞は、学生時代に英国で初めて見たアメーバを思い出させました。無定形の液体の固まりで、指のような突起を伸ばし、コウモリの体内を歩き回ります。ときには静脈の壁に横向きに這いつくばり、ときには身を流れに任せて、血流の中を自由に浮遊します。小さな毛細血管を移動するには、かさばる白血球は細長く形を変え、その後ろを赤血球がせわしなく動いています。

観察していて、白血球は攻撃を受けるまでは動きが緩慢で、縄張りをパトロールするのが得手でないと思わざるをえません。私が細い針のようなものを手にして、コウモリを起こさないように、翼を突いて、細い毛細血管を穿刺《せんし》します。すると、直ちに静かな警報が発せられるのです。筋細胞が傷ついた毛細血管の壁を収縮させ、貴重な血液の流出を食い止めます。血液凝固因子が皮膚の表面で血液の流れを止めます。しかし、最も劇的な変化は、それまで無気力だった白血球に起こります。まるで嗅覚があるかのように、近くの白血球は目的もなく歩き回っていたのをやめます。あたかもウサギの匂いを嗅ぎつけたビーグル（猟犬）のように、四方八方から攻撃地点に集まって来ます。白血球は、毛細血管壁の重なり合った細胞の間からにじみ出てくるように、独特の形状変化をします。そして、外敵と出会うと、戦いが始まります。

人体内部のクローズアップ写真を撮ることでよく知られるスウェーデンの写真家レナート・ニルソンが、電子顕微鏡を通してその戦いをフィルムに収めました。遠くには、ＳＦ映画に登場する生命体

「ブロブ」（どろどろした液の小さな粒）に似た形のない白血球が、緑色に光る細菌の球体の群れに向かってゆっくりと進んで行きます。その細菌はまるで死体にかけられた毛布のような形になり、しばらくの間、白血球の中で不気味に光ります。ところが、白血球の中にある胡椒のような点は化学的爆発性の顆粒で、すぐに爆発して外敵を破壊します。三〇秒から一分後には、肥大化した白血球だけが残ります。

この戦いで白血球が死滅することはよくありますが、一つの細胞の死はほとんど取るに足らないことです。なぜなら、人間の成人の身体には五百億個の活性白血球が存在し、その百倍の白血球予備軍が骨髄に蓄えられているからです。感染症にかかると、この予備軍が骨髄の沼地から、まるで髭《ひげ》のない若い新兵が兵役に駆り出されるように飛び出してくるのです。こうして身体は膨大な数の白血球を動員することができます。実際、医師は、感染症の重症度を判断するための診断材料として白血球の数を数えるようにしています。

私たちは毎日、自分の一兆分の一の大きさの生物に翻弄されながら生きています。一滴の水に含まれる細菌の数は、地球上の人間の数と同じくらいでしょう。手を洗うと、皮膚の隙間から五百万個もの細菌が流れ出ます。免疫学者たちは、この危険な世界で必要とされるあらゆる種類の抗体をどうやって体内に備えられるのかと尋ねられると、ちょっとしたジョークを口にします。「GOD（神）です」と。これは実は、「Generator of Diversity（多様性の生成者）」の頭文字であり、人間には多様な細菌に対応できる機能が備わっているという意味です。

天然痘の予防接種のように、あらかじめ身体が既知の脅威を認識した場合、ある特定の白血球に死の願望を刷り込み、その脅威を標的にします。これらの細胞は、血流の中を駆けめぐり、警戒し、偵察しながら一生を過ごします。多くの場合、戦闘召集はありません。しかし、そうした事態に陥ったときには、体内のあらゆる細胞を破壊しかねない異物を無力化させる力を白血球は秘めているというわけです。

医学者のロナルド・J・グラッサーは非常に謙虚なもの言いで、こう結論づけています。「私たちが自分自身をどのように見ようと、壮大さや支配に対する幻想を抱こうと、人間のもろい成功を収めようと、本当の闘いは……常に細菌やウイルスに対するものであり、幅七ミクロンほどの敵に対するものなのです。」グラッサーはこのプロセスを、「神秘と化学の混合……物理学と分子レベルの恩寵の融合」と表現しています。

もし私たち医師が、(1) 人間の免疫システムだけか、(2) 免疫システムを失っても科学のあらゆる資源と技術を駆使するか、このいずれかを選ばなければならないとしたら、私たちは迷うことなく前者を選びます。エイズという病気は、人の免疫システムが停止したとき、現代科学がいかに無力かを露呈しています。肺炎、風邪、あるいは下痢でさえ、免疫システムが機能しなくなれば、死の危険にさらされるのです。

**分化――失うものと得るもの**

森の土を三〇センチ四方、深さ三センチほど掘ってみてください。ネイチャーライターのアニー・ディラードによると、その土の中には平均一、三六五匹の生物が生息し、八六五匹のダニ、二六五匹のトビムシ、二二匹のヤスデ、一九匹のカブトムシの成虫が含まれているということです。電子顕微鏡があれば、さらに何兆もの細菌や菌類、藻類が棲んでいることが明らかになるとのことです。

実験室では、科学者はアメーバから始めて、「下等生物」から「高等生物」へと分類していきます。では、この「下等」とは何でしょうか。ハイキングに行って、百万匹の生き物を踏みつけても罪の意識を持つことなく、家へ帰れるのはどうしてでしょうか。冷たい湧き水をがぶ飲みする厳格な菜食主義者は、水の中にいる無数の生き物を平然と飲み込んでいます。私たちは、道端に血まみれの猫を見てうろたえるのに、ブルドーザーが路盤を削って、無数の小さな生き物を傷つけることに対しては何の関心も示さないのはなぜなのでしょうか。

生物の価値に等級をつける場合、その鍵はその生物の分化がどの程度であるかによります。分化とは、複数の細胞がどのような過程で代わる代わる交替で仕事を受け持ち、仕事を分担し、単一の仕事に対して細胞の反応を制限するかを言います。それで、多くの細胞が共同して働く「高等生物」である猫の命はより価値があると認識しているのです。

私の顕微鏡のスライドグラスにいるアメーバは、動物ヒエラルキーの底辺に位置しています。確かに動くには動くのですが、一日に数センチしか移動しません。一生をブリキ缶や古タイヤのくぼみの中に閉じこもって過ごすかもしれません。人間のようにヨーロッパを旅行したり、タージ・マハルを訪ねたり、ロッキー山脈に登ったりすることは決してありません。そのようなことをするためには、麦の穂のように一列に並んだ特殊な筋肉細胞が必要なのです。下等生物は、芝生の上をすれすれに飛んだり、這ったり、虫のように動いたりしても、ほんの数メートルの芝生を進むだけです。一方、高等生物は、飛び跳ねたり、疾走したり、翼があれば飛び、高く舞い上がり、急降下します。細胞の分化がこうした違いを生むのです。

分化した細胞の産物の一つ、視覚器官を考えてみましょう。私の妻は眼科医なので、彼女から、頭の重さのわずか一％しかない目の不思議についてよく聞かされます。アメーバは、光に向かって動くというただそれだけの視覚認識しか持っていません。分化された視覚器官を持つ私は、顕微鏡をのぞいて、アメーバの微妙な色彩を観察することができます。アメーバは一個の細胞ですが、私は一億二千七百万個の視細胞でアメーバを観察しています。その形態から杆体《かんたい》〔訳注＝暗所視（夜間視力）を司る。細長く、網膜の周辺部に広く分布〕と錐体《すいたい》〔訳注＝明所視（昼間視力）を司ります。短く幅が広く、網膜の中心部に集中〕と名づけられたものが一列に並び、目で見た映像を受け取り、脳に伝えているのです。

杆体は、光に向かって伸びる細長く優美な触手で、一億二千万個という数で、七百万個の球状の錐体を上回っています。杆体の感度は非常に高く、測定可能な光の最小単位である一フォトン（光子）でも機能します。最適な条件下では、人間の目は二五キロメートル離れたところにあるろうそくの火を検知することができます。ところが、杆体だけでは、月夜のように灰色の濃淡しか見えません。杆体の密林の中に押し込められた大きな錐体は、焦点の分解能力を高め、百万色以上の色を識別する能力を提供してくれます。

杆体や錐体は、指定された波長の光を感知すると、脳に電気的な信号を送ります。脳は、杆体や錐体からの「はい」か「いいえ」の二値メッセージをすべてまとめ、顕微鏡のスライドグラス上を泳ぐアメーバの画像を得ます。この作業には非常に多くの処理能力が必要で、私の脳の半分が直接的にも間接的にも視覚に費やされます。視覚について考えるとき、私はこの事実に深い感銘を受けます。物を見るとき、細胞がデータをコード化して発信し、それを脳内で解読し、組み立て直す作業をしますが、そのことをまったく意識していません。窓の外に見える病院の礼拝堂は、点や光の点滅としてではなく、全体として意味のある、多くの思い出を呼び起こす愛すべき建物として、そこに存在しているのです。

アメーバの単一細胞の独立性に比べれば、私の杆体や錐体の定住した生活は実際に単調に思えるかもしれません。しかし、私たちのだれが接眼レンズの先端（杆体と錐体）を交換しようとしたでしょうか。分化されたものが機能するためには、個々の細胞が一つか二つの能力を除いて、他のすべてを失わなければならないのです。視細胞はアメーバの自律性と運動能力を放棄していますが、より「高次」で重要な効果を可能にしています。一つの杆体や錐体が、虹や、小川に飛び込むカワセミ、あるいは大切な友人の微妙な表情の変化などを見るための光の波長を提供してくれるのです。また、山腹から私の車に向かって岩が落ちて来たときに、脳へメッセージを発して、私を災難から守ってくれるのです。

## ホセ、再び

ホセ（仮名）という患者との出会いは、人体における細胞間の関係の重要性と、損傷した細胞が、身体を管理する脳とのつながりを断ったときにどうなるかということを私に教えてくれました。

プエルトリコからルイジアナ州のハンセン病病院へ治療を受けに来るまでに、ホセの身体はハンセン病によってかなりのダメージを受けていました。そのころには、ハンセン病が神経細胞を侵すことでダメージを与え、患者は損傷を受けやすくなるということが研究によってわかっていました。目隠しをしていると、手を握られているかどうかさえ認識できないほど、ホセの感覚は鈍っていました。触覚細胞も痛覚細胞も機能していませんでした。その結果、ホセの手や顔、足は傷や潰瘍だらけで、痛みという警告システムがないために、身体が虐待をこうむったことの無言の証人となっていました。彼の手には、かつて指のあった跡が残っていました。

ホセの目の痛覚細胞は機能しなくなり、瞬きをするタイミングを教えてくれなくなったため、その眼は徐々に乾いていきました。その状態は重度の白内障や緑内障によって悪化し、やがて失明に至りました。私の妻のマーガレットは、白内障を手術すれば視力が回復するかもしれないが、虹彩の炎症が治まるまでは手術ができないと伝えました。その直後、さらなる不幸が襲い、ホセと外界との最後のつながりを断ち切ってしまいました。スルホン抵抗性のハンセン病を食い止める最終手段として、医師たちが新薬を投与したところ、ホセは珍しいアレルギー反応を起こし、無残なことに聴力までも失ってしまったのです。

四十五歳の時、ホセは外の世界との接触を断たれました。人を見ることも、人の話を聞くこともできなくなりました。ハンセン病で触覚も鈍っていたため、ヘレン・ケラーのように触手話も使えませんでした。鼻の奥にハンセン病の菌が入り込み、嗅覚さえも失われていました。味覚以外のすべての感覚器官が閉ざされてしまいました。数週間が経ち、ホセが完全に孤立した現実を受け入れ始めたのを、私たちはなすすべもなく見ていました。

ホセの身体は彼の精神状態を映し出す鏡のように反応しました。手足を縮めて、ベッドの上で胎児のように丸まった姿勢で何日も過ごしていました。昼と夜の区別がつかず、眠りから覚めると、自分がどこにいるのかもわかりません。自分が話しても、だれかが聞いているのか、応答しているのか、知る由もありません。けれども、そんな状態でも、ホセはときどき話をしました。自分の声量がわからないため、大声で叫びながら、独房に閉じ込められた言いようのない寂しさを注ぎ出しました。

そのような状態では、内向き思考になり、恐怖と疑念が心をかき乱します。ホセの身体はベッドの上でますます硬くなり、生まれたときと同じ姿勢で死に備えていました。病院スタッフのほとんどは、彼の部屋の前を通りかかると、ドアの前で一瞬立ち止まり、首を振ってまた歩いて行きました。いったい私たちに何ができるというのでしょうか。

マーガレットは誠実にホセを訪問しました。自滅していく彼を見過ごすわけにいかず、せめて視力の一部でも回復させるために、何か根本的な治療を試みなければならないと思ったのです。そして、手術ができるくらいに目の感染症が改善されるのを待ちました。

ところが今度は、政府の規則という難題に直面しました。手術するためには、患者から「インフォームド・コンセント（説明と同意）」を得なければなりません。だれがホセのために署名するのでしょうか。だれも、ホセの閉ざされた世界に入り込んで許可を求めることができません。病院のスタッフがなんとかプエルトリコに住むホセの妹を捜し出し、現地の警察が手術同意書を持って、彼女を訪問してくれました。読み書きのできない妹は、同意書にチェックをつけて手術に同意してくれて、ようやく手術の計画を立てることができました。

ストレッチャーに乗せられ、手術室に運ばれたホセは、もちろん何が起こっているのかわかりません。目の手術の間、彼は何も感じず、おとなしく横になっていました。二時間の手術の後、包帯を巻かれ、部屋へ戻され、回復を待ちました。数日後、マーガレットはホセの包帯を外しました。彼女はこの時のことを決して忘れることがないでしょう。ホセは、何かただならぬ動きを感じ取り、だれかが自分を助けようとしてくれているのだろうと思いましたが、何が起きているのかは予想もつきませんでした。彼は片方の目の視力を取り戻し、再び目が見えるようになったのです。彼の目が明るい光と格闘し、ベッドの周りに集まった医療関係者にゆっくりと焦点を合わせていきました。そして数か月間、笑っていなかった顔が、歯のない大きな笑みを浮かべました。

それまで孤独な時間の中で、ホセの脳は、記憶も感情も、そして身体を動かす指令も、そのまま頭蓋骨の中で眠っていました。突然、外部との接触が回復したのです。ホセは、一日中、自分の部屋のドアの前に車椅子を置いておいてほしいと言いました。ホセは静かにそこに座って、数秒おきにハンセン病療養所の長い廊下をあちこち見回していました。そして、だれかが近づいてくるのがわかると、その顔からは満面の笑みがこぼれ落ちました。

ホセは毎週日曜日、礼拝の様子はまったく聞こえませんでしたが、私たちの小さな教会に来ることを切望しました。彼の切り株のような指では、電動車椅子の操作ノブを握るのがやっとでした。視野が狭くて、病院の廊下のあちこちで物にぶつかっていました。そんなホセに、教会の他の出席者たちは、身を屈め、彼の真正面に顔を近づけ、手を振って挨拶するようにしました。そうすると、ホセの素敵な笑顔がこぼれ、ときには、彼の大きな笑い声も聞くことができました。ホセは目がよく見えず、耳も聞こえず、感覚もありませんが、どういうわけか教会の交わりを感じることができます。彼にとって、再びコミュニティに加わることができたことだけで十分だったのです。

## 4　多様性――人生の豊かさ

私の研究室の引き出しには、成人の人体から採取した細胞の標本がきちんと並んでいます。身体から切り取り、色素で染色し、エポキシ樹脂で固めた標本は、今この瞬間も私の中で活発に動き回っている細胞と同じではありません。それでも、標本を顕微鏡で見ていると、身体の様子が見えてきます。まず、細胞の多様性に驚かされます。化学的な構造は同じでも、体内の細胞は動物園の動物のようにそれぞれ違うのです。赤血球は、浮き輪のような円盤状で、他の細胞に酸素を供給するために血管の中を流れています。栄養をたくさん吸収した筋肉細胞は、すらりとしなやかに伸びています。黒光りする核を持つ軟骨細胞は、黒目豆の房をくっつけたようです。

脂肪細胞は怠け者で、鉛のように固まっていて、パンパンな白いゴミ袋のようです。横断面を見ると、骨は木の年輪のようになっており、細胞が重なり合って強度と堅固さを保っています。一方、皮膚細胞は、柔らかさと質感を持ちながら波形を描き、私たちの身体に形と美しさを与えています。それで、顔はもちろん、指紋も一人ひとり異なります。

細胞の社会の貴族と目されるものは、生殖器官に集中しています。女性の卵子は、体内で最も大きな細胞の一つであり、その卵形は肉眼でも確認できるほどです。この単純で原始的な構造は、他のすべての細胞にも受け継がれています。静かな卵子とは裏腹に、男性の精子細胞は、膨らんだ頭と細い尾を持つ小さなオタマジャクシのようです。数十億のうちのたった一匹が、受精の栄誉を得ることがわかっているかのように一位を競い合っています。

私が多くの時間を費やして研究してきた神経細胞は、知恵と複雑さのオーラを放っています。神経細胞は網の目のように張りめぐらされており、目もくらむばかりの精巧な電気ネットワークで身体の各部分を結びつけています。神経細胞の軸索は、人間の脳から遠く離れた場所へメッセージを運ぶ「電線」であり、その長さは一メートルにも達することがあります。

私は、これらの様々な標本を飽きることなく眺めていました。一つ一つは質素に見えますが、隠れた部分が力を合わせ、豊かな生命を与えてくれています。毎日毎秒、私の平滑筋細胞は、血管の幅を調節し、腸内の老廃物を優しく押し流し、腎臓の管を開けたり閉じたりしています。心臓はテンポよく収縮し、脳は情報を処理し、リンパの流れは疲れた細胞の周りを浸し洗います。私はこれらの忠実な細胞について一顧だにしませんでした。

**生命のスパイス**

体内のこれらの細胞は、さらに大きな有機体である家族、グループ、コミュニティ、村、民族、そして特に新約聖書の中で三〇回以上も一つのからだにたとえられるコミュニティについて私に教えてくれます。私は、イエス・キリストに従う「からだ」の一員であること以外にはほとんど共通点のない、地球上に散らされた人々のつながりについて話します。

神は、単に細胞レベルだけにとどまらず、多様性を楽しんでおられると考えてよさそうです。創造主は、千種類の昆虫に満足することなく、甲虫だけでも数十万種を創造されました。ヨブ記の終わりの有名な言葉で、神は野やぎ、野ろば、だちょう、レビヤタンなどの変わった創造物を誇らしげに指し示しておられます。神のかたち《イメージ》に造られた人間は、ピグミー族とヌビア人、色白のスカンディナヴィア人と浅黒い肌をしたエジプト人、骨太のロシア人と小柄な日本人など様々です。

人類は多様化を続け、それぞれの文化によってグループ分けがなされてきました。アジア大陸を考えてみましょう。女性が長ズボンを履き、男性がスカートを履く国もあります。熱帯のアジアの国では、熱いお茶を飲み、唐辛子を食べて暑さをしのぎます。日本人はアイスクリームを天ぷらにし、生魚を食べます。アジアではよく結婚相手は親が決めますが、西洋人はそれを見て当惑します。その一方で、アジア人は気まぐれな恋愛結婚をするのを目にして驚きます。多くのアジア人たちは、食事の初めに甘いものを食べ、終わりにスープを飲みます。百年前に英国人がインド人にヴァイオリンを伝えたとき、男性は床の上に座り、それを肩と足の裏で挟んで弾き始めました。それも悪くありません。

海外を旅していると、世界中の驚くほどの多様性に感心します。そして、教会もそうした文化表現を反映しています。教会は非常に長い間、賛美歌、服装、建築物、教会の名前なども、西洋の方式を模倣し、世界中で同じようになってきました。ところが昨今は、その国に根づいた教会がその国独自のやり方で礼拝をするようになっています。私は、霊的な「からだ」はアメリカやイギリスの細胞だけで構成されるべきではないと考えています。それははるかに壮大で豊かなものだからです。

アメリカ南部に住むアフリカ系アメリカ人たちは、大声で神を賛美します。オーストリアの信者たちは、荘厳なオルガン伴奏とステンドグラスに照らされながら賛美します。アフリカには、熟練したドラム奏者のビートに合わせて、踊りながら賛美する人たちがいます。穏やかな日本のクリスチャンたちは、美しいオブジェを作ることで感謝の気持ちを表現します。インド人たちは両手を上げ、手のひらを合わせて「ナマステ」という挨拶をし、敬意を表します。これは、ヒンドゥー教の「あなたの中に見える神を崇拝します」という概念に由来しますが、クリスチャンが他者の中に神のかたち《イメージ》を認めるということで使い、新たな意味を持つようになりました。

キリストの教会は、私たち自身の身体と同じように、個々の異なる細胞から構成されており、それらが互いに結合して一つの「からだ」を形成しているのです。

**モトリー・クルー**

私の身体は細胞の動物園のようなものですが、どの細胞も大きな身体との類似性はありません。霊的な「からだ」も雑多な人間たちの集まりで構成されています。私たちは互いに似ていないし、私たちが従うお方とも明らかに類似性がありません。

最初の人間は、神から与えられた唯一の戒めに従いませんでした。アブラハムは、「神の民」を率いるための指導者として神が選んだ人でしたが、ファラオに怪しまれないようにと自分の妻サラを人質にしようとしました。サラ自身は九十一歳の高齢になってから、神が彼女に約束の息子を産む備えをしたと知らされ、声を上げて笑いました。遊女ラハブは、その偉大な信仰のゆえに敬われるようになりました。そして、ソロモンはこの世の人の中で最高の賢人でしたが、自分の箴言にはまったく従いませんでした。

イエスの来臨後も、この傾向は続きました。イエスが昇天されてから御言葉を広めるために大きく貢献した二人の弟子、ヨハネとペテロは、かつて些細な口論で最も頻繁に叱責を受けた人たちでした。聖書の中で最も多くの書物を残した使徒パウロは、クリスチャンを捜し出して拷問にかけるために砂塵を巻き上げていたさなかに、尊い働きのために神に選ばれました。イエスは、愛と一致と交わりという崇高な理想を、このグループに託すという大胆さを持っておられました。

皮肉屋が教会を見て、ため息をついて「あの集団が神を代表するというのなら、私は神に反対票を投じる」と言っても不思議ではありません。あるいは、ニーチェはこう言いました。「私に彼らの救い主を信じさせたいなら、弟子たちはもっと救われているようにふるまわなければならない」と。

教会には、人体の細胞と同じように多様な人々が集まっています。このような互いに異なるモザイクを包含する団体がほかにあるでしょうか。Tシャツを着てタトゥーを入れた若い理想主義者たちが、スーツを着た経営者たちと肩を並べています。ティーンエイジャーたちは、熱心な祖父母たちが補聴器の音量を上げて説教を聴いているのを横目に、退屈そうにしています。魚の群れのように整然と集まり、礼拝が終わるとすぐに仕事や家路につくメンバーもいます。また、群居するアメーバのように集団で移動して、自分たちの意図するコミュニティを形成するメンバーもいます。

私はインドで宣教に従事する外科医として、またルイジアナ州のハンセン病病院の敷地内にある小さなチャペルのメンバーとして、神を求めているとは思えないたくさんの人たちと出会ってきました。音楽、説教、あるいは思想においてすら私と好みの合わない人たちと礼拝を共にしてきたのがほとんどです。それでも、この何年かの間、謙虚な思いにさせられて深く感銘を与えられるのは、互いに、また自分と恐ろしいほど異なる人たちと礼拝を守りながら、彼らの顔の中に神を見いだすことです。

C・S・ルイスは、教会に行き始めた当初、賛美歌が嫌いだったと語っています。六流の曲に五流の歌詞をあてがっているものに思えたからです。そして、こう書いています。「賛美歌は、それにもかかわらず、反対側の席に座っている長靴を履いた高齢の聖徒によって心を込め、恵みを覚えて歌われているのであり、そのときあなたはその人の長靴の泥を落とすのにふさわしくないと悟るでしょう。そのことはあなたを、独りよがりの自負心から解放させるのです。」

キャンバスの上に描かれた一つの色はそれ自体美しいものです。しかし、画家はキャンバスにその一色だけを塗りたくるのではなく、対照的な色あるいは補完的な色を配置することによって、元の色の豊かさと深さを増していくのです。

どんな人間のコミュニティであっても、一致の基礎となるものは、私たちの類似性によるのではなく、多様性によってもたらされるのです。

**身体状態**

ハンセン病患者の場合、わずかな神経細胞の破壊によって、手や足の何百万という健康な細胞、目の見張り役の杆体や錐体の細胞が機能しなくなることがあります。同様に、鎌状赤血球症や白血病では、一つの型の細胞だけが機能不全に陥り、死に至ることがあります。また、腎臓のフィルター〔濾過装置〕を修復する細胞が機能しなくなれば、中毒死してしまうことがあります。これらの疾患は、身体が健康であるためには、多くの器官が必要不可欠であることを示しています。

私は医学部で、ある特定の働きのために現れ、その後消えてしまう重要な細胞について学びました。胎児は胎盤を通して酸素を供給されるため、生まれる前、胎児の血液の三分の一ほど（肺組織に栄養を与えるのに必要な量）しか、活動していない肺には送られません。特殊な血管である動脈管が血液の大部分を他の部分に送っているのです。ところが、生まれたまさにその瞬間に突然、すべての血液は酸素を供給するために肺を経由する新たなルートを通らなければならなくなります。それで、助産師や医師は、生まれたばかりの赤ちゃんが最初の呼吸をするのを心配そうに見守るのです。

この変化を達成するために、驚くべき出来事が起こります。カーテンのように弁が降りてきて、血流を大動脈に戻すのです。その後数日間かけて、その目的のためだけに作られた筋肉が動脈管を押し縮め閉鎖します。この筋肉はこの重要な働きのためだけに存在します。もしこの筋肉が所定の役割を果たせなければ、外科的な介入をしないかぎり、赤ちゃんは死んでしまうおそれがあります。成功すれば、心臓は動脈管を永久に封鎖し、身体は徐々にそれを吸収していきます。このあまり知られていない一過性の細胞群に、すべての人間の生命がかかっているのです。

適切にも、聖書は、〔キリストの〕「からだ」のイメージについて、まさにこの性質、すなわちすべての構成員の価値を強調しています。使徒パウロがコリントの信徒への手紙一、一二章で、この類比《アナロジー》を次のようにいたずらっぽく表現しています。

「わたしたちは、体の中でほかよりも恰好が悪いと思われる部分を覆って、もっと恰好よくしようとし、見苦しい部分をもっと見栄えよくしようとします。見栄えのよい部分には、そうする必要はありません。神は、見劣りのする部分をいっそう引き立たせて、体を組み立てられました。それで、体に分裂が起こらず、各部分が互いに配慮し合っています。一つの部分が苦しめば、すべての部分が共に苦しみ、一つの部分が尊ばれれば、すべての部分が共に喜ぶのです」(二二〜二六節)。

パウロが言いたいことは明確です。身体は健康で適切に機能するためには、すべての器官が必要であるということです。もっと言えば、ほとんど目立たない膵臓、腎臓、肝臓、大腸のような臓器こそ、最も重要な臓器であると言えるでしょう。私はこれらの臓器に対して意識して感謝することはめったにありませんが、私を生かすために重要な働きをしてくれているのです。

私たちはこのようなことを覚えておく必要があります。というのは、人間社会は価値の序列に基づいて判断してしまう傾向があるからです。たとえば、航空会社は、高度な訓練を受けたパイロットに高額の給与と福利厚生を与えます。企業世界では、肩書き、オフィスの広さ、ストックオプション〔訳注=会社が個人に対して特定の金額で自社の株式を購入する権利を与えること〕といったことが、従業員の価値を表します。軍隊では、軍曹が上官に敬礼し、階級の下の者に命令を下します。そして、制服と袖章《そでしょう》がその兵士の相対的な地位を皆に知らせます。

そうした社会で暮らしていると、私の視界は曇ってきます。ソフトウェア開発者よりも清掃員のほうが、個人的価値が低いとみなすようになります。そんなとき、使徒パウロが綴った〔キリストの〕「からだ」の教えに立ち返る必要があります。人間社会では、清掃員の仕事は特別な技能を要しないとみなされ、その地位は高くありません。けれども〔キリストの〕「からだ」は、地位が低いと思われる細胞が健康全般にとって不可欠であることを認めています。もしそれを疑うなら、週に三回、人口透析を受けている人に聞いてみてください。

私自身の医療の分野では、看護助手、介護士、看護師が医師や管理者よりもずっと低い給料で多大な貢献をしているのです。オリバー・サックスは、自分の病院で給料の安いスタッフたちがストライキを起こし、その穴埋めに患者のために医学生を雇ったときのことを記しています。

「私たちはそれから四時間、患者の寝返りや関節の調整、排泄の世話をしました。その間に二人の学生が別の二人の学生と交代するような状態でした。二十四時間体制の身を削る仕事を、看護師や介護士の人たちがふだんどれだけ大変な思いをしてやっているかを思い知らされました。私たちは、五百人を超える患者たちの皮膚の損傷などをなんとか防ぐことができました。」

聖書は、差別をする人に厳しい言葉を向けています。ヤコブの手紙には、だれもが思い当たる状況が綴られています。

「あなたがたの集まりに、金の指輪をはめた立派な身なりの人が入って来、また、汚らしい服装の貧しい人も入って来るとします。その立派な身なりの人に特別に目を留めて、『あなたは、こちらの席にお掛けください』と言い、貧しい人には、『あなたは、そこに立っているか、わたしの足もとに座るかしていなさい』と言うなら、あなたがたは、自分たちの中で差別をし、誤った考えに基づいて判断を下したことになるのではありませんか」（二・二～四）。

フットボールチームから「ニューヨークで一番美味しいチリ（唐辛子）」まで、あらゆるものに順位づけをする社会では、比較して価値の順位をつけたがる姿勢が教会にも容易に浸透しがちです。しかし、イエスに従う人々の集まりは、軍隊や企業のように運営されてはならないのです。イエスがお建てになった教会は、特別支援学級の子どもと、ローズ奨学生〔訳注＝世界最古の国際的なフェローシップ制度の奨学金を受けた学生〕である妹が同じ価値を持つ家族なのです。それは、多様性が最も際立っていて、相互性の中で最も有効に機能する細胞で構成されている人間の身体のようです。

すべての細胞が〔キリストの〕「からだ」全体の必要を自らの目的として受け入れるなら、「からだ」は健康に機能します。これは実に衝撃的な出来事であり、この社会で私が目にする唯一の平等主義です。神は、この「からだ」のすべての人に、同じように応える能力を授けてこられました。三歳児の保育士は教会の司教と同じ価値を持っており、結局のところ両者は同じように重要な働きをしているのです。神の目には、やもめの一ドルは、大富豪の遺贈に匹敵するのです。内気さ、美しさ、雄弁さ、人種、洗練さ、そのようなものはどれも重要ではなく、「かしら」なるお方〔キリスト〕への誠実さ、そして、「かしら」なるお方を通して互いに対して誠実であることだけが重要なのです。

**ルーの贈り物**

ルイジアナ州カーヴィルにある私たちの小さな教会には、ハワイ生まれの敬虔なクリスチャン、ルーがいます。その顔は、ハンセン病に侵されているのが一目瞭然でした。眉毛もまつ毛もないルーの顔はアンバランスで、まぶたが麻痺しているため、常に泣いているように涙があふれていました。目の表面の神経細胞が破壊され、ほとんど目が見えませんでした。

他の多くのハンセン病患者と同じように、ルーも大きな孤独感にさいなまれていました。触覚も薄れてきていて、失明寸前であることも相まって、恐怖心にとらわれ、引きこもるようになりました。ルーが最も恐れているのは聴覚が失われてしまうことでした。彼にとって人生の最大の楽しみが音楽だからです。ルーは私たちの教会で、そこにいてくれるだけでなく、オートハープを弾きながら神を賛美してくれました。そこで理学療法士が、ルーの感覚が薄れている手を傷つけずに楽器を演奏できるような手袋を考えました。

ここに〔キリストの〕「からだ」についての真理があります。オートハープを演奏するルーほど、私たちの教会に霊的な励ましを与えてくれる人はカーヴィルにいません。彼は、弱いながらも限られた力で神に賛美をささげることによって、私たち全員に感動を与えてくれています。

もしルーがいなくなれば、私たちの教会では、軽快な指先とジュリアード音楽院の学位を持つプロのハープ奏者でさえも埋めることのできない穴が開くことになるでしょう。ルーは、他のメンバーに劣らず重要なメンバーとして貢献していることを、教会のだれもが知っています。そこにキリストの「からだ」の奥義があります。もし私たち一人ひとりが、全体との関係で自分が重要であるという事実を学ぶことができれば、そして、各器官が他のすべての器官の価値を認めることができれば、キリストの「からだ」の細胞は、キリストが意図されたとおりに行動し始めます。

## 5　一つになること──帰属意識

生物学者が孵卵器から孵化間近のひよこの入った卵を取り出すところを想像してみてください。十四日前、この卵は一つの細胞でした（世界最大の単細胞はダチョウの未受精卵です）。今、この卵は何億もの細胞に分裂し、原形質の渦が殻の外での生活に備えて自らを再編成しています。生物学者は殻を割り、ひよこ（胚）を犠牲にします。

指令は体内に素早く伝わりますが、遠方の前哨基地が生命維持をあきらめて降伏するまでには数時間を要することがあります。生物学者はその小さな心臓から、いくつかの筋細胞を取り出し、生理食塩水の中に落とします。杯は死んだとはいえ、胚の細胞のあるものはまだ生きているのです。顕微鏡で見ると、それらの筋細胞は細長い円柱の形をしていて、線路の保線区間にある十字模様のように見えます。心筋細胞の宿命は拍動することなので、身体を離れた無秩序の世界においても拍動を続けています。それで、ひよこから離されても、個々の心筋細胞は哀れにも無意味な拍動を打ち続けているのです。

ペースメーカーで制御されていないならば、心臓の細胞は痙攣性に拍動します。正常のひよこの場合、毎分およそ三百五十回の拍動をするようなリズムで鼓動します。しかし、何時間か観察していると、驚くべき現象が起こります。五つの独立した心臓の細胞が自分たちのペースで収縮していたのが、そのうちに二つ、次いで三つ、さらにすべての細胞が一致して拍動するようになります。五つの拍動ではなく、一つの拍動となるのです。細胞はどのようにそのリズム感を伝達し、同調を促すのでしょうか。またその理由は何でしょうか。

ある種のホタルは似たような行動をします。ある放浪者が、森の空き地で無秩序に明滅するホタルの一群を見つけました。見ていると、ホタルは一匹ずつ同調していき、やがて何十ものきらめきではなく、五十にも分かれた場所で一つの大きな光が点滅するようになったのです。心臓の細胞もホタルも、同時に同じ音を奏でることに、生来の正確さを感じているのです。

どこを見渡しても、今日、秩序としてのコミュニティが存在しています。観察可能な最小のレベルでも、協力が重要であり、私たちは協力なしには呼吸も食事もできません。私たちが生きるための酸素を作り出すには、植物の光合成を助ける微生物のコロニーが必要であり、私たちが食べ物を消化するためには、食べ物を分解するのを助けてくれる微生物のコロニーが必要です。最近の研究では、人体には三十九兆個もの細菌が存在し、その数はその人自身の細胞とほぼ同じであることがわかってきました。私たちは、「ヒトマイクロバイオーム」と呼ばれる生態系全体を包含しているのです。

私の身体に属するものもそうでないものも、人間を機能させるためには協力し合わなければなりません。どのような不思議な力が、私の体内で細胞を一つにして、(反抗的な例外を除いて) ポール・ブランドとして行動させているのでしょうか。

帰属

一致は身体生命の基礎であり、そこではすべての心臓の細胞がテンポよく従わなければ、動物は死んでしまいます。コウモリの翼の中を歩き回る白血球は、どの細胞を侵入者として攻撃すべきか、どの細胞を仲間として迎え入れるべきかを、どのようにして見分けているのでしょうか。まだだれも解明していませんが、身体の細胞が帰属意識を持っていることはほぼ間違いありません。

身体はわずかな違いも見逃さずに嗅ぎ分けます。私の身体は、どの細胞がポール・ブランドに帰属するものかを知っていて、侵入者に対して常に警戒を怠りません。最初に腎臓移植を受けた人が死んでしまったのは、移植した腎臓が機能しなかったからではなく、その人の身体が、移植した腎臓に騙されなかったからです。移植した腎臓の細胞は、あらゆる点で古い腎臓と同じように見え、働いていたにもかかわらず、古い腎臓の細胞ではなかったのです。移植外科医は今日、患者に免疫抑制薬を生涯にわたって投与し、警備員の役割を担う細胞を安心させ、移植された臓器に対する警報を鳴らさないようにしなければなりません。

アイデンティティの確立を複雑にしているのは、現在のポール・ブランドの身体を構成するもの(骨細胞、脂肪細胞、血液細胞、筋肉細胞)が、二十年前の私の構成要素とはまったく異なっているということです。すべての細胞は、新しい細胞にその使命を譲っています(ほとんどが入れ替わることのない神経細胞と脳細胞は例外です)。私の身体は彫刻というよりも噴水のように、その連続性を保ちながら、絶えず新しくされています。私の身体は、新しい細胞が自分のものであることをなぜか知っていて、それを受け入れているのです。

「バブルボーイ症候群」と呼ばれる、免疫システムを持たずに生まれてくる子どもがいます。近年治療法が進歩するまで、彼らは他の人間に触れられることなく、ビニール製テントの中で一生を過ごさなければなりませんでした。NASA（アメリカ航空宇宙局）はこのような子どものために分厚い宇宙服を用意し、不純物を除去するゴルフカートサイズの装置を背中に背負わせました。共通の帰属意識の感覚を欠いているため、この少年の細胞は、致命的な細菌やウイルスを含むあらゆる侵入者を受け入れてしまうのでした。

各細胞の核の内部にあるDNAの鎖には、いくつかの化合物が結びついていて、そこに自分の身体に属するものかどうかを見分ける秘密が隠されています。三十億「文字」のDNAには、小さなフォントで印刷すれば千ページの本三百冊分にもなる指令が綴られています。（たった二文字の間違いでもあれば、嚢胞性線維症のような病気を引き起こすこともあります。）神経細胞は第四巻、腎臓細胞は第二五巻の指示に従って機能しますが、それぞれの細胞は身体の構成員である資格としての総目録を備えています。すべての細胞は遺伝情報を完璧に所有しているため、身体全体は身体の細胞のどれかにある情報からも新しく組み立てることができます。このことは、クローン技術や幹細胞移植の発展の基礎となっています。

クリスチャンである私は、DNAの設計者が人類に新たなより高い目標、すなわち霊的な「からだ」の一員であるようにと挑戦しておられると思っています。新約聖書が「キリストのからだ」と呼ぶコミュニティは、他のあらゆる人間のグループとは異なります。企業団体や政治団体とは異なり、キリストの「からだ」に加わるには、DNAの注入に似たアイデンティティの移転が必要なのです。

イエスはその過程をニコデモに「新しく生まれる」あるいは「上から生まれる」と説明なさいました。これは、霊的生命には、人がこの世に誕生したときと同じくらい劇的なアイデンティティの変化が必要であるということを示しています。私たちは文字どおり神の子どもとなるのです。

「この霊によってわたしたちは、『アッバ、父よ』と呼ぶのです。この霊こそは、わたしたちが神の子供であることを、わたしたちの霊と一緒になって証ししてくださいます」と使徒パウロは書いています（ローマ八・一五〜一六）。新約聖書には、私たちは「キリストのうちに」おり、キリストは「私たちのうちに」おられる、といくつかの箇所で記されています。私たちメンバーは、キリストの御名とアイデンティティを受け継ぎ、キリストは、私自身の身体の細胞が私に与えるのと同じような忠誠心と一つになることを、私たちに求めておられます。

その共通のアイデンティティが、キリストの「からだ」のすべての構成員を、一つに結び合わせています。インドやアフリカやカリフォルニアで、「かしら」なるお方に対する私の忠誠の思いと同じものを抱いている未知の人たちに出会うとき、私はこの絆を感じます。私たちは直ちに兄弟姉妹となり、キリストの「からだ」の細胞の仲間になるのです。

健全な教会では、一つになることは多様性にまさります。熱心なファリサイ派の者として、自分が奴隷や異邦人や女性に生まれなかったことを毎日神に感謝していたパウロは、劇的な変化を遂げました。「そこではもはや、ユダヤ人もギリシア人もなく、奴隷も自由な身分の者もなく、男も女もありません。あなたがたは皆、キリスト・イエスにおいて一つだからです」（ガラテヤ三・二八）と、彼は気難しいガラテヤ人に語りました。このような民族や性別の区分は、私たちが共有する新しいアイデンティティに比べれば、取るに足らないものです。

キリストの「からだ」に加わる過程では、初めは自分を捨てるように見えるかもしれません。私は自律性を放棄するのです。けれども逆説的《アイロニカル》に、権力や富や才能を基準として他の人々と競争しなければならなかった自分の古い価値観を捨て、「かしら」なるお方に自らをゆだねることで、私は突然自由の身となるのです。競争意識は薄れていきます。もはや自分を認めてもらう方法を探し求めながら人生を競い合う必要はありません。その代わりに、私には神を喜ばせるという唯一の目標があり、このお方に聴く人々のために生きるという目標があります。さらに、神のみわざをこの世で成し遂げるために、キリストの「からだ」の他の細胞と協力することができるのです。

**ホメオスタシス**

ある日の夕方、豪雨の中を車で帰路に着いていると、突然小さな黒い影が道に飛び出して来ました。アルマジロかオポッサムだったでしょうか、そう思う間もなく、私の足は本能的にブレーキペダルを踏んでいました。

車体後部が右へハイドロプレーニングしながら横滑りして制御不能の感じになりました。私はハンドルをもっと強く握りしめ、手首を何度か動かすと、車は左右に揺れた後、ようやくまっすぐに戻りました。正常な状態に返り、そこで私は深呼吸をして、不安が収まるまでスピードを落としました。

この危機的状況は三秒くらいだったと思います。家に着くと、妻に何があったかを話しました。雨でぬかるんだ道路を動物が横切り、ギリギリのところで危険な横滑りを阻止した、と。それは表面上の出来事であり、単純な事実です。しかし、残りの帰り路はアドレナリンが全身を駆けめぐり、その興奮が冷めやらないままでした。身体の中で起こった出来事をいくつか思い返してみました。

私の身体の中で、この一瞬の危機に影響を受けなかったところはほとんどありませんでした。脳は反射的にブレーキペダルに足をかけました。同時に、視床下部は電光石火の速さで対処するための化学物質を作り出しました。

瞳孔が開き、より多くの光と広い視野を得るために目が見開かれ、視界が広がりました。心臓の鼓動が早まり、血管の筋肉が弛緩し、血管が広がって血流が増加しても、さらに強く収縮しました。筋肉は警戒態勢に入りました。その筋肉に緊急備蓄を提供するために血糖値が急上昇し、傷の修復に備えて凝固物質が増えるなどして、血液の構成が変わりました。肺の気管支は、より速く酸素を送るために大きく開きました。

皮膚では血管が収縮し、顔色が青白くなりました（「幽霊のような白さ」）。血流が減ることで、怪我をしたときに表面から出血する危険性が低くなり、筋肉により多くの血液が供給されるようになりました。皮膚の電気抵抗は、潜在的な細菌の侵入を防ぐために変化しました。汗腺が活性化し、手のひらをハンドルに押しつける力が強まりました。

一方、必要な機能以外の働きは鈍くなりました。消化はほぼ停止し、消化と腎臓のろ過に割り当てられていた血液は、より緊急を要するところに振り向けられました。

恐怖、安堵、意識の高揚といった感覚は、そのあと三〇キロほど、私を優良ドライヴァーにしてくれました。しかし、私の体内では、戦うか逃げるかという古典的な選択をするために、本格的な作戦が開始されていました。何兆個もの細胞の様々な反応を調整したのはどんな熟練した存在だったでしょうか。それはアドレナリンという無二の化学伝達物質です。

私たちは普段、アドレナリンの作用を経験しています。雷の音に驚いたとき、衝撃的なニュースを聞いたとき、危険な地域を車で走ったとき、つまずいて転びそうになったときなどです。アドレナリンの反応はあまりにスムーズで同調して起こるため、私たちは、関係するすべての要素について考えることはめったにありません。しかし、アドレナリンは、私の体内で働いている多くのホルモンの一つで、様々な細胞から協調的な反応を引き出しているのです。

医学は、身体がどのようにして多くの細胞を統合し、全体に奉仕するかを表すのに、素晴らしい言葉を生み出しました。「ホメオスタシス（恒常性）」です。医師であり作家でもあるウォルター・キャノン博士が、その代表的な研究書『身体の知恵』（*The Wisdom of the Body*）の中でこの言葉を紹介し、「闘争・逃走反応」という言葉も考えました。キャノン博士は身体を、自分にとって最も好ましい状態を意識的に探し求めるコミュニティとしてとらえました。体液や塩分の不均衡を是正し、自己治癒力を高め、必要に応じて資源を投入しますが、それはフランス人が言う「milieu interieur（内部環境）」を維持するためです。

現代の病院には患者の脈拍や生命機能を記録するモニターがあり、ホメオスタシスが鮮明に映し出されています。ある患者の病室を訪問します。部屋に入ると、赤い数字でその患者の安静時の脈拍が七〇であると示されています。彼女が私の存在に気づき挨拶をすると、感情が高ぶって脈拍が九一に上昇します。私と握手をしようと手を伸ばすと脈拍は一〇〇を超えます。私の診察の間、脈拍は彼女の気分や行動と連動して上下します。くしゃみをすると、最も激しく反応し、脈拍は一一〇にまで上がります。

細胞は絶えず自分たちの要求を訴え、身体はそれぞれの要求に応えます。腎臓は身体の必要に応じて、排出される水分やミネラルの量を増減させます。過度な運動の後は、脱水を防ぐために流出を完全に止めることがあります。そのため、トライアスロンの選手はレース後二十四時間排尿しないこともあります。

このホメオスタシス（恒常性）のモデルとして「汗」について記述するとすれば、一章まるごとを費やすこともできます。トカゲは温かい血液と汗腺を欲しています。爽やかな朝、爬虫類は木に登ったり、ハエを捕まえたりする前に、もぞもぞと日向に移動して、身体を温めなければなりません。トカゲは体を温め過ぎると、必死になって日陰に逃げ込みます。ところが、人間の場合は、効率的な冷却システムによって汗をかくことで体内温度を一定に保ち、敏感な臓器が体内環境を維持できるようにします。そうでなければ、温度が摂氏二六度を超える気候ではほとんど機能できなくなります。

日本の生理学者、久野寧氏は三十年以上にわたって汗について研究し、一九五六年に『人間の汗』（*Human Perspiration*）という四百十六ページの著書を出版しました。久野氏は、人間の身体は非常に敏感で、温度が十分の一度変化するだけで、皮膚の温度受容器がアラームを発することを発見しました。ほとんどの動物は暑い日に発熱します。人間は哺乳類の中で最も優れた冷却システムを持っています。それで、マラソンランナーは三時間のレースで三〜五リットルの汗をかきますが、体内の温度はほとんど変化しません。（しかし、動物たちはそうはいきません。犬やトラは荒い息をすることで体内に風を送り込みます。象は水溜まりを探して、鼻を使って水を浴び、体温を下げます。）

心拍数、体液のコントロール、発汗などの働きは、身体が最高の状態になるように、秒単位で調整されています。プロスタグランジンというホルモンに似た物質が体内の細胞に働きかけ、あるものは血圧を下げ、あるものは血圧を上げ、あるものは炎症を起こし、あるものは炎症を抑制します。この伝達物質は、細胞から細胞へと移動し、身体のほぼすべての組織を巡り、孤立した細胞や器官を連携する反応を示す統一体へと結びつけます。

つい最近まで、解剖学者は、副腎や下垂体などの分泌腺が独立してホルモンの指令を出していると考えていました。ところが新たな発見によって、事実上あらゆる局面が脳に依存していることが明らかになりました。成長、資源の配備、危機対応など、すべての指示は全身のニーズを感知する脳から発せられるのです。

人間の身体では、帰属意識は二つの方向に広がります。細胞は脳からの命令に従うと同時に、体内の他のすべての細胞とのつながりを認識するということです。霊的な「からだ」においても同様です。神は私を有機的なコミュニティに召し、私は他の多様な細胞と自分を結びつける〔キリストの〕「からだ」に加わるのです。「あらゆる面で、頭《かしら》であるキリストに向かって成長していきます。キリストにより、体全体は、あらゆる節々が補い合うことによってしっかり組み合わされ、結び合わされて、おのおのの部分は分に応じて働いて体を成長させ、自ら愛によって造り上げられてゆくのです」（エフェソ四・一五～一六）。

「他の」という言葉は、細胞同士の協力のようなものを暗示しており、新約聖書ではこの言葉から解放されることはできません。繰り返し登場する主題なのです。「互いに相手を受け入れなさい」と私たちは命じられています。「互いに足を洗い合う」ことで、「互いに仕えなさい」と。私たちは互いに罪を告白し、互いに祈り、互いに赦し、互いに教え諭し、互いに慰め、互いの重荷を負うのです。

イエスは最も包括的な命令を残されました。「わたしがあなたがたを愛したように、互いに愛し合いなさい。」　私たちが「かしら」なるお方〔キリスト〕に従い、この方の「からだ」の多くの部分とつながるようにとの命令に従うとき、一致が生まれるのです。

## 一つとなる

人間社会がこのような一致に近づくことは稀ですが、ときに家族がそれを達成します。世界各地に散らばっている私の子どもたちと私を結びつける強い心の絆がそれをもたらします。また、地震や森林火災などの危機的状況の際には、町や国全体が共通の目的のために一つになることもあります。

イエスは、ご自分の「からだ」にあって一つになることをさらに豊かに経験するようにと祈られました。「父よ、あなたがわたしの内におられ、わたしがあなたの内にいるように、すべての人を一つにしてください。彼らもわたしたちの内にいるようにしてください。そうすれば、世は、あなたがわたしをお遣わしになったことを、信じるようになります」（ヨハネ一七・二一）。私たちは教会に、一つになることのビジョンを描けているでしょうか。社会階級や利益団体、血縁関係や人種ではなく、イエス・キリストにある共通の帰属意識に基づいて一つになるということです。

悲しいことに、私たちは教会で多くの不和の例を目にしています。けれども、「からだ」が新しいメンバーを心から歓迎するときに、どんなことが起こるかを見てきました。そのような光景は、神がこの世界で働いておられるというビジョンを私に見せてくれました。その一例を紹介しましょう。

ジョン・カルメガンはインドのヴェールールで、ハンセン病がかなり進行した状態で私のもとにやって来ました。彼の足と手はすでに回復不能なほど損傷していたため、外科的な処置はほとんど不可能でした。それでも、彼に仕事と住まいを提供することができました。

顔半分が麻痺していたため、ジョンは普通に笑うことができませんでした。笑おうとしても、顔が変にゆがんで、麻痺に人々の目がいってしまうのです。人々はしばしば息を呑み、恐怖を覚えます。そのため彼は笑わないようになりました。私の妻のマーガレットは、彼の視力を守るために、まぶたの一部を縫い縮めました。ジョンは彼女の努力に感謝しながらも、ますます他人の目を気にするようになりました。

外見がひどくなった反動からか、ジョンはトラブルメーカーを演じるようになりました。窃盗や不正の証拠を突きつけなければならない緊迫の場面に私たちは何度も直面しました。彼は、仲間のハンセン病患者を乱暴に扱ったり、権力に抵抗したり、ときにはハンセン病病院に対してハンガーストライキを起こしたりしました。だれが見ても、彼の更生は不可能に思えました。

ところが、ジョンの救いようのなさに、私の年老いた母は惹きつけられたのでしょう。母は、見放された人に強い関心を示す人でした。ジョンとともに時間を過ごし、やがて彼をキリスト教信仰に導きました。ジョンはハンセン病療養所の敷地内にある貯水槽で洗礼を受けました。

回心したとはいえ、世間に対するジョンの苛立ちが和らぐことはありませんでした。他の患者と仲良くなりましたが、これまで受けてきた拒絶や虐待のゆえに、患者以外の人々に対しては敵意を抱き続けていました。ある日、彼はほとんど反抗的とも思えるような態度で、ヴェールールにあるタミル語を話す地元の教会を訪ねたらどうなるか、と私に尋ねてきました。

私は、その教会のリーダーたちのところへ行き、ジョンのことを説明し、彼には明らかな変形があるものの、病気の進行は治まって安全な状態であり、信者を危険にさらすことはないと断言しました。彼らは、ジョンが教会へ来ることに同意してくれました。私は、その教会が聖餐式で一つの普通のカップを使っていることを知り、「ジョンは聖餐にあずかれますか」と尋ねました。彼らは顔を見合わせ、しばらく考えてから、あずかることに同意してくれました。

それからまもなくして、私はジョンを教会に連れて行きました。教会は、白塗りのレンガ造りで、波板屋根の簡素な建物でした。そうした場所に初めて足を踏み入れるハンセン病患者の心境は、私には想像もつかないものでした。教会の後方にジョンと一緒に立ったとき、彼の麻痺した顔は何の反応も示しませんでしたが、彼の身体がわずかに震えており、それが心の葛藤を物語っていました。私は、教会の人たちがだれも彼に拒絶反応を示さないようにと、そっと祈りました。

最初の賛美歌が歌われるなかで私たちが教会に入ると、後方に座っていたインド人男性が後ろを振り返り、私たちを見ました。皮膚に派手な斑点があるハンセン病患者とその隣にいる白人。彼には奇妙な二人組と映ったことでしょう。私は息を止めました。

そして、それは起こりました。その男性は賛美歌を置くと、満面の笑みを浮かべ、隣の椅子をたたいてジョンにここへ座るように勧めました。ジョンはこれ以上ないほど驚いた顔をしました。ジョンはたどたどしい足取りで半歩ずつ座席の列に近づき、そこに座りました。私は感謝の祈りをささげました。

この一件がジョンの人生の転機となりました。数年後、私はヴェールールを訪れ、障がい者を雇用するために設立された工場に立ち寄りました。そこの工場長は、タイプライターの部品用の小さなネジを作る機械を見せたがりました。騒々しい工場内を歩きながら、工場長は私に大声で、一人の優秀な従業員を紹介すると言いました。その従業員は、親会社が主催する、不合格品の数が最も少なく、最も質の高い仕事をした人に贈られる「インド最優秀障がい者賞」を受賞したばかりだということでした。その作業場に着くと、その従業員が私たちに挨拶をしました。その人は、まぎれもないジョン・カルメガンだったのです。彼はごつごつした手についている油を拭きながら、私がそれまで見たこともないような、醜くはあっても、愛らしく、輝かしい笑みを浮かべました。そして、受賞した小さな精密ネジを手のひらいっぱいに見せてくれました。

ジョン・カルメガンがヴェールールの教会を初めて訪問した際の、シンプルな受け入れられ方は、一見たいしたことではないように見えますが、彼にとっては決定的なものでした。それまで外見で判断され続けてきたジョンが、ついには別の基準で歓迎されるようになったからです。神の聖霊が、地上の「からだ」に新しいメンバーを迎え入れるよう促し、ジョンはついに自分がその一員であることを知ったのです。

## 6　コミュニティの快感

気だるい夏の日、散らかったオフィスで私は椅子にもたれています。マインドフルネスの気持ちで、感覚器官に神経を集中します。まずは目です。

周囲を見渡すと、日記や書きかけの本のメモ、ボロボロになった未返信の手紙などが山積みになっています。重圧感を覚えながら、今度は窓際に移動し、外の菜園に目をやります。このところ、水も肥料もやっていないことに罪悪感を覚えます。けれども、右手に見えるイチジクの木が見事に実をつけていて、大きな喜びを覚えます。

緑から紫にかけてのビロードのような色合いのイチジクが、どの枝にもびっしり生《な》って、木全体がたわんでいます。毎年、イチジクが熟すと、蝶の群れが喜びの声をあげて突然現れ、今では何千匹もの蝶が色とりどりに身を飾ってイチジクの木の周りを飛び回っています。蝶の羽音が聞こえます。細い糸のような「舌」で美味しい果実の味を確かめています。まだ熟していないイチジクには一瞬目を向けるだけで、赤くなりかけたイチジクに数秒とどまり、熟してから二日経ったイチジクを頬張っています。私はこの光景から最適なイチジクを確実に選ぶ方法を学びました。蝶がその周りを飛び回り、いまだ触手を伸ばしていないものを取るのです。

今度は耳に神経を集中してみると、様々な音が聞こえてきます。雑種犬が隅で鼻息を鳴らしています。ミシシッピ川を行き交う艀《はしけ》の振動が響いてきます。遠くで芝刈り機の音がします。娘の練習室からピアノの音が聞こえてきます。芝刈り機からは、草を刈った刺激的な香りがします。少し下を向いて匂いを嗅ぐと、地面に落ちているイチジクの甘い発酵した匂いもします。川を少し下った石油化学工場からの硫黄の臭いが、この二つの香りをいくらか台無しにしています。

あるレベルでは何も起きていません。けれども周囲に目を向けると、多くのことが起きていることに気づきます。私が意識する前から、目、耳、鼻はこれらのことを感覚的に記憶しているのでしょう。私の世界観の形成に重要な役割を果たすこうした感覚は、もっとよく観察してみる価値があるでしょう。

## 聴覚

「神は人間に二つの耳を与えたが、口は一つしか与えなかった。話す量の二倍聞くためだ」とストア派のエピクテトスは述べています。象やウサギの耳に比べると、人間の耳はちっぽけで発達も見られません。犬や馬の耳に比べれば、人間はわずかな音しかとらえられず、彼らと聴力を競うことなどとてもできません。それでも、私たちの聴覚器官はよくできています。しなやかな鼓膜は、ピンを一本落とした小さな音から、その百兆倍も大きいニューヨークの地下鉄の騒音まで聞き分けることができます。

高校の生物学で生徒たちは、鼓膜が振動した後に、何が起こるかを学びます。ツチ骨、キヌタ骨、アブミ骨と呼ばれる三つの小さな骨が、その振動を中耳に伝えます。私は整形外科医として、人体のほとんどの骨を扱ってきましたが、この三つの骨以上に印象深いものはありません。この三つは、身体の中で最も小さい骨です。他の骨とは異なり、年齢とともに成長することはなく、生後一日の乳児でも完全な形を備えています。知覚できる音はすべてこの小さな骨を揺り動かし、三つの骨はずっと働き続けます。

部屋の中を飛び回るハエの音と、少し離れたところの芝刈りの音、この二つの音を私はどうやって聞き分けるのでしょうか。すべての音には、一秒間に振動するにあたってのある特徴があります。たとえば、一秒間に二百五十六回振動する音を感じると、音階の「基準のド（ミドルC）」が聞こえます。音叉は、その様子を示しており、叩くと、前後に振動するのを見ることができます。

コルチ器官と呼ばれる長さ一インチ（二・五センチ）の器官には、二万五千個の音波を受け取る細胞が、ピアノの弦のように並んでいます。このうちの数個の細胞は、二百五十六周期の振動が到達すると、脳に信号を送り、私は「基準のド（ミドルC）」と認識します。他の細胞も、独自にプログラムされた周波数を持っています。フルオーケストラの前に座って、同時に十二音を聴く場合はどうでしょうか。多種の楽器が多様な音楽を奏でた場合もです。細胞の活動が大混乱に陥ることを想像してみてください。

非常に大きな音の場合を除き、振動そのものが脳に届くことはありません。その代わり、伝達プロセスはＣＤやＭＰ３プレーヤーのデジタルコーディングと似ています。脳は、音の受容体からのメッセージを、オン・オフの繰り返しで受け取り、それらを選別し、意味のある結果をつなぎ合わせます。

もちろん、脳も独自の働きをします。私たち夫婦が結婚四十周年を迎えたときに、このことを痛感しました。電話が鳴り、マーガレットと私は同時に電話に出ました。「もしもし、お母さん、お父さん。おめでとう！」　それを聞いて、私たちは、シンガポールにいる息子のクリストファーの声だとわかりました。すると今度は、英国にいる娘のジーンからまたお祝いの言葉が聞こえました。そして、ミネソタにいるメアリー、次に、ハワイにいるエステル、シアトルにいるパトリシア、ロンドンにいるポーリーンからも。六人の子どもたちが、私たちに内緒で、世界をまたいだグループ通話をしていたのです。

その声は、かつて家族で食卓を囲み、一緒にふざけ合ったり、笑い合ったりした光景を思い起こさせてくれました。六人の子どもたちの声を聞いた瞬間、喜びで胸がいっぱいになり、目に涙が溢れてきました。子どもたちに注いできた愛と、共に歩んできた事々が、一挙に心に湧き上がってきたのです。何千キロも離れた、機械の力を借りた声は、生きた声として聞こえました。ギルバート・ライルは「機械の中の幽霊」と表現しましたが、電話で伝わる音波は人間の声に変わって伝わってきたのです。

脳は、電話機の音を意味ある声に変換する能力も持っています。今でも心を静めてみると、ベートーヴェンの交響曲第五番の四つの和音や、娘ポーリーンの心地良い声や、ロンドンの空襲警報のサイレンなどが聞こえてきます。分子の振動や受容体細胞とは別に、私の脳はどういうわけか、記憶された音をよみがえらせることができるのです。

## 嗅覚と味覚

私は聴覚に関しては驚きの感覚をもって記していますが、嗅覚についてはほとんど信じられないという思いで綴っています。匂いを説明する教科書には、「説明が難しい」「まだ解明されていない」「正確なところはいまだわからない」という文言が繰り返されています。

オスの蛾は、三マイル（約四・八キロメートル）離れたところにいるメスが発するフェロモン一分子の匂いを嗅ぎ分けるといいます。オスは自分を誘う相手を見つけるまで食事も休憩も取りません。その相手を探し出すには一マイル（約一・六キロメートル）に一分子の匂いがあれば十分なのです。また、オレゴン州の川で生まれたサケは、幼魚のうちに故郷から何千キロも離れた大海原へと旅立ちます。地図も視覚的な指標もなくても、サケの成魚は、嗅覚だけを頼りに、生まれた川へ戻る道を見つけることができるのです。

嗅覚には、驚くほどに行動を誘発する力があります。豚はトリュフを求めて、ブルドーザーのように土を掘り起こします。熊は、蜂蜜を食べるために、木の枝を引きちぎり、蜂に百針刺されることも厭《いと》いません。オスのオオタバコゾウムシは、畑にメスの匂いを撒《ま》くと、その綿の固まりをメスと間違えて一日中ひたすら交尾しようとします。

それに比べて、人間は嗅覚の強さでは動物に劣るのですが、それを補って余りある多様性を持っています。私たちには、嗅覚に特化した神経細胞が六百万から一千万個あり、それぞれが特定の種類の化学物質に対応する嗅覚受容体を持っています。重なり合う受容体からの信号によって、私たちは膨大な数の匂いを識別することができるのです。

味覚はもちろん、五感の一つとして忘れてはならないものです。「美食はすべての人生を支配する」と、十九世紀のフランスの美食家ジャン・アンテルム・ブリア＝サヴァランは書いています。「生まれたばかりの泣いている赤ちゃんは、看護師の乳房を求め、死を前にした人は、最後に冷たい飲み物を受け、いくばくかの喜びを得る」と。

ステーキやベーコンを焼く匂いを嗅ぐと、突然、空腹感を覚えるように、味覚体験も胃液を刺激します。入院患者は、経管栄養や静脈栄養を受ける前に、「前もって」食べ物を味わっておくことで、栄養の吸収率が良くなります。味覚はまた、毒物や有害物質を口に入れないようにするバリアー機能の役割も果たしています。それで、私たちは苦いものを本能的に拒むのです。

それでも、ずんぐりした味蕾《みらい》〔訳注＝舌や軟口蓋にある食べ物の味を感じる小さな器官〕を刺激するには、嗅覚受容体に作用するよりもはるかに多くの物質が必要です。実際、鼻が詰まった美食家ならだれもが認識しているように、味覚はそのほとんどを嗅覚に依存しています。味覚と嗅覚は共に、人類の歴史で重要な役割を担ってきました。香辛料に人々を遠征へと導くほどの魅力がなければ、少なくともあと一世紀はヨーロッパ人に「アメリカ大陸は発見されなかった」かもしれません。

匂いを誘発するのに必要な物質の量は、信じられないほどです。ブラッドハウンド犬の鼻は敏感でその速さと正確さは現代の科学も及びません。どこの研究所でも、その百分の一にも達することができないといいます。人間の四十倍の嗅覚細胞を持つ犬の前に犯人の靴下を差し出します。すると、ブラッドハウンドは数回匂いを嗅いだ瞬間に、タバコの臭い、ドクターショールのフットパッドの人工的な匂い、革の複雑な使用状況、細菌作用の痕跡、そして犯人自身の足取りを選別します。そして、犬は森の中を歩き回り、鼻を効かせて、調べていきます。突然、吠えたてます。松葉も埃も周囲の人々も、そして森羅万象の匂いも、この犬の脳に刻み込まれたかすかな匂いを探し出すのを妨げるものは何もありません。小川や沼地、丸太を渡り、街の歩道を下り、アパートの階段を上って、犯人が残した証拠となる断片をどこまでも追跡します。犯人が痕跡を残して一日、二日、一週間が経っても、追い続けます。

鼻はまた、かつて経験した匂いを覚えている器官です。コーヒーの香り、海辺の潮の香り、香水のかすかな匂い、病室のエーテル臭は、ときに人の動きをぴたりと止めます。脳内に蓄積されていた香りに引っ張られて、一瞬にして、あの時のことをよみがえらせます。嗅覚の国インドを訪れるたびに、私は既視感（実際は一度も体験したことがないのに、すでにどこかで体験したことのように感じる現象）を覚えます。一九四六年、若い医師だった私は二十三年ぶりにボンベイ（現ムンバイ）に入港しました。蒸気機関車、バザール、スパイシーな料理、白檀、ヒンドゥー教のお香など、この国の懐かしい香りが海を漂って来て、私の鼻をかすめた瞬間、遠い子ども時代の思い出がよみがえってきました。

それでも数日経つと、この強烈な感覚は薄れていきました。脳は、最初の興奮が収まると、匂いを封じ込めます。リチャード・セルザーはこの現象を「鼻の倦怠感（nasal ennui）」と呼んでいます。嗅覚は主として警告なのであり、一度警告を受けたら、脳は何度もこの刺激に悩まされる必要はありません。魚屋、皮なめし職人、ゴミ収集業者、下水道作業員らは、この「慣れ」の恩恵にあずかっている人たちです。彼らは、「慣れるものだよ」と言います。まさに正確な表現です。

## 快感の起源

杆体、錐体、音の受容体、味蕾、嗅覚細胞など、個々の細胞が身体全体に奉仕することで、私が「コミュニティの喜び」と呼ぶものに貢献しています。快感がどのように具現化されるのか、その詳しいメカニズムはいまだ科学的に解明されていません。ただし、個々の細胞が何らかの役割を果たしているのは確かです。ホルモンや酵素が身体の細胞を刺激して、呼吸が速くなり、筋肉が震え、胃がキュッとするという情動反応を引き起こします。

人間に快感神経が備わっているかというと、そういうものは存在しません。痛みや寒さ、熱や触覚を感知する神経はありますが、快感に特化した神経はありません。むしろ、多くの細胞が協力してその結果として快感を覚えさせるのです。

私は交響楽団のコンサートを聴くのが好きです。快感の最初の発生源は耳です。耳は、鼓膜を揺らす十億分の一センチという微弱な音の周波数を拾います。私の脳は、この鼓膜の波を他の要素と組み合わせます。クラシック音楽が好きかどうか、演奏されている曲を熟知しているかどうか、そして隣に座っている友人がだれであるかなどといった他の要素と組み合わせて、私に快感として認識させてくれるのです。

性的快感についてはどうでしょうか。それも、私たちが考えるほど局所的なものではありません。性感帯には快感神経はなく、そこに集中している細胞は触覚や痛覚も感じます。「最もセクシーな器官は両耳の間にある」という言葉はそのとおりで、良いセックスには、ロマンチックな欲求、親密な思い出、視覚的な喜び、そして状況やBGMなどが影響を与えます。さらに深い細胞レベルでは、生命を繁殖させ、遺伝子の生存を確保しようとする衝動が絡みます。こうしたすべての要素が一つになって、コミュニティの快感を生み出しているのです。

細胞の始まりは、一個の卵子の受精に端を発しています。作家で医師のルイス・トーマスは『メデューサとカタツムリ』(*The Medusa and the Snail*)の中で、英国で初めて「試験管ベビー」が誕生したときに、なぜ人々がそんなに大騒ぎをしたのかを考察しています。真の奇跡は、精子と卵子が結合して、一人の人間が誕生することだ、と彼は言います。こう書いています。

「その細胞の存在そのものが、地球上最大の驚きなのです。人々が一日中、起きている間中歩き回り、果てしない驚きの中で互いに声を掛け合い、その細胞のことだけしか語らないほどのことです。……もしだれかが、私が生きている間にこの細胞の不思議について解明することに成功したならば、私はスカイライティング〔訳注＝大空に文字やマークを掲出すること〕の飛行機をチャーターします。おそらくは、全機をチャーターして、上空で、お金がなくなるまで感嘆符を書き続けます。」

成熟した胎児は、コラーゲンという基本タンパク質から、髪、皮膚、爪、骨、腱、腸、軟骨、血管など、機能別の細胞を作り上げます。何十億もの血液細胞、何百万もの杆体や錐体が出現し、最終的には四十兆もの細胞が一つの受精卵から生まれます。

イェール大学医学部のアレグザンダー・シアラス教授は、発明者がノーベル賞を受賞したＭＲＩ技術を使って、受胎から誕生までの胎児期をビデオ撮影しました。九か月間の成長・発育を九分間に圧縮した映像は、YouTube《ユーチューブ》で公開されています。スピードアップした胎児の発育の映像が流れると、この数学者は客観性を捨て去り、「あまりにも完璧に組織化されたシステムには、神の存在を感じないわけにはいかない。それぞれの遺伝子構造の中のメカニズムが、神経細胞がどこへ行くべきかを正確に示しており、まさに魔法というべきものだ」と畏敬の念を示しています。

低速度撮影映像の一シーンでは、一つの細胞に組み込まれた遺伝子の脚本に従って、六万マイル（約一〇万キロ）にも及ぶ毛細血管や血管が必要な場所に形づくられていく様子が描かれています。プログラマーのシアラスは、このようなプロジェクトを指揮するためには複雑なコーディングが必要であることを理解したうえで、こう語っています。

「これらのことが行われる仕組みを表す数理模型の複雑さは、人間の理解を超えています。数学者でもある私が見ても、驚嘆の念を禁じえません。私たちというものを構築する際に、これらの命令セットはどうしてミスを犯さないのでしょうか。これは神秘であり、魔法であり、まさに神の業です。」

**子どもの誕生**

そしていよいよ、子どもが誕生します。へその緒は脈打つのをやめ、やがてしなび始めます。自立した生命のドラマが始まり、新しい環境に適応するために、赤ちゃんの細胞が協力し合います。赤ちゃんの顔は厳しい光と乾燥した空気に歪み、筋肉はギクシャクとぎこちない動きをし始めます。酸素は胎盤ではなく肺でろ過されるようになるため、これまで使われなかった肺に空気が流れ込みます。気管支の通路、横隔膜の筋肉、そのほか呼吸を助けるあらゆる構成要素が同時に動き出します。

赤ちゃんは、自由で自立しているとはいえ、まだ自分の生命を維持することはできません。幸いなことに、母親である女性の身体は十一歳ごろから新たな役割に向けて準備を始めています。思春期になると、女性だけに存在するある種のホルモンが穏やかに分泌されるようになります。すべての若い女性の体内では何百万もの細胞が待機して、適切なタイミングが来るのを待っています。細胞はあらゆるホルモンの分子構造を熟知しているからです。ほとんどの体内細胞は異質なものを無視しますが、乳房細胞はそれに耳を傾けます。乳房の細胞は増殖し、成熟した乳房を形成するために大きくなっていきます。そして、妊娠によって本格的な任務が与えられるまで静かに待機しているのです。

生まれたばかりの赤ちゃんには何の経験もありません。乳房を見たこともなければ、目を開けたこともないかもしれません。ところが、赤ちゃんは女性の乳房に触れたとき、何をすべきかを本能的に知っているのです。柔らかい乳頭を覆うように口を狭め、喉の筋肉を収縮させることで吸引力を生み出し、それとともに、母乳で溺れることのないように声門を閉じます。栄養学者たちは、母乳に含まれるビタミン、栄養素、抗体、マクロファージなどのバランスの良さを、驚きを抱きながら研究しています。赤ちゃんは気づかないうちに、いつ、どのように母乳を吸うかがわかっているのです。

やがて、ホルモンが発達を調節し始めます。成長期の乳児の中で、ホルモンが提携して驚異的な働きをするようになります。乳児の身体は、二、三倍と成長し、部分によっては何百倍にもなります。

膝頭が周りの腱や靭帯、筋肉よりも一〇パーセント速く成長したらどうでしょう。右足が左足よりも長く伸びたらどうでしょう。そのときには、どんな障害が生じるでしょうか。また、身体の各部位は、それを支える構造に即して成長し、成長の各段階で長く伸びた血管が供給されるようになります。身体の様々な部位が一斉に働くのです。

出産は、「奇跡」と「驚異」だとしか言いようがありません。しかし、この地球上に七十億人が暮らしていることからもわかるように、この現象は日常的に起こっているのです。粘土色をした細胞の包みの中に、コミュニティの喜びの源があります。乳児は、最初に発するぎこちない言葉に母親が嬉しがるのを見て喜びます。やがて、自分の才能や能力に気づくようになります。他の人と協力し合う充実感を味わうようになります。多くの細胞の産物でありながら、乳児は一つの生命体です。四十兆個の細胞はすべてそれを知っています。

**ピエール神父とその素晴らしい人生**

目を閉じて自分の人生を振り返り、記憶を手繰り寄せると、大きな喜びと充足感を味わった稀有な瞬間を思い出します。驚いたことに、私が思い出すのはグルメな食事や休暇、受賞式などではありませんでした。そうではなく、人の役に立つために、医療チームと緊密な協力ができた時のことでした。チームワークによって視力が回復したり、ハンセン病の症状が改善したり、足の切断の回避につながったりした人たちがいました。それらの治療には、高いストレスや犠牲を伴うこともありました。私は野外で、器具も十分に揃わず、摂氏四三度の暑さの中、助手に懐中電灯を持ってもらい、携帯用のテーブルの上で手術を行ったことがあります。しかし、「人を助ける」という目的に向かって全神経を集中させ、共に働いた時間は、何にも代えがたい経験でした。私はコミュニティの喜びを体験する機会に恵まれました。

イエスが充実した人生を語るとき、それは何かを強く勧めるというよりもむしろ警告のように聞こえることがしばしばでした。そんななか、「費用を計算しなさい」（ルカ一四・二八）と言い、弟子たちに奉仕の軛《くびき》を負い、手ぬぐいで人の足を洗うようにと勧めておられます。こうしたイエスの姿勢に私はかつては戸惑いを覚えましたが、今では、個々の細胞が「からだ」全体のために自分の持っているものを提供する必要性を強調しておられたと理解しています。ヴィクトール・フランクルが『人間の意味の探求』（邦訳、『夜と霧』）の中でも書いているように、「人間とは常に自分以外のものを指示し、自分以外のものに向けられる存在です。それが果たすべき使命であったり、出会うべき他の人間であったりするのです。奉仕すべき大義や愛するべき他者に自らをささげることによって、自分を忘れれば忘れるほど、その人はより人間らしくなるのです」。

「かしら」なるお方に従うには犠牲が伴うことがあるかもしれませんが、「奉仕」は他の何にもまして大きな充足感を与えてくれます。私たちが自己否定に召されているのは、自己否定そのもののためではなく、他の方法では得られないものがあるからです。現代文化は、自己実現、自己発見、自律を尊びます。これに対してイエスは、自分のいのちを失うことでしか、真に自分のいのちを見いだすことができないと教えられました。自分を「生けるいけにえ」として大いなる「からだ」にささげることによってのみ、私は自分の真の存在意義を見いだすことができるのです。

私たちはときに、自己中心的な殉教者意識でもって犠牲的奉仕を考えてしまいます。けれども実際、自分を否定することは、より豊かな人生につながります。そうしたなかで私利私欲《イメージ》が剝がれ落ち、私たちの手を通して神の愛が明確に現され、それによって、私たちは神ご自身のかたちに造り変えられるのです。

奉仕の価値は、語るよりも実話をお示しするほうがよいでしょう。私に強烈な印象を残した人の一人に、ピエール神父という風変わりなフランス人がいます。ある日、彼は突然、ヴェールルールのハンセン病病院にやって来ました。大きな鼻と不精髭《ぶしょうひげ》を生やした素朴な男性で、質素な修道服に身を包み、絨毯の生地で作った旅行鞄一つに持ち物のすべてを入れていました。私は彼を自宅に招き、そこで彼の話を聞きました。

ピエール神父は貴族出身でしたが、十代で遺産相続を放棄し、自分の財産を慈善事業に寄付しました。カトリックの司祭に叙階された後、フランスのレジスタンス運動に参加し、ナチスからのユダヤ人救出に貢献しました。国会議員を数期務めましたが、政治の変革の遅さに幻滅します。戦争とナチスの占領の影響が残るパリでは、何千人もの路上生活者がいました。

ある例年にない厳しい冬に、パリの多くの路上生活者が凍死しました。ピエールは、多くの路上生活者が外で飢えているにもかかわらず、貴族や政治家が延々と議論していることに耐えられませんでした。彼らの窮状に政治家たちの目を向けさせることもできず、ピエール神父は、路上生活者たちを結集するしか道はないと考えました。

まず、路上生活者たちに効率よく仕事をするように指導しました。ビンやボロ布を散発的に集めるのではなく、チームを組んで街中を探し回るようにしました。次に、廃棄されたレンガで倉庫を作り、大型ホテルや会社から出る大量の使用済みボトルを仕分けするビジネスを始めました。そして、ピエールは一人ひとりに、自分よりも貧しい人たちを助ける責任を持つよう促しました。このプロジェクトは評判を呼び、数年後にはピエールの活動を他の国にも広げるために「エマオ」という組織が設立されました。その活動は「ピエール神父とエマオのくず屋」と呼ばれるようになります。

パリでこの活動を何年も続けているうちに、パリに路上生活者がいなくなったそうです。しかしピエールは、自分の組織が重大な危機に直面していると考えていました。「この人たちを助けてくれる人を探さなければならないのです」と彼は力説しました。そのことのために、ピエールはヴェールールに来たのです。

最後に、彼は自分のジレンマをこう語りました。「私が彼らよりも貧しい人を見つけられないと、この活動は内向きになってしまいます。そうなれば、彼らは力のある金持ち集団になって、精神的なインパクトは失われてしまうでしょう。奉仕する人がいなくなってしまうでしょう。」二人で昼食を取るために家を出て、学生寮に向かう間、「だれか彼らを助けてください！」というピエール神父の切実な訴えが私の頭の中で鳴り響いていました。

ヴェールールの医学生たちの間では、ある伝統があって、私はそのことをすべての客に前もって話すことにしていました。昼食時に、客人は起立し、学生たちに対して、自分がだれで、なぜここに来たのかなど、自己紹介をすることになっています。どこの国の学生もそうでしょうが、ヴェールールの学生たちも陽気で、やや奔放なところがあり、「我慢は三分間」という暗黙のルールを作っていました。客人が三分以上話すと、学生たちは足踏みをして、話し手を黙らせるのです。

ピエールが来た日、彼は起立し、私は彼を皆に紹介しました。インド人の学生たちが、古い修道服を着た小柄な彼を訝《いぶか》しげに見ているのがわかりました。ピエールはフランス語で話し始め、私と同僚のハインツはそれを必死になって通訳しました。二人ともフランス語に精通しているわけではなかったので、時折、要約して伝えるのが精いっぱいでした。

ピエール神父はゆっくり話し始めたかと思うと、早送りするように、どんどんスピードを上げていきました。この偉大で謙虚な人物を、学生たちがすぐに黙らせるのではないかと、私はハラハラしていました。さらに悪いことに、私はその早口の文章を訳すのに大失敗してしまいました。ピエールは国連本部を訪れたばかりで、そこで高官たちが上品で甘美な言葉を使って、他国を侮辱しているのを聞いていました。ピエールは、「愛を表現するために言葉は要りません。憎しみを表現するためだけに言葉が必要です」と語りました。「愛の言葉とは、皆さんが行動すること、なのです」と。彼はさらに早口で身振り手振りを交えて話し、私とハインツは顔を見合わせ、どうするすべもなく、肩をすくめました。

三分が経ち、私は一歩下がって部屋を見回しました。だれ一人動きませんでした。学生たちは鋭い黒い瞳でピエール神父をじっと見つめ、その表情は心を奪われていることを物語っていました。ピエール神父は延々と話し続けましたが、だれも口を挟みませんでした。二十分後、ピエール神父が席に着くと、私がそのホールで今まで聞いたこともないような大喝采が沸き起こりました。私は不思議に思い、その後で学生たちに尋ねました。「皆さんはどうして神父の話がわかったのですか。だれもフランス語は話せないのに」と。一人の学生がこう答えました。「私たちに言葉は必要ありませんでした。私たちは神の臨在と現実の愛を感じたのです。」

ピエール神父は、健康のための「奉仕の規律」を身につけていました。彼は、かつての路上生活者たちよりも貧しい人々を求めてインドにやって来ました。彼の故郷から何千キロも離れた土地で、そうした人たちを見つけました。その人たちはハンセン病患者で、ほとんどの人がダリット（不可触民）でした。フランスにいる路上生活者よりもあらゆる面で劣悪な環境に置かれていました。私たちの患者から目を背ける訪問者もいるなか、ピエールは患者を抱き締めました。

彼がパリに戻ると、「エマオ」のメンバーは新たなエネルギーをもって働き、その収益をヴェールの病院の病棟に寄付してくれました。それに対してピエールは、インドで贈り物を受け取った人たちに、「いやいや、私たちを救ってくれたのは、皆さんです。私たちは奉仕しなければ、死んでしまうのですから」と感謝の言葉を送ってくれました。

人間の基本的なパラドックスとして、私たちは自分以外の人に手を差し伸べれば差し伸べるほど、より豊かになり、すべての良き賜物の父である神に似た者になっていくのです。一方、ルターの言葉を借りれば、人は「内向きに」なればなるほど、人間らしくなくなっていきます。〔キリストの〕「からだ」全体に奉仕するために自らをささげる必要性は、受ける必要性と同じくらい大きいのです。

# 第三部　外側と内側

「皮膚――二平方メートルほどの縫い目のないこのボディーストッキングは、私たちの外套であり、一生の間、顔を紅潮させたり、青ざめさせたり、発汗させたり、光らせたり、ほてらせたり、皺《しわ》を寄らせたり、ひりひりさせたり、ムズムズさせたり、かゆみを感じさせたり、喜ばせたり、苦痛を与えたりします。それと同時に、体内の臓器を守り、外の世界を敏感に感じる探測機であり、冒険家でもあります。

骨――骨は力です。骨には柔らかい部分がくっついています。それらの部分が無力でありながらもつるされ、太陽に向かって高くとどまっていられるのも、骨があってのことです。人間がただ地面を這う生き物でないように。」

――リチャード・セルザー

# 7 皮膚――感度組織

ロンドンでの研修医時代、私は外科医のグウィン・ウィリアムズ博士のもとで研修を受けるという素晴らしい機会に恵まれました。博士は、医学の人間的側面を重視した人でした。患者には知られないようにして、湯たんぽを忍ばせた上着の内側にナポレオンのように右腕を入れ、暖房の効いていない病院の廊下を歩き回っていました。

ウィリアムズ博士は私たち研修医に対して、「患者が自分の腸の状態について語ることを鵜呑みにしてはいけないよ。患者の腸自体の声を聴くようにしなさい」と注意を促しました。湯たんぽは博士の手を聴き上手にしていました。博士は私たちに、ベッドサイドにひざまずき、シーツの下の患者のお腹にそっと温かい手を差し入れることを教えてくれました。「立ったままだと、下を向いた指先だけで触診しがちですが、ひざまずいたら、手のひら全体でお腹に接することができます。その手をすぐに動かしてはいけませんよ。そのままにしておくのです。」

私たちは、患者の腹筋が防御反射で瞬間的に引き締まることを学びました。冷たい手だと、筋肉は緊張したままになってしまいますが、温かい不快感を与えない手であれば、リラックスさせることができます。触覚による確信を得ながら腹部を優しく撫でると、腹筋はうまく緩められるのです。一度筋肉が緩むと、単純な呼吸運動に合わせて臓器が動くのを感じ取ることができます。

ウィリアムズ博士の言うとおりでした。訓練された手で腹部を触ると、より複雑な病状や難しい炎症や腫瘍の形状を発見することができます。触診は、私にとって貴重な診断方法なのです。

その後、インドで、ヒンドゥー教やイスラム教の厳格な戒律を守る家庭の女性患者を診察するよう何度か頼まれました。女性はカーテンの隙間から腕を出し、脈をとらせてくれますが、それ以外の身体のどこも見たり触れたりすることは許されませんでした。彼女の手首に置いた四本の指だけで診断を下すことを求められました。指先だけで直接内臓の音を聴くことはできず、その時はさすがに難しさを感じました。

## 適応し続ける皮膚

皮膚の小片一つ一つに異なる感度があります。グーグル社が世界地図を作成したように、科学者たちは皮膚の神経地図を綿密に作ってきました。生理学者マクシミリアン・フォン・フライは、ある物体が皮膚に接触したと人が感じるのに必要な重さ、すなわち触覚の閾値《しきいち》を測定しました。毎日酷使するために厚くなった足の裏は、二五〇ミリグラムの重さがかけられるまでは感知しません。一方で、前腕の裏側は三三ミリグラム、手の甲は一二ミリグラムの圧力で気づきます。本当に敏感な部位は指先（三ミリグラム）と舌先（二ミリグラム）です。

頭の良い蚊は、敏感な手ではなく、前腕に着地して気づかれないようにします。そして、愚かな虫だけが、柔らかい唇にそっと着地しようとします。

感度の程度は、その身体の部位の機能に適合するようになっています。私たちの指先、舌、唇は、感度を最も必要とする部分です。けれども、どの知覚神経も、目の角膜にある知覚神経に比べると鈍いようです。目の角膜は透明で、血液がなく、非常に傷つきやすいため、一〇分の二ミリグラムの圧力を加えるだけで反応します。

さらに、触覚はそれを取り巻く環境によって絶えず変化します。研究者が一〇〇ミリグラムの重りを私の前腕に下ろします。私は目隠しをされていても、何かが自分に触れていることに気づきます。その感覚が四秒間続き、やがて消えていきます。そして私の脳は、前腕の神経の末端から送られてくるメッセージを無視するようになります。明らかに危険がなく、無駄な情報で回路をふさぐ必要がないと判断したからです。それで私は重さを意識しなくなっています。そして、その重りが取り除かれるときに、脳は前腕で起こった変化に注意を向けさせます。こうした感覚の切り替えスイッチがなければ、私は、ウールやその他の木目の粗い服を着ることはできないでしょう。私の身体はそのちくちくした物がいつも気になって、他の何事にも集中することができなくなってしまうからです。

私は熱い湯船につかるたびに、皮膚の順応性を体験します。何とか我慢できるほどの熱いお湯を張り、徐々に身体を沈めていきます。最初は、とげのあるイラクサのベッドに身を置いているように感じます。ところが、十秒もしないうちに肌が慣れ、心地よく感じるようになります。お湯の温度を上げていくと、私の身体は最大で摂氏四六度まで順応することができますが、それを超えると、どうしようもない苦痛を感じるようになります。

生物工学者は「コンプライアンシー（適合性）」という言葉を使って、ある素材が他の表面の形状に合わせて変形する能力を表現しますが、皮膚にはこの性質が非常によく表れています。私は、ハンセン病患者の無感覚な足や手のために靴や装具をデザインしようとする一方で、生きた皮膚の解剖学の研究に何百時間も費やしてきました。手のひらの皮膚の下には、見た目がタピオカ入りのプリンのような小脂肪球体があります。それはとても柔らかく、ほとんど液状なので、それ自体では形を保つことができません。そのため、支えのロープ網に受けとめられた気球のように、コラーゲンの原線維（フィブリル）で織り込まれた網によって包まれています。二重あごやたるみに悩んだことのある人ならだれでも知っているように、頰やお尻は、脂肪が多く、コラーゲンの原線維が少ない部位です。手のひらのように緊張が起こる部位は、脂肪がぎっしり蓄えられ、きめ細かいベルギーレースのようなデザインの線維組織によって包まれています。

手のひらにハンマーをしっかりと握ると、その圧力で脂肪細胞の集まりが形を変えていきます。脂肪細胞は収縮しながらも、周囲にしっかりとしたコラーゲンの原線維があるために押しやられてしまうことはありません。その結果、脂肪組織は絶えず変化したり揺れたりして、しなやかになり、その形と緊張点をハンマーの柄の正確な形に適合させるのです。工学者たちは、この驚くべき手の特性を分析しているときには、感嘆の声をあげそうになるといいます。なぜなら、強度と柔軟性とをこれほど完璧にバランスよく備えた物質を自分たちは作ることができないからです。

私の皮膚組織がもっと硬ければ、高級クリスタルのゴブレットグラスを持ったとき、無感覚のうちに潰してしまうかもしれません。もっと柔らかければ、今度はしっかり握ることができないでしょう。熟したトマト、登山用ストック、子猫、一方の手などの対象物を私の手が包み込むと、脂肪組織とコラーゲンの原線維が再配分され、つかんでいる物の形に適合した形になります。この反応によって接触面積が広がり、局所的に圧力が高くなるのを防ぐのです。

それとは対照的に、人間の骨格標本の手にハンマーを握らせると、このような硬い手の表面に対してハンマーの柄は四か所くらいの圧点としか接触しません。私のしなやかな皮膚とそれを支える組織がなければ、数回ハンマーを打っただけで、その四か所の圧点は炎症を起こし、潰瘍を生じさせてしまうでしょう。けれどもコンプライアンシー（適合性）があるからこそ、皮膚に覆われた私の手全体が衝撃を吸収するのです。

コンプライアンシー（適合性）という言葉は、私の工学者仲間にとっては特別な意味を持つ言葉ですが、身体的にも霊的にも含蓄のある言葉です。私の骨を覆っているしなやかな組織は、私がつかんでいる物が、いびつなのか、滑らかなのかを判断します。対象物が私の手の形に合わせる必要はなく、私の手が圧力を分散させて対象物に合わせるのです。クリスチャン生活の秘訣は、このコンプライアンシー（適合性）の概念の中に垣間見ることができるように思います。自分の形が他の異質な形と接触するとき、私の皮膚はどのように反応するでしょうか。どの人が私と適合するのでしょうか。私が物をつかむときに手がするように、四角いものには四角くなり、丸いものには丸くなるでしょうか。

クリスチャンはときに対立的で排他的だといわれることがありますが、それが私を悩ませます。私たちは、自分の信念や価値観を共有できない人たちの間で生活しているわけですが、そうしたなかでイエス・キリストを模範とするべきなのです。イエスは、身体的、道徳的に疎外され追放された人たちや、軽蔑された少数民族やローマ兵の間でも受け入れられました。愛と赦しの福音のメッセージを損なうことなく、多様な人々の中で従順さを持ちながら行動されたのです。使徒パウロは、コリントの信徒への手紙一の九章で私たちに対する類比《アナロジー》を次のように完成させました。『ザ・メッセージ』は次のように意訳しています。

「私は、だれからの要求や期待からも自由ですが、幅広く人々のところに到達するために自ら進んでだれにでも仕えるようになりました。宗教を持っている人、宗教を持っていない人、厳格な道徳主義者、奔放に不道徳な生活を送っている人、敗北感を抱いている人、元気のない人たちであっても、です。私はそれらの人たちの生き方を受け入れたわけではありません。キリストにあって自分の方向を失いませんでした。しかし、彼らの世界に入り込み、彼らの視点から物事を経験しようとしました」(一九〜二二節参照)。

**触れることの必要性**

ハリー・F・ハーロウ博士は、ウィスコンシン大学の研究室で猿の子どもを観察するのが好きでした。彼は、猿が檻の中に置かれている布枕に愛着を持っていることに気づきました。人間の子どもがテディベアを離さないように、猿の子どもが布枕を撫で、それに寄り添い、離さないのを興味深く観察していました。実際、布枕のある檻で飼育された猿の子どもは、金網の檻で飼育された猿の子どもよりも健康そうで、落ち着いているように見えました。布の柔らかさと肌触りが違いを生んだのでしょうか。

ハーロウは、タオル地の布で代理母を作り、その後ろに電球をつけて熱を放射するようにしました。そして、タオル地の母親にゴム製の乳首をつけ、そこから猿の子どもにミルクを飲ませるという独創的なものを考案しました。このタオル地の母親は、猿の子たちに大歓迎されました。それはなぜでしょうか。本物の母親と違って、タオル地の母親はいつもそばにいて、自分を乱暴に扱ったり、噛んだり、押しのけたりしないからでした。

猿の子どもが、生物ではない代理母によって育てられることを証明した後、ハーロウは次に、母親と触れ合うことの重要性を測定しようとしました。八匹の猿の子を大きな檻に入れ、その中にタオル地の母親と、すべて金網製の新しい母親を入れました。ハーロウの助手たちがミルクの量を調節しながら、四匹の猿の子がタオル地の母親から、ほかの四匹の猿の子が金網製の母親から飲むように訓練しました。猿の子どもはそれぞれ、指定された母親からしかミルクをもらうことができませんでした。

すると、すぐに明らかな傾向が現れました。起きている間は、八匹の全部がタオル地の母親に寄り添っていたのです。抱きついたり、撫でたり、上に腰掛けたりしました。金網製の母親に割り当てられた猿の子たちは、ミルクを飲む時だけ金網製の母親のところに行き、それ以外の時は、慰め、保護してくれるタオル地の母親のところへ駆け戻って行くのです。おびえたときには、八匹全部がタオル地の母親にしがみつき、安心感を得ていました。心理学の入門書に有名な写真が載っています。ハーロウの子猿の一匹が金網製の母親のチューブからミルクを飲みながら、大きく身体を伸ばして、後ろ足でタオル地の母親にしがみついている姿を撮った写真です。

ハーロウは、幼い哺乳類には触れ合いによる安心感が必要であり、本物の母親のように感じられるものを探し求めると結論づけました。

「触れ合いによる安心感が重要な基本的愛情であることを発見しても、私たちは驚きませんでした。けれども、それが授乳の方法よりもこれほど重要であるとは思ってもみませんでした。実際、両者の違いは非常に大きいので、授乳の本来的な効用は、乳児と母親との頻繁で親密な触れ合いを確実にすることであるということを示しています。確かに、ミルクだけでは人は生きていけないのです。」


人類学者のアシュレー・モンタギューは、明快で画期的な著書『触れること』(*Touching*)の中で、こうした実験や多くの同様な実験について報告しています。彼は、幼い動物の正常な発育には、母親との親密な触れ合いが必要であることを発見しました。人間を除くすべての哺乳類(たとえば、犬や猫)は、子どもの身体を舐めることに時間を費やします。動物は生後舐められないと、たいてい死んでしまいます。結果の一つとして、老廃物の排泄を全く学ばないのです。モンタギューは、「舐めることは触覚を刺激するためである」と結論づけました。

ペットを飼っている人ならわかると思いますが、動物は触られたいという強い欲求を持っています。猫は背中を丸めて飼い主の足に身体をこすりつけます。犬はカーペットの上で身体をくねらせ、腹をさすってくれとせがみます。猿は仲間の上に乗り、何時間もかけて、きれいに毛づくろいをします。

モンタギューは、人間の胎児は陣痛の時に触覚の刺激を必要とするのではないかとさえ示唆しています。人間だけがこんなに長く、大変な誕生の過程を経るのです。十四時間にも及ぶ子宮収縮は、母親の観点から語られることはあっても、胎児の立場から語られることはないが、ある程度の身体機能の成熟を完了させるために重要な刺激を与えているのかもしれない、とモンタギューは考えます。帝王切開で出まれた赤ちゃんの死亡率が高く、新生児肺硝子膜症が多い理由を、このことで説明できるのではないか、と言っています。

出産時の触覚刺激の役割に関しては推測の域を出ませんが、誕生後の触れ合いの必要性は確かに証明されています。一九二〇年にはまだ、アメリカのいくつかの乳児院での乳児の死亡率は一〇〇%に近いものでした。そのとき、ボストンのフリッツ・タルボット博士が「優しい愛情によるケア」という非科学的な概念をドイツから持ち込みました。タルボットはデュッセルドルフの子ども病院を訪れていたとき、一人の高齢の女性がいつも病気の赤ちゃんを上手に背負いながら、病院内をうろうろしていることに気づきました。案内してくれた人が、「あれはアンナおばあさんです。私たちが医学的にできるかぎりのことをしても赤ちゃんが良くならないときに、アンナさんにお任せすれば、彼女がその子を治してくれるのです」と教えてくれました。

タルボットがこの斬新なアイディアをアメリカの施設に提案したとき、管理者たちは、この昔ながらの触れ合いがケアの向上につながるという考えを嘲りました。当時、行動主義者たちは、赤ちゃんを抱いたり甘やかしたりしないことを奨励していました。親から離れた託児所を提唱し、そこで「科学的な方法」によって子どもを育てることを提案していたのです。けれども、その考えはすぐに改められました。ニューヨークのベルビュー病院では、すべての赤ちゃんを一日に何度も抱っこし、「母親を感じさせる」という方針を取ったところ、乳児死亡率が三五％から一〇％未満に下がったのです。さらに最近では、ルーマニアの児童養護施設で触れ合いがないなかで育った子どもを調査したところ、心身共に発育不良になっていることが多いという結果が出たとのことです。

このような発見があるにもかかわらず、今でも触れることの価値はあまり評価されておらず、赤ちゃんの発育に必要不可欠であることがほとんど理解されていません。一般的に、社会階層が高くなればなるほど、親が赤ちゃんに触れる頻度が低くなります。ある調査によれば、アメリカの父親が子どもに触れる時間は一日平均三十秒だといいます。重度の障がいのある子どもたちの場合には、触れることが治療の唯一の希望となることもあります。特に自閉症の子どもには、自らを閉じ込めている孤立状態から抜け出させるために持続的な触れ合いが必要です。

モンタギューは、皮膚は感覚器官の中で目や耳よりも上位に位置すると結論づけています。皮膚は外の情報を伝えてくれるだけでなく、基本的な感情も感知します。自分は愛されているのか、受け入れられているのか。世界は安全なのか、それとも敵対しているのか。皮膚はこういった根本的な安心感を吸収するのです。

「触れる」という言葉は、私たちの、他の人たちとの関わり方を表現するものとして、私たちの語彙の中に入り込んでいます〔訳注＝英語とその言葉の邦訳のニュアンスはもちろん異なります〕。“We rub people the wrong way”――「人を間違った方法で擦る（＝神経を逆なでする）」、“We give them strokes”――「人を撫でる（＝人をなだめる）」などと言います。“One person represents a soft touch”――「ソフトタッチそのままの人（＝影響を受けやすい人、騙されやすい人）」だとか、

"We handle with kid gloves"――子ども用手袋を使う（＝慎重に扱う）」という言い方をします。"We are thin-skinned"――「私たちは皮膚が薄い（＝繊細、気が弱い）」、"Thick skinned"――「皮膚が厚い（＝鈍感、神経が図太い）」、"We get under each other's skin"――「互いの皮膚の下に入る（＝イライラする、癇に障る）」という言い方もします。

触れることにはリスクも伴います。それは、傷ついた配偶者が慰めを拒否するときの冷たい鎧《よろい》のような抵抗を呼び起こすことがあります。また、「ほっといて！」と大声を張りあげて肩をすくめる子どもが人を避けて自分だけの世界に閉じこもるような感情を引き起こします。しかし、二人を求愛に導くことができますし、触り触られるという同じ気持ちを伝えられます。キスも頬を叩くのも、どちらも触れることによるコミュニケーションです。皮膚細胞は、私たちが「人間の心」の深い感情に直接触れる経路を提供しています。

## 愛の伝達手段

霊的な「からだ」の皮膚もコミュニケーションの器官です。それは愛を表現する私たちの伝達手段です。イエスが地上でどのように行動されたかを振り返ってみましょう。イエスは、目の見えない人の目に、ツァラアトの人の皮膚に、足の不自由な人の足に手を差し伸べられました。群衆の中で一人の女性がイエスの衣に触れて癒していただこうとしたとき、イエスはご自分の身体から力が出ていくのを感じ、群衆に向かって、「わたしに触ったのはだれか」とお尋ねになりました。イエスに触れることで力が伝えられたのです。

私はときどき不思議に思いました。イエスはなぜあのようにたくさんの人たちに直接触れて癒しをなさったのでしょうか。その人たちの多くは、人目を引かず、明らかに病にかかっており、不衛生で悪臭を放っていたことでしょう。イエスは魔法の杖を振ることもおできになったでしょう。そうすれば、イエスは一人ひとりに触れるよりもはるかに多くの人に影響を与えることができたでしょう。群衆を、身体の麻痺した人はあそこ、熱病の人はこちら、ツァラアトの人はそちらというようにグループ分けし、それからイエスが手をあげて一斉に全員を効率よく癒すこともおできになったでしょう。ところが、イエスはそうした方法をとられませんでした。

イエスの使命は、病気からの救済を主とするのではなく（もしそうなら、イエスはなぜ癒されていない人をこれほど多く残し、弟子たちにご自分の奇跡を公言しないように言われたのでしょうか）、むしろ一人ひとりに働きかけることであって、その幾人かがたまたま病を抱えていたということでした。イエスは、そうした人たち一人ひとりに、愛と憐れみを感じてほしかったのです。愛は通常触れ合うことを伴うのであり、群衆に愛を示すことは容易でないことをイエスは知っておられたのです。

イエスに従う者として私たちは、食糧や医薬品などを必要としている人々に分け与えるべきであると私は述べてきました。けれども、海外でそのような活動に参加した経験から、私たちは個人と個人が触れ合うことを通して、愛を表現するのが一番であることを確信しています。私たちが困っている人たちとの個人的なつながりから離れれば離れるほど、私たちのためにイエスが模範を示してくださった働きから遠ざかってしまうのです。

インドで、私がある重症患者を治療するにあたって薬を処方したときのことです。ときどきその患者の親族が薬を買いに行き、それを私のところへ持って来て、「先生の手から患者に渡してほしい」と頼まれることがありました。薬は医師の手から渡されたならば、患者を救う力がもっとあると彼らが信じていたのです。そして、アメリカの最近の研究では、医師が優しく触れてあげると、患者は時間をかけて丁寧に診察をしてもらったと感じることがわかったということです。

私はインドを離れてから、アメリカ本土で唯一のハンセン病療養所に移り住みました。カーヴィル療養所には痛ましい歴史があります。一八九〇年代、カトリックの修道女会である「聖ヴィンセント・ド・ポール慈善修道女会」が、ハンセン病患者に奉仕するという特別な使命感を抱いたところから、この病院は始まりました。だれもハンセン病療養所の近くに住みたがらなかったため、修道女会は、ダチョウ農場を建設するという名目で、ミシシッピ川沿いの人里離れた沼地を購入しました。最初の患者たちは夜間に石炭運搬船に乗って、顔を黒く塗り、防水シートの下に隠れて、こっそり入所しました。

しかし、このハンセン病療養所の話はすぐに広まり、建設作業員は逃げ出してしまいました。この病に対する誤解が恐怖を招き、だれも近づこうとしなかったのです。それでも、修道女たちは自分たちの召しを全うしようとしました。気丈で勇敢な女子修道院長の指示のもと、自ら鍬やシャベルを持ち、沼の排水のための水路を掘りました。そして、建築の経験がないにもかかわらず、うだるような暑さをもたらす修道女服をしっかりと着て、土台を作り、建物を建てました。夜の闇の中、訪ねて来る患者に十分に触れ、治療にあたったのは、彼女たちだけでした。

それから百年近く経った今、私は同じ病院でハンセン病患者の治療にあたっています。神経細胞が麻痺した患者は、何を触っても感覚がありません。家具、布、草、アスファルト、すべてを同じように感じます。熱いストーブでも、冷たいものと同じような感覚で触るので、火傷した手を私は治療しなければなりません。

私はハンセン病を憎んでいます。治療しなければ、手足の神経感知装置《センサー》が徐々に失われ、人との接触を感じ取ることができなくなる病気だからです。多くの人は、他の人に手を握られても、抱擁されても、それを感じることができません。無知と迷信のために、この病気は患者と、友人、雇用主、隣人との社会的な接触を壊してしまいます。ハンセン病は人を孤独のどん底に突き落とす病気なのです。

カーヴィル療養所で、ハンセン病の研究と治療が大きく進歩しましたが、それは、クリスチャンの働き、特に英国ハンセン病ミッション〔宣教団〕、そしてその姉妹研究機関であるアメリカのハンセン病ミッションによるものです。私はときどき、「マラリア・ミッション」や「コレラ・ミッション」は存在しないのに、なぜハンセン病には独自の対策本部が必要なのか、と考えました。おそらくその理由は、ハンセン病患者が人との触れ合いに飢えているからではないでしょうか。クリスチャンの愛と感性がこのような欠乏に最もよく応えるのです。

ハンセン病患者には、医療チームが大きな助けとなります。医師はひどくただれた潰瘍を治療し、腱移植や形成手術によって足や手を丹念に再形成します。失われた眉毛の代わりに新しい眉毛を移植し、役に立たなくなった瞼を修復し、ときには視力も回復させます。作業療法士は、患者に仕事ができるように訓練し、新しい生活を提供します。けれども、私たちがハンセン病患者たちに与えることのできるあらゆる贈り物の中で最も大切なのは、「触れられる」という贈り物です。私たちは尻込みしません。肌と肌で触れ合って彼らを愛するのです。

私は、ハンセン病患者への治療を始めた当初、不安な気持ちでいっぱいでした。そんな私の潜在的な恐怖心を解き放ってくれたのは、宣教師であり理学療法士でもあったルース・トーマスでした。ルースは、私たちの病院に理学療法エリアを設け、ホットパラフィン治療や筋肉への電気刺激を行う設備を整えました。彼女はまた、手と手が触れ合うマッサージが、手のこわばりを防ぐのに役立つと考え、毎日そのエリアの隅に座って、ハンセン病患者の手をさすっていました。「ルース、これは肌と肌の接触ですよ。本当に手袋をしたほうがいいですよ」と私は彼女に忠告しました。ところが、彼女は笑顔でうなずきながら、患者の手をさすり続けました。ルース・トーマスはこのシンプルな治療法で目覚しい成功を収めました。この成功は、どんなマッサージの技術よりも、彼女の心のこもった行いのおかげだと私は思っています。

この病棟を開設して数か月後、私はある聡明な青年の手を診察していました。病気の進行を食い止め、手の動きを回復させることはできても、顔の変形はほとんど治せないことを、私のつたないタミル語で説明しようとしました。私は少し冗談を言いながら、彼の肩に手を置きました。そして、「あなたの顔はそんなに悪くないですよ」とウィンクをして言いました。「薬を飲めば、これ以上悪化することはないでしょう。私たち男性は、顔のことはそれほど気にしません。顔のでこぼこやシワを気にするのは女性ですからね」と。私は彼が微笑んでくれると思いましたが、そうではありませんでした。すすり泣きながら震え始めたのです。

「何か悪いことを言ってしまったでしょうか」と私は助手に英語で尋ねました。「先生はあなたのことで何か間違ったことを言いましたか」と、彼女はタミル語で彼に聞きました。そしてこう伝えてくれました。「いいえ、先生。この人は、先生が自分の肩に手を置いてくれたので泣いているのだと言っています。ここに来るまで、何年もの間、だれも自分に触れてくれなかったということです。」

# 8　目に見えるあなた

私がインドでハンセン病の研究に没頭している間、妻のマーガレットは眼科医としての研修を積み、目の外科の専門医になりました。最も貧しい人たちは病院まで足を運べないために、マーガレットは訪問医療チームを組んで、毎月農村を巡回していました。定められた日に、学校や古い精米所などの指定場所に、目の病気で苦しむ村の人たちが続々と集まって来ました。利用できる建物がない場合は、ガジュマルの木の下にポータブルの台を設置しました。ときには、二人の医師で、一日に百件の白内障手術を行うこともありました。

ある年、マーガレットの医療チームは、干ばつで荒廃した地域に、数週間にわたってキャンプを張りました。すると、困窮の中にある村人たちが四方八方から押し寄せて来ました。幾人かの人々は、必要もない手術を受けさせてくれと求めてきました。中には、食料と引き換えに、自分の目を一つ取ってくれと医師に頼み込んでくる人までいました。

そんな慌ただしい医療キャンプで、マーガレットは十二歳くらいの寡黙な少年を助手に雇いました。彼は、だぶだぶの病院用の白衣を着て、箱の上に立ち、三本の電池の入った懐中電灯の光を、患者の目の角膜に当てる仕事を任されました。マーガレットは、この不慣れな村の少年が、人の目が切開され縫合されるのを見て、うまく対処できるだろうかと思っていました。

しかし、その少年は非常に冷静に自分の仕事をこなしました。最初の五回の手術の時は、マーガレットの指示どおりに光の角度を変え、安定した手つきで光を当てていました。ところが六回目の手術の時になって、彼の態度が何かおかしくなりました。「ちゃんと光を照らしてね」とマーガレットが優しく声をかけると、そのときにはそれに従いますが、すぐにまた切っているところから光がずれてしまいます。施術している箇所を少年が見つめるのが耐えられないということをマーガレットは悟って、手術を中断し、「どこか具合が悪いの？」と少年に尋ねました。

少年の頬を涙が伝い、口ごもりながら言いました。「ああ、せ、せんせい、ぼ、ぼくは見ていられないんです。この人はぼくのお母さんなんです。」マーガレットは、少年を休ませるために、代わりの助手を据えました。その日、あとになって、少年の母親は、息子が生まれる少し前に失明し、視力を取り戻したいと願っていることを妻は知りました。十日後、母親は抜糸を終え、医療チームから眼鏡を渡されました。まぶしい光が目に飛び込んできて、しきりにまばたきをしていましたが、徐々に慣れていき、焦点が合って、初めて息子の顔を見ました。そして、息子に触れようと手を伸ばし、抱き寄せたとき、彼女の顔に笑みがこぼれました。そして、「息子よ。おまえのことはずっと前から知っていたけど、きょう、お母さんは初めておまえを見ることができた」と言ったのです。

**身体のキャンバス**

私はときどき、妻が携わっている医療分野を羨ましく思います。目は、身体の内部の働きを直接診て知ることのできる唯一の器官だからです。手術をしなくても、眼科医は健康な細胞や病気の細胞を直接観察することができます。マーガレットの若い助手の母親のように、眼科医でない私たちは、皮膚という器官だけに目を向けます。私たちは、身体の表面で人を認識し、判断します。

私たちは皮膚に対して非常に愛着を持っていて、これを魅力的に見せようとします。男性は夜の間に伸びた髭《ひげ》を剃り、髪の毛をセットし、ニキビを気にしたり、一つ二つのホクロを点検したりします。女性はその儀礼をさらに拡大し、鼻の皮脂をパウダーで抑え、まつ毛をカールさせたり眉毛を抜いたりします。あたかも画家のキャンバスのように、自分の顔にファンデーション、アイシャドー、口紅を塗ります。そして、地球上の神の創造物の中で唯一私たち人間だけが皮膚を覆う必要性を感じており、その過程で数十億ドル規模のファッション産業を支えています。

皮膚は不透明で、目のように透明ではありませんが、健康状態を映し出します。私たち医師は、皮膚を通して体内活動の健康状態を読み取ることができます。貧血症は幽霊のように蒼白になり、黄疸は皮膚を黄色くし、糖尿病の場合は青銅色となります。アレルギー専門医は、背中に碁盤の目を描き、ごく少量のアレルゲンをつけた針を皮膚に刺すことによって、身体でアレルギーを引き起こす原因を見つけ出します。それが犬の毛なのか、花粉なのか、甲殻類なのか、などと。皮膚は不可解な嘔吐やくしゃみの原因をも解いてくれることがあります。

皮膚はまた、心の内の感情の世界を知る手がかりも与えてくれます。私たちの皮膚には随意筋がほとんどないため、馬のように自分の意志で皮膚を動かすことはできません。しかし、顔の表情を変えることで感情を表現します。唇をわずかに膨らませたり、「へ」の字にしたりして、配偶者に用心深くふるまうように警告することができます。幼少期の心の傷は、木の幹の傷跡のように、顔の輪郭に刻みつけられることもあります。

皮膚は、赤ちゃんのお腹のように滑らかなところもあれば、ワニ皮のようにざらざらしたところもあって、環境に応じて際限なく変化し、適応性に富んでいます。関節の周囲、顔の骨、節くれ立った足指、肉づきのいいお尻の周りで曲がったり折り重なったりしています。実験室の顕微鏡で、頭皮、唇、乳首、かかと、腹部、指先の断面を見ると、同じ器官からできているとはとても思えないほど異なっていることがわかります。指の表面を縦横に走る小さな隆起は、スノータイヤの溝のように、グリップ力を高めます。この隆起は一人ひとり異なる形状をしているので、ＦＢＩ（アメリカの連邦捜査局）はこの特徴を利用し、指紋を採取してファイルを作っています。

他の生き物に比べてみると、人間の外見には面白みがありません。珊瑚礁に生息する熱帯魚は言うに及ばず、コンゴウインコ、シャチ、キリンなどの目を見張るようなデザイン的特徴に匹敵するものは何もありません。人間の皮膚には動物のような毛はなく、ほぼ同じ色調です。黄色、茶色、黒色、白色、赤色と濃淡はあっても、唇と乳首の色が濃いことを除けば、身体全体にわたって変化はたいしてありません。それにもかかわらず、洞窟に住んでいた時代から、壁画の画家たちは、人間の素肌に限りない魅力を見いだしてきました。

## 万里の長城のような防護壁

私たちは皮膚の見た目にばかり気を取られますが、それは皮膚による最も重要な貢献ではありません。皮膚は、内と外を隔てる万里の長城のような防護壁を形成しています。身体の六〇%は体液でできており、皮膚に覆われていなければ体液はすぐに蒸発してしまいます。皮膚がなければ、風呂やプールに入るだけで命取りになります。異質な液体が体内に入って来て、血液を薄め、肺を水浸しにしてしまうからです。

現代文明は皮膚の耐久力に大きな負担をかけています。週末に、手袋をしないで素手で、庭を掘ったり、バーベキューの火をつけるときに過って灯油を手の上にこぼしたりするかもしれません。絵筆をテレピン油で洗い、それを研磨剤と粗めのパッドでこすって磨いたりするかもしれません。それでも皮膚はどうにか生き延びています。

泥だらけの側溝を素手で掃除したり、便器の中に手を入れたりすれば、細菌の大群と遭遇することになりますが、私の皮膚細胞は忠実に細菌の侵入を防いでいます。私たち一人ひとりの皮膚には、この惑星に住む人の数と同じくらいたくさんの細菌が付着していますが、皮膚は化学物質や負電荷、そして防御細胞の軍隊を使って、侵入者を寄せつけないようにしているのです。

細菌よりもっと大きな生物も、表皮の隙間に住みかを作ります。人間の歴史の大半においてダニ、ノミ、ナンキンムシ、シラミなどが皮膚の一部に見られたことは異論のないところです。トーマス・ア・ベケット〔訳注＝一一二〇〜一一七〇年。イングランドの聖職者、カンタベリー大主教〕が着ていた毛のシャツにはシラミが一面に付着していたし、サミュエル・ピープス〔訳注＝一六三三〜一七〇三年。イングランドの政治家、海軍官吏、作家〕は、シラミだらけの美容師から届いたカツラを返却しなければなりませんでした。今日でも、体長わずか三分の一ミリの八本足の生物であるニキビダニは、毛幹に潜り込み、睫毛の毛包内でぬくぬくと日々過ごしています。眼科医は、この葉巻型の一見無害に見えるダニを、診察するほとんどの人に見つけます。ニキビダニのオスとメスは毛包内で楽しそうに交尾しますが、一本の温かく油の多い脂肪腺に二五匹も集まることがあるということです。

外側には手荒な世界があって、皮膚細胞はたくさんの犠牲者を出していますが、表皮は次から次へと増援部隊を提供しています。死にかけた細胞はコーンフレークのように丸くなって、剝がれ落ち、その下に新しい細胞のための席を開けるのです。私たちは一日に数百万個の皮膚細胞を失っている、と解剖学者は見積もっています。握手をしたり、ドアノブを回したりするだけで、千個もの皮膚細胞が剝がれ落ちています。テニスの試合中にどれだけの皮膚細胞を失っているかをだれが計算できるでしょう。

私たちはどこへ行くにも皮膚細胞を落としていきますが、その多くは家の近くに集中しています。家庭のほこりの九割は、あなたやあなたの家族、来客の古い角質です。彼らは自分が犠牲になったことを感謝されることもなく、雑巾や掃除機で取り除かれるのを待っています。

## 過敏性

私たちの防御の最前線である皮膚は、常に変化するストレスに対応しなければなりません。私は、ハンセン病患者の皮膚を守る最善の方法を見つけ出そうと研究するなかで、皮膚の適応力に感心するようになりました。

それで私たちは、金属の棒を指先に押し当てて力を計る装置を開発しました。小さなハンマーの下に手を置くと、ハンマーが振動してマッサージのような心地良さを与えます。ところが、これを数百回作動させ続けると、指がほんのり赤くなり、不快に感じるようになります。千五百回を超えると、痛みが出て耐えられなくなり、指を引き抜かざるをえなくなります。翌日、同じ実験を繰り返すと、数百回で痛みに耐えられず、指を引き抜いてしまいます。

軽い炎症は、過敏症という症状を引き起こします。指にストレスがかかると、そこに血が巡るので温かくなり、身体が余分の体液でクッションを作るため腫れます。前日、小さなハンマーで何度も殴られた指は過敏になっており、炎症状態なので数回叩かれただけで水ぶくれや潰瘍になってしまうことがあるのです。

同じように、火傷した指は熱に過敏になります。洗面器に私の両手を入れると、手が複雑な信号を送っていることに気づいたのは、一度や二度ではありません。左手は熱いと言っているのに、右手はぬるいと言っているのです。そして、朝食を調理中、熱々のベーコンの油がフライパンから跳ねて、左手に落ちたのを思い出しました。その周辺の神経末端が耐性閾値《しきいち》を下げ、少しの熱でも、軽い炎症を起こしている組織を傷つける可能性があるため、ぬるいものを熱いと報告するのです。

どれほど気をつけていても、痛めた指の炎症部分が数分おきに何かにぶつかっているように感じたことがあるでしょう。この現象には、ちゃんとした生理学的な根拠があります。傷ついた部位の近くにある痛覚細胞は、痛みに対して十倍も敏感になっているのです。実際に、痛覚細胞は、私が愚かにも熱い油やハンマーで打たれたような痛みをこれ以上皮膚に与えないように、「感度を上げて」いるのです。このような驚くべき方法で、知覚過敏は傷つきやすい部位を保護する役割を果たしているのです。

私たちはときに心理的な過敏さを経験することがあります。支払い期限が過ぎた請求書、仕事のプレッシャー、家の修繕、家族のイライラ癖といった小さなストレスが積み重なると、些細な出来事でも突然、ハンマーで叩かれたような衝撃を受けることがあります。肉体的であれ精神的であれ、痛みが現れるのは、それが不快でしつこいからにほかなりません。過敏に反応することで、ストレスから解放されたいという皮膚の切実な欲求を身体に知らせるのです。同様に、メンバーの一人が情緒的に過敏になることで、より大きなコミュニティに対して休息や外部からのケアの必要性を知らせることができます。

健康な〔キリストの〕「からだ」は、弱った部分の痛みを感じます。私たちは、傷ついた自我を強めたり、争いを仲裁したり、他の人が抱えている、たくさんの小さなストレスの一部を自ら引き受けるよう求められるかもしれません。私は宣教師でしたが、祈りや手紙によって私を支えてくれた故郷の人々の貢献はいくら強調してもし過ぎることはありません。こうした「からだ」の非常に敏感な細胞が、私の苦しみを察知し、必要なときに私を勇気づけてくれました。そのような献身的な人がいるかいないかで、宣教師や援助活動家として二十年もの長い間働きを続けられるか、あるいは短期間で終わらせてしまったかが決まるのです。

かつて私は、プロボクシングの試合のリングドクターを務めたことがあります。試合中に怪我をしたボクサーの治療にあたるのです。しかし、この仕事は一度だけ引き受けて、あとは断りました。二人の男が生きた細胞を叩いて破壊する光景は、私の医学的感性を損なったからです。特に印象に残っている出来事があります。ヘビー級のボクサーのトレーナーが、私が立っていた近くの椅子に前屈みに腰かけているボクサーのところに駆け寄って来ました。そして、「左眉だ！」と興奮気味に叫び、自分の見開いた目を指さして言ったのです。「左目を狙え！　いいパンチが入っているから、腫れ上がっているぞ。あと二、三発をジャブで殴れ！」と。ボクサーはその指示に従って、相手の目の上の炎症を起こして過敏になっているところを狙いました。試合終了後、私は、殴られたボクサーの皮膚と眉の傷の箇所を縫合しなければなりませんでした。容赦のないパンチがこうした事態を招いたのです。

まったく別の状況で、同じような光景を目にしたことがあります。友人宅での食事会の時のことです。皆が和気あいあいと会話を楽しんでいるなか、ある人がその妻に向かって少し突っかかるようなことを言ったのです。彼女は明らかに恥ずかしそうに顔を赤らめ、夫は少々勝ち誇ったような表情を浮かべていました。上品に見えながら、致命的な一撃が放たれたのです。この発言のあと、食事会は気まずい雰囲気に包まれました。このような皆が集まる場で、家事のこと、かつての不和のこと、個人的な癖のこと、性生活のこと、義理の両親のことなど、悪い冗談を耳にすることがあります。そんなとき私には、「もう一回殴れ。左眉だ！」という声が再び聞こえてくるのです。

他のグループでも同じような破壊パターンを見たことがあります。教会の信者が牧師の噂話をしたり、雇い主が良心的な従業員に容赦ない嫌がらせをしたり、親やきょうだいが不器用な子をからかったりするのです。弱さに寄り添う優しさはどこにいってしまったのでしょうか。私たちはみな、ストレスに対する人間の身体の適応から学ぶ必要があります。パウロは言いました。「互いに重荷を担いなさい。そのようにしてこそ、キリストの律法を全うすることになるのです」(ガラテヤ六・二)。

### ストレスの分散

人間の身体は、過敏な状態に対する対応法として顕著なモデルを示しています。ストレスを再分配するのです。

私は新しい靴を買うとき、いつもこのプロセスをたどります。店内で試し履きしたときは問題なくても、それを履いて家まで一マイル(一・六キロ)歩くと、足の擦れた部分が悲鳴をあげ始めます。そのまま歩き続けると、身体がその痛い部分からストレスを再分配するようになります。足を引きずり始めるのです。この歩き方はぎこちなく不自然ではありますが、傷つきやすい部分に負担をかけなくなります。

ストレスの分散がなければ、私たちの日常生活は危険と隣り合わせになります。私は、もう二度と歩くことができないハンセン病患者を何人も診てきました。痛覚システムに欠陥があり、ストレスを再分配するよう脳に警告を発することができないからでした。痛みを感じないため、足全体に痛みを分散させるのでなく、足の同じ部分で歩き続ける傾向があるのです。

横になっているときでも、危険があります。看護師や介護士は、身体を動かすことができない患者には床ずれが起きていないか常に注意します。患者が痛みを訴えたときには、少し身体の向きを変え、他の細胞に痛みを分散させます。ところが、半身不随の人やハンセン病、糖尿病などで痛みに対して鈍感になった人は、それを訴えることがないので、ひどい床ずれになることがあります。私の皮膚に埋め込まれた何百万もの感知装置《センサー》が、お尻に体重をかけたり、足や背中の位置を変えたり、歩くときの歩幅を変えたりするタイミングを教えてくれることを、私は神に感謝しています。

肉体から霊的な〔キリストの〕「からだ」に目を向けると、同じような適応が必要であることがわかります。霊的な「からだ」も、どこに特別な注意が必要かを考えなくてはなりません。先に見たように、外側の最前線の細胞には弾力性と堅固さが必要であり、内側の細胞には静かな観想の生活を送るための避難場所が必要です。

私が観察するところによれば、教会は二つの重要な分野でストレスの再分配というこの原則を怠りがちのようです。第一に、牧師、司祭、宣教師、教団の代表者ら、指導者たちを前線に立たせるとき、私たちは過剰な要求をしてしまいます。非現実的な期待をし、彼らに「のろのろ進む」ことを許さないのです。私が指導者たちに注意を促したいのは、危険な兆候を察知し、そのプレッシャーを再分配する方法を探してくれる、敏感な友人や仲間に近くにいてもらうことです。

私の研究室では、裂傷や火傷といった明らかな危険よりも、反復的なストレスによる微妙な力のほうが、患者に大きな危険をもたらすことを証明しました。牧師の生活における日々のストレスの積み重ねも見過ごしてはなりません。絶え間ない電話、厄介な役員会、経済的なプレッシャー、カウンセリングの重荷、孤独、のけ者扱いなどです。これらは、教会における目に見える危機よりもはるかに大きな危険をはらんでいるのです。

教会は、人間の身体からもう一つ大きな教訓を学ぶことができます。あるメンバーたちは攻撃を受けやすい時期には保護される必要があります。特に霊的に幼い時期など、そうです。アメリカでは、スポーツ選手、政治家、ミュージシャン、俳優、ミスコン優勝者らがキリスト教に入信すると、格別大袈裟に紹介するようです。こうした熱心な新しい改宗者たちは、短期間、メディアの注目を集めます。そして、本人も期待されるイメージに応えようとして、その結果、それが重荷になり、キリスト教が嫌になり、信仰から離れる者も出てきます。

この症候群は、人体では乾癬《かんせん》と呼ばれる皮膚病と類似しています。この病気の原因は一つです。通常三週間かけて表面に移動してくる皮膚細胞が、数日で無理やり移ってくるのです。それらの未熟な細胞は、光、紫外線、温度、環境などのストレスに耐える準備ができていません。それで、悲惨な傷痕を残して、あっけなく死を迎えるのです。霊的に成熟する時間を与えず、改宗したばかりの有名人を、無理やりスポットライトの中に押し込もうとするキリスト教のサブカルチャーにとって、ここに教訓があるのではないでしょうか。

キリストの「からだ」がうまく機能しているときは、弱い人を囲み、ストレスを賢く再分配できます。ある小さな教会で知り合った離婚女性のことを思い出します。彼女の夫が別の女性と一緒になるために家を出て、彼女は自分の人生を立て直すのに苦労していました。夫に捨てられた罪悪感と拒否感にさいなまれながら、四人の子どもたちを育てなくてはなりませんでした。預金残高はほとんどなく、修繕の行き届いていない家にも対処しなければなりません。地元の教会の人たちが、ベビーシッターとなり、家のペンキを塗り、車の修理をし、特別なイベントへ招待したりして、愛をもって支えてくれました。五年経った今も、彼女は教会を頼りにしています。彼女が元気を取り戻したのは、教会の人たちが、まるで身体の細胞のように彼女を力強く取り囲み、彼女を潰しかねないプレッシャーを和らげたからです。

### 水ぶくれとたこ

私は医学部を休学して、ある夏、二十四メートルのスクーナー船で北海を旅しました。最初の一週間は、帆を張るために重いロープを引っ張ると、指先が痛くなり、血がにじみ、その痛みで夜も眠れなくなりました。二週目の終わりにはたこができ、やがて分厚いたこが指を覆うようになりました。たこが守ってくれたのか、その夏は、もう痛みに悩まされることはありませんでした。ところが、大学に戻ってみると、解剖に必要な細かなことができなくなっていることに気づきました。たこのせいで指が鈍感になり、器具の感触がほとんどなくなっていたのです。私はパニックに陥り、この分厚いたこが外科医としての自分のキャリアを台無しにしてしまったのではないかと心配しました。しかし、やがて、私の身体が私に過剰な保護は必要ないと理解すると、脱皮する昆虫が殻を脱ぎ捨てるように、喜んでその層を脱ぎ捨てたのです。そして感覚が戻ってきました。

今日も、庭で鋤を使うときに注意書きを無視すると、このパターンに陥ってしまいます。あまり長時間の作業をすると、表皮の最上層がその下の層から剝がれ落ち、突然の液体の流入によって水疱を形成します。一時的な処置として水ぶくれは患部を冷やし、衝撃を和らげ、ストレスを分散させます。要するに、それで一日を乗りきるのです。しかし、人間には悪い癖があり、炎症、過敏症、水ぶくれを引き起こすようなストレスを何度も何度も繰り返す傾向があります。あるテニスプレイヤーは、五回連続で水ぶくれができると、より継続的な適応が必要であることを身体に納得させるといいます。

すると、皮膚は水ぶくれをたこに変えるのです。

皮膚は、過敏さとたこの適切なバランスを見つけるのに苦労します。同じように、宣教の働きの最前線にいる人たちは、「からだ」の「皮膚」として、常に変化するストレスに身をさらしています。彼らは外科医のような繊細な技術を求められる場合があります。人間のたましいの修復には、肉体の修復以上に繊細さが必要なことがあるからです。宣教の働きに従事する人は、負担が大きく解決不可能な問題に取り囲まれており、ときには、身を守ってくれる「たこ」の層が必要なのです。

インドの村々を訪問診療したときには何百人もの患者が治療を受けるために列をなしていましたが、そのことと、患者と同じ数のスタッフがいるカーヴィルの状況を比較してみます。カーヴィルでは、ペースがゆっくりなので、問題を深く掘り下げたり、患者一人ひとりと向き合ったりする時間的余裕があります。インドの訪問診療では、効率的な医療処置が優先されるため、個々人への気配りはあきらめなければなりませんでした。患者一人ひとりとどうしても個人的に関わることができなかったのです。

医療従事者、ソーシャルワーカー、カウンセラーら、激務の中で働く人たちは、ときに自分を保護する「たこ」を作る必要があります。若い医師たちから、「どうしたら、激務に屈することなく、こうしたプレッシャーに対処できるでしょうか」と聞かれることがあります。私は彼らに、特別な助けを必要とする患者を一人か二人選んでくださるよう、毎日神に祈ることだと伝えます。私はすべての人に等しく敏感であることはできませんし、すべての人に対して鈍感になってもいけません。そうではなく、医療以上のものを必要としている人に気づくことができるように、聖霊に拠り頼むのです。

イリノイ州のウィートン・カレッジでは、人道的災害研究所を設立し、災害が被災者だけでなく、援助者にも及ぼす影響について研究しています。災害から立ち直る心を養うには、どのような心のケアやスピリチュアルケアが必要なのでしょうか。援助者がトラウマに打ちのめされないためには、どのようにすればよいのでしょうか。キリスト教の宣教は、過敏さと無感覚の間で揺れ動いています。ある働き人は、自らを守る何層ものたこを作ることができず、周囲の人たちの痛みに過敏に反応して、「燃え尽き症候群」に陥ってしまいます。また、ある人は、無神経さを身につけてしまって、被災者に心から共感することができないでいます。

「からだ」の中でサポート役を担う私たちには、私たちの代わりに最前線にいる人たちを注意深く見守る責任があります。彼らにどうしようもない人間的な悲しみを経験させるべきではありません。そして、それらの奉仕者たちは、ときにはその場から撤退し、ときには他の人を信頼して、重荷をゆずる必要があります。感受性が高すぎても低すぎても、肉体も組織も動かなくなってしまうのです。

**最前線での奉仕**

英国にある数百年の歴史のある石造りの教会で、会衆に話をしたことがあります。ステンドグラスの窓には、手を合わせて祈る聖人の姿が描かれていました。ふだんの生活では、このように手を合わせている人を見ることはほとんどありません。手術室を除いては。手をきれいに洗ってから、患者の準備がまだ整っていないときは、私は指先と指先を合わせて、部屋にある雑菌が繁殖している可能性のあるものに触れないようにします。聖人たちにとっては、なんとふさわしくない姿でしょうか。私たちは両手を広げ、汚染された世界を受け入れるべきなのです。なぜなら、霊的な「からだ」において忠実な皮膚細胞に守られていると信じるからです。

迫害されている教会のメンバー、紛争地帯や難民キャンプ、災害地で救援活動を行う人、困難な場所で病気と闘う医療従事者ら、勇敢な人たちが最前線に身を置いています。私たちからすれば、彼らは支援と祈りを受けるに値する人たちです。「からだ」の表面で生きることは決して容易ではないからです。

私は、ロンドン郊外の社交界の出身である私の母が、宣教師となってインドに渡ったことを思い起こします。「ブランドおばあちゃん」と呼ばれていた母は、六十九歳になったとき、宣教団体から引退を告げられました。しかし母は、これまで宣教師が一度も訪れたことのない山岳地帯を見つけました。宣教団体の支援なしにその山々に登り、小さな木造の小屋を建て、さらに二十六年間働きました。古腰の骨折と徐々に進行する麻痺のために、二本の竹の杖なしでは歩くこともできませんでしたが、馬の背中に薬箱を括りつけ、山々を巡りました。母は、病気の人、手足の不自由な人、目の見えない人たち、すなわち、役に立たないと言われ、顧みられない人たちを捜しては治療を施しました。母を知っている集落へ行くと、大勢の人が駆け寄って来て、出迎えてくれました。

母は一九七四年、九十五歳でこの世を去りました。栄養不良と健康状態の悪化で関節が腫れ、やせ細り、弱々しくなり、ずいぶん前から身だしなみにも気を遣わなくなっていました。しかし、その山岳地帯の村人たちは、母のガサガサの皺だらけの肌に美しさを見ていました。母は、前衛部隊の一人として神の愛を貧しい人々に伝える最前線に立っていたのです。

霊的な「からだ」において皮膚は、私たちのコミュニティの輪郭を示し、この世界で神の存在を現す皮膜です。私たちが見ている世界は私たちの皮膚を見ており、イエスは私たちが見ている世界に何を見せるべきかを明確に述べておられます。「互いに愛し合うならば、それによってあなたがたがわたしの弟子であることを、皆が知るようになる」（ヨハネ一三・三五、傍点筆者）。柔らかく、温かく、触れやすい皮膚は、私たちと愛で結ばれることを熱望する神の本質を伝えています。

世界の人々が教会と初めて接するとき、その皮膚の質感、外観、「肌触り」はどんなものでしょうか。人々は、「愛、喜び、平和、寛容、親切、善意、誠実、柔和、節制」（ガラテヤ五・二二参照）を見ているでしょうか。私たちは人を外見で判断し、表情を観察して、その人の雰囲気や内面を垣間見ようとします。同じように、私たちの外見から神についての結論を出そうと、〔キリストの〕「からだ」である私たちを精査しているのです。

## 9　最も信頼できる感覚

講演をするために演台に立った途端、熱っぽくなり、吐き気を催しました。

私はロックフェラー財団研究助成金の給費を受けて、アメリカ横断ツアーを行い、その終わりにニューヨークにいました。ハンセン病が麻痺を引き起こす原因を調べるため、著名な手の外科医や病理学者たちを訪問しました。そして最終日に、アメリカハンセン病伝道協会で講演を行いました。

どうにか講演を終えることができましたが、地下鉄の駅へ向かって歩いて行くときには、熱がどんどん上がっていきました。めまいがあまりにひどくて、座ることも立つこともできず、地下鉄の車内で倒れてしまいました。その場にいた他の乗客は私が酔っぱらっているのだろうと思ったのか、そんな私を無視していました。

何とか、よろめきながらやっとの思いでホテルにたどり着きました。意識が朦朧《もうろう》とするなか、医者を呼んだほうがいいと思いましたが、ホテルの部屋には電話がありません。病状が悪化し、ベッドの上で丸まってうめくことしかできませんでした。それから数日間、そこに滞在し、親切なホテルのスタッフに毎日オレンジジュースや牛乳、アスピリンを届けてもらう状態でした。

フラフラしていましたが、徐々に回復し、英国に帰国する船にはどうにか間に合うことができました。私は大半の時間を船室で過ごし、体力を取り戻すために横になっていました。サウサンプトンに着いて、ロンドン行きの電車に乗りました。窮屈な隅に座って、背中を丸くし、一刻も早く目的地に着くことを願いました。

やっとのことで叔母の家に到着したころには、心身ともに疲れ果てていました。ベッド横の椅子に、じゃがいも袋のようにドンと倒れ込み、靴を脱ぎました。その後、おそらく私の人生の中で最も暗いであろう瞬間がやってきました。前屈みになって靴下を脱いだとき、左足のかかとの感覚がないことに気づきました。吐き気がしたときよりも大きな恐怖が襲いました。これまでハンセン病患者の治療にあたってきましたが、ついにその時が来てしまったのでしょうか。私もハンセン病患者になっていたのでしょうか。

私は身体をこわばらせながら立ち上がり、ピンを見つけ、再び椅子に腰かけました。足首の下の皮膚の小さな斑点をピンで軽く刺してみました。まったく痛みを感じません。ピンをさらに深く突き刺して、反射を期待しましたが、何事もなく、刺した箇所からわずかに血がにじみ出るだけでした。私は顔を両手で覆い、身震いし、感じなくなった痛みが再び起こってくることを切に願いました。

七年の間、私はチームの仲間と一緒になって、ハンセン病患者の新たな尊厳と自由を獲得するために、何世紀にもわたって定められたしきたりに対して戦いを挑んできました。そして、ヴェールールにあるハンセン病療養施設の周辺に張りめぐらされていた有刺鉄線を取り壊すことに成功しました。しかし今、私の脳裏によぎるのは、その病に侵された患者たちの顔でした。これが自分の将来の姿なのでしょうか。

私は、ハンセン病はあらゆる伝染病の中で最も感染力が弱く、適切な衛生管理をしていれば、感染しないと、同僚スタッフに伝えてきました。しかし、彼らの指導者である私が今や、ハンセン病患者なのです。私の内にあった辞書からこの病に対する悪意ある説明を廃棄してきましたが、そうしたことも私を苦しめ始めました。私は患者に対して汚名と偏見に打ち勝つように鼓舞してきましたが、それがいかに軽薄であったことかと思いました。

私の考えと感情が揺れ動きました。患者の子どもたちが最も感染しやすいので、私自身も家族と離れるべきでしょう。おそらく私はインドに戻るよりもイギリスにとどまるべきなのでしょう。けれども、このことが外部に漏れたらどうなるでしょう。新聞に取り上げられたときの見出しを想像しました。そしてハンセン病の仕事はどうなるのでしょうか。リスクがわかったうえで、何人の医療従事者が働き続けてくれるでしょうか。

私は、靴と靴下を脱いで、服は着たままベッドに横になりました。一晩中、緊張でたくさんの汗をかき、呼吸も荒くなりました。病が私の顔、足、指に広がっていくのを想像しました。いくつかの情景が脳裏をちらつき、ハンセン病患者として何を失うかを思いました。手は私の商売道具ですから、外科医としてのキャリアはすぐに終わるでしょう。細かい指の動きとプレッシャーへの対応ができなくて、どうして外科用メスを握れるでしょうか。そのほかにも、多くのものを失うことでしょう。羽毛、犬の毛、絹、羊毛の手触りが私の世界に喜びをもたらしてきました。そして、感覚のほとんどを失ったハンセン病患者を治療していたので、その感覚のありがたさを認識していたのです。

ようやく夜が明け、私は不安と絶望の中で、起き上がりました。鏡を凝視し、勇気を奮い起こし、再びピンを取って、痛みを感じなかった部分を確認しました。深呼吸をし、患部にピンを刺しました。「痛い！」と叫び声をあげました。身体中を走り抜ける電気的な強い痛みが、これほど快く感じたことはこれまでありませんでした。私はひざまずいて、神に感謝しました。

やがて私は前夜の自分の愚かさに苦笑いをし、首を横に振りました。振り返ってみると、すべてが理にかなっていることでした。電車で座ったとき、窮屈な場所で、いつも落ち着きなく動いている筋肉のことを考えられないほど弱っていたため、足の神経を麻痺させてしまっていたのです。そして、ひどく疲れていたので、過剰に恐れを抱き、早とちりしたのでした。実際は、ハンセン病に罹ったのではなく、インフルエンザが治り、ただ疲れを覚えていた神経質な旅行者だったのです。

## 触覚の世界

この出来事については、恥ずかしくて何年もだれにも言えずにいました。しかし、知覚について貴重な教訓を与えられました。それ以来、私はできるだけ触って感じるように努めてきました。森、動物、布地、彫刻……、これらのものに感覚の鋭い指先で探査するようにしています。身体の表面にある感知装置《センサー》が、周囲の環境の様子を伝えてくれるからです。

パイ生地のように薄く巻きつけられたいくつかの層をなしている皮膚には、五十万個の小さな送信器が点在し、発見したものを脳に伝えます。あなたの皮膚が毎日監視している風、微粒子、寄生生物、気圧、温度、湿度、光、放射線などのいろいろな刺激を伝えていることを想像してみてください。皮膚は、マラソンの過酷な衝撃に耐える強靭さを持つ一方で、蚊がとまるのを感知する繊細な感度を持っています。指の爪で一度軽く叩くだけで、その対象物が紙か、鉄か、木材か、プラスチックか、布かを判断できます。

あらゆる感覚の中で、触覚が最も信頼できるものです。赤ちゃんに玩具を与えると、まずそれを指で触り、次に口に持っていき、舌でなめます。赤ちゃんにとっては、触覚が一番で、聴覚や視覚はその次です。子どもはマジシャンの小道具が本物かどうかを確かめるために、それに触れます。自分の目を信用できないのです。蜃気楼は目と脳をだますことはできても、皮膚の感触を欺くことはできません。そして大人でさえも、どういうわけか触覚のほうを容易に信じるのです。「触れることのできる」証拠のほうを容易に受け入れるのです。弟子のトマスは、イエスの復活を目で見たという他の弟子たちの報告を聞いたとき、それを疑い、こう断言しました。「あの方の手に釘の跡を見、この指を釘跡に入れてみなければ、また、この手をそのわき腹に入れてみなければ、わたしは決して信じない」(ヨハネ二〇・二五)と。

私の娘メアリーが三歳の時に、激しい雷雨に対する恐怖心に打ち勝とうとした姿を思い出します。家の中は安全だと信じていましたが、稲光がどんどん近づいて来ると、私のもとに走って来て、小さな手を私に握らせました。「ねえ、パパ。私たち、大丈夫だよね?」と、とても不安そうな声で言いました。ちょうどその時、ものすごい雷鳴がとどろき、家中の照明が消えました。メアリーは息を切らしながら、「パパ! 私たち、大丈夫だよね?」とさっきよりも切実な声で叫びました。娘の言葉は勇ましいものではありましたが、恐怖で震える小さな手から、彼女の本当の気持ちを感じることができました。皮膚は皮膚に伝えるのです。

多くの辞書で、「触れること」の語義の説明事項がどの項目よりも長く記されています。スポーツ、音楽、芸術、料理、機械操作、セックスなどの人間の活動で、「触れること」に頼らないものはほとんど考えられません。触覚は、私たちが眠っているときも最も機敏な感覚であり、目を覚ましているときには私たちを活動的にしてくれる感覚です。恋人たちの抱擁、赤ちゃんの抱っこ、マッサージ、熱いシャワーのチクチク感等を考えてみてください。視覚と聴覚に障がいのあるヘレン・ケラーは、ハーバード大学のラドクリフ・カレッジを優等な成績で卒業し、十二冊の書籍を残しました。このことは、触覚からの情報だけで脳がどんなに素晴らしいことを成し遂げるかを示しています。

私は皮膚から、霊的な「からだ」の最前線に求められるものを正しく理解できます。私たちが接する人たちのことを敏感に察知するということです。人々を助けたいと熱望するカウンセラーの初心者は、自分自身にこう言い聞かせなければいけません。「まず、相手の話に耳を傾けること。困っている人の話に注意深く耳を傾けなければ、あなたの賢明なアドバイスも意味がありません」と。皮膚は、目や耳を通したものよりももっと基本的な知覚を提供します。つまり、何千もの感知装置《センサー》から集められる触覚を提供してくれるのです。

皮膚の感知装置《センサー》が気圧や温度のわずかな変化を感知すると、脳へメッセージを送ります。それと同じように、「この世にありながら、この世に属さない」イエスの弟子たちは、自分たちを取り巻く環境に関する絶え間ない信号の流れに遭遇します。〔キリストの〕「からだ」は普遍的なものであり、その感知装置《センサー》はシカゴの湖岸のアパート、ナイロビのスラム街、ペルーやスリランカのジャングル、ロシアとアラビアの砂漠からも報告を送ってきます。その昔、宣教師たちは、異文化の中にすでに存在する価値と美点に気づいていませんでした。今日、キリスト教の宣教諸団体は、霊的な必要だけでなく、文化や、物理的、社会的な必要にも敏感になっています。最良で、最も効果的な愛は、静かに人々に聞き入り、必要を感じ取り、適切かつ親身に応えていくという触覚的認識から始まるのです。

人道的活動や宣教活動がより専門化していったとしても、必ずしも効果的になるとは言えないでしょう。技術の進歩は医療活動などに恩恵をもたらすかもしれませんが、インドではキリスト教医療機関が建物やスタッフを維持する組織となって、本来の使命を果たせなくなってしまったのを、私は目にしました。治療の質は向上しても、同時に費用がかさみます。その活動を維持するために、治療費を払ってくれる患者を集めようと、そのことばかりを気にすることがあります。それに伴い、貧しい人々や見捨てられた人々は、宣教団体の病院を利用することができなくなり、政府の医療機関に助けを求めなければならなくなるのです。

### 触覚認識

それとは対照的に、私は、両親がインドの人里離れた山岳地帯で受けた衝撃を思い起こします。二人は福音宣教のためにインドへ行きましたが、人々の必要を肌で感じながら生活するなかで、本能的にそれに対応するようになりました。一年も経たないうちに、医療、農業、教育、伝道、言語翻訳に携わるようになったのです。二人は必要を認識して、仕事をそれに適応させたわけです。

私の母と父が働きを始めて、キリスト教に改宗する人が出てくるまで七年かかりました。実のところ、その最初の改宗は、二人の思いやりが直接のきっかけとなりました。村人たちは、しばしば私たちの家の前に病人を捨てて行ったので、両親はその人たちの世話をしました。あるヒンドゥー教の僧侶がインフルエンザで死に瀕したときに、病弱な生後九か月の自分の娘を私の両親に預けに来ました。どのスワーミー〔訳注＝ヒンドゥー教の教師〕たちも虚弱な子どもの面倒を見てくれず、彼らは娘を死なせてしまうだけだと思っていました。私の両親は、その娘を引き取り看護し、自分たちの養女としました。私にはルースという妹ができたのです。それを機に村人たちは私の両親に厚い信頼を寄せるようになり、キリストの愛を受け入れる人たちも現れるようになりました。

数年後、連れ添った夫を喪った母は、八十五歳になったときに、医療の飛躍的進歩をもたらす研究の手助けをしました。母はよく、山岳地帯に住む人々の下腿にできたひどい膿瘍を治療していました。切開して膿を出し、細長いギニア虫〔訳注＝人の皮膚に寄生する線虫の一種〕を除去していました。その経験から、ギニア虫が幼虫期を水中で過ごすことを知りました。村人たちの生活習慣を熟知していた母は、水浴びが感染経路であろうと結論づけました。村人が水遊びをすると、足に寄生していたギニア虫が水源に放たれ、その水を村人たちが飲むという悪循環が繰り返されていたのです。

数十年にわたる個人的な宣教活動で信頼を築いた母は、馬に乗って村から村へと巡り歩き、浅い井戸の周りに石壁を作り、水に足をつけないよう人々に呼びかけました。政府の医療従事者の言うことをまったく聞かなかった人たちも、母を信頼して「ブランドおばあさん」の言うことには耳を傾けました。この外国から来た高齢の未亡人は、だれの手も借りずに、数年の間に、この寄生虫が原因でできる膿瘍を、二つの山村から根絶させたのです。

私の妻のマーガレットも、子どもの目を悩ませる疾患で同じような経験をしました。彼女がこの症状の子どもを診察するたびに、その夜は暗い表情をしていました。私は妻を見て、心を痛めていることがわかったので、「角膜軟化症？」と尋ねると、彼女はうなずくのでした。

角膜軟化症は、一～二歳の幼児のビタミンAとタンパク質の欠乏から発症する病です。母乳で育っている間は健康なのですが、やがて弟や妹ができるとすぐ乳離れしなければならなくなります。新たに米を主食とするため、必要なビタミンを摂取できず、小さな身体は感染症にかかりやすくなってしまいます。そして、結膜炎は栄養状態が良ければ簡単に治りますが、栄養失調の子どもの目には大きなダメージを与えるのです。妻がその目を診察すると、熱線に溶かされたような奇妙なゼリー状の固まりが見えます。その日、ほかの患者の手術がどんなに成功したとしても、目を細めて光を避けている子どもに出会うと、マーガレットはまったく意気消沈してしまうのです。

マーガレットの危機感に駆り立てられて医科大学の研究者たちは、私たちの住む地域一帯に自生する緑色のハーブに、驚くほど多くのビタミンAが含まれていることを発見しました。さらに、この地方の油糧作物であるピーナッツが、不足しているタンパク質を含んでいることを突きとめました。それまで、村人たちは、ピーナッツの実をつぶして油を抽出した後、その残渣《ざんさ》を豚の餌にしていました。

課題は教育ということになりました。マーガレットと保健師たちはこの話を広め、そして間もなく母親たちは、緑のハーブとピーナッツが子どもたちの失明を防いでくれると、近所の人たちに興奮気味に話すようになりました。この知らせは噂話のように瞬く間に村々を駆けめぐり、多くの子どもたちが恐ろしい角膜軟化症から守られることになったのです。

これらの二つの成功例はもちろん稀なケースです。人道的活動の多くは、それほど劇的な結果を伴わない骨の折れる働きから成り立っています。それでも、この二つの例は、触れ合いによるクリスチャンの愛の重要性を物語っています。政府の保健機関や農業の専門家たちは、角膜軟化症やギニア虫に対処するのに十分な知識を持っていましたが、村人たちからの信頼を得ていませんでした。医療の進歩は、その代わりに、治療を効果的になすために、苦しんでいる人々に「直接触れて」、十分な信頼を得、尊敬されている働き人からもたらされるのです。もし「ブランドおばあさん」がヘリコプターから教育のビラを撒いたなら、どれほど効果的だったでしょうか。

### ファウ医師の遺産

ある光景が、キリストの「からだ」の皮膚のあらゆる要素を私に一つのイメージとしてとらえさせています。私は一九五〇年代に、パキスタンのカラチ郊外にいる修道女で医師であるルース・ファウを訪ねました。タクシーが彼女の診療所に近づくと、腐敗臭が鼻をつくようになりました。まもなく海辺にある巨大なゴミの山が目に入りました。何か月も滞留し、腐敗している街のゴミです。その上にはハエがぶんぶん飛び回っていました。

ようやくゴミの山を這いずり回る人影が見えました。彼らはハンセン病を患っており、カラチから追放され、その百人以上がこのゴミ捨て場に住み着いていました。波形の鉄板で避難場所が仕切られており、蛇口が一つそのゴミ捨て場の中心にあって、唯一の水の供給源となっていました。

この悲惨な場所のそばに、ファウ医師のこぎれいな木造の診療所がありました。彼女は、自分のこれまでの歩みについて少し話をしてくれました。幼少期に住んでいたライプツィヒの家が、連合軍の爆撃機によって破壊されたこと。戦後、ソ連占領下の東ドイツから脱出するために、テディベアを脇に抱えて夜道を歩いたときの恐ろしかったこと。ナチス強制収容所から生還したオランダ人のクリスチャンから「赦し」について教わり、改宗を決意したことなど。

医師としての訓練を受けた後、ファウは南インドに派遣されることになりましたが、ビザの関係でパキスタンへ行くことになりました。そこで彼女はハンセン病患者の居留地を訪れ、百万人ともいわれるパキスタン人の患者の一人に出会いました。彼女はそのときの様子をこう語っています。「彼と私は同い年くらいだったと思います。私はその時まだ三十歳にもなっていませんでした。彼は両手と足で這いながらこの診療所にやって来ました。そして、ごく普通のことのように、まるで犬のように両手と足で、ぬめりと汚れの中を移動していました。」

彼女はその姿に唖然としました。そしてこう話してくれました。「人間がこのような状況で生きることができるとは信じられませんでした。私が目にしたその一度の訪問と光景が、私に人生の重要な決断をさせたのです。」その後、彼女はゴミ捨て場の小さな小屋に移り住み、ハンセン病患者の世話をするようになりました。数年後、彼女はハンセン病患者の新しい外科治療を学ぶためにヴェールールの病院に来たのです。

ファウ医師は、ワンルームで生活をし、毎朝五時に起床し、祈りと礼拝をささげてから患者の世話をしていました。私がカラチで彼女を訪ねると、彼女は、きちんと整頓した棚と、ゴミ捨て場にいる患者一人ひとりについての詳細な記録のファイルを、誇らしげに見せてくれました。外の悲惨な光景と、彼女の整然とした診療所の中にある愛と優しさに満ちたオアシスとのコントラストが、私の心に深く焼きつきました。

ファウ医師と会ってから数年後、彼女はパキスタン全土に百五十七施設のハンセン病診療所を設立しました。彼女は「パキスタンのマザー・テレサ」として知られるようになりました。彼女の努力により、一九九六年に世界保健機関はパキスタンをアジアで初めてハンセン病を制圧した国と宣言しました。

世界各地で、ファウ医師のような人々が、「目に見える神の臨在で地を満たす」というキリストの命令を実現しています。彼らは、「からだ」における皮膚の特性を示すことによって、そのことを果たしています。美しさ、必要なものに対する感受性、そして人に触れることを通しての神の愛の着実にして勇敢な実践です。

# 10　骨――必要な骨組み

そのデンマークの舞台設定はホラー映画を思わせるものでした。朝になると、暗くて狭い廊下を通り抜け、古びた屋根裏部屋へと続く階段をギシギシと音を立てながら上って行きました。そこには、埃をかぶった箱がずらりと並び、六百体もの骨格で埋め尽くされていました。私はその日、薄暗い部屋で箱の上にしゃがみ込み、骨の分類を行いました。一週間、このコペンハーゲンの古ぼけた黴《かび》臭く、薄暗い屋根裏部屋でうずくまって過ごしました。

シェイクスピアは、「［人のなした］善はしばしばその人の骨とともに埋葬される」と書いています。そこには善以上のものが埋葬されています。一週間後、私はまるで古代文明のドキュメンタリーを見ていたような気持ちで、薄気味悪いその屋根裏部屋を後にしました。私が古代文明を心に描いた手がかりといえば、歴史の塵から発掘された骨の小さな突起と溝だけでしたが、それでもそれらは私に多くのことを教えてくれました。皮膚や髪、衣服など、人間のエネルギーを大量に消耗する表面的なものはみな朽ち果てましたが、骨だけがその人たちの唯一の形見となって残っていたのです。

この建物は現在、医学史の研究者であるウィルヘルム・メーラー・クリステンセン博士の博物館となっています。ハンセン病患者の骨格が収められているということで、博士が私をそこへ招いてくれたのです。デンマークの海岸沖の島で発見された骨を研究し、メーラー・クリステンセン博士はハンセン病に関する優れた本を書きました。ハンセン病の診療に携わる私たちにとって、博士が、生きた患者を診察することなく、これほど多くのことを研究していたとは信じられないことでした。博士の洞察のすべては、屋根裏部屋にある五百年前の骨格を丹念に調べて得たものだったのです。

メーラー・クリステンセン博士は、まるで子どもが大切なおもちゃを箱の中から探し出すように、ガチャガチャと骨を拾い集め、その中から気に入ったものを見つけては、私にその特徴を教えてくれました。「前歯のないこの骨格を見てください。ハンセン病はまず身体の冷えた部分を攻撃するのです。」私たちは一緒に足や手の骨を調べ、どのような損傷がこの変形を引き起こしたのかを推測していきました。

人類学者のマーガレット・ミード博士の講義を聞いたことがあります。彼女はこう問いかけました。「文明の最初の兆候とは何でしょうか。」そして、いくつかの答えの可能性を示しました。「土鍋？　鉄？　道具？　農耕？」「いいえ。どれも違います」と彼女は言いました。そして、「これが最古の文明の証拠です」と見せてくれたのが、骨折が治った形跡のある足の骨（大腿骨）でした。ミード氏は、競争の激しい野蛮な社会の骨格には、決してこうした治療の痕は見られないと説明しました。矢で刺された肋骨や、こん棒で砕かれた頭蓋骨など、暴力の痕跡がたくさん認められます。しかし、治癒した大腿骨の痕があるということは、だれかが負傷者の世話をしたことを示しています。そして、その人の代わりに狩りをし、食料を運び、個人的な犠牲を払って尽くしたということです。

ある朝、屋根裏部屋でひとりで作業をしていると、大きな箱の中に、治癒した痕跡の残った骨格を見つけました。メーラー・クリステンセン博士が、ある修道院の教会墓地から持ち帰ったものでした。ある修道会の修道士たちがハンセン病患者たちの間で奉仕をしていたのです。そして、半世紀を経た今、ハンセン病に蝕まれ、ひび割れたり腐食したりした骨が再び結合した治療の細い線から、修道士たちの思いやりの心が明るみに出たのです。

## 隠された力

『CSI――科学捜査班』〔訳注＝アメリカの人気テレビ番組〕は、骨に残された疵《きず》を手がかりにして事件を解き明かす法医学者の活躍を描いたドラマです。専門家は、軟骨の硬くなる度合い（骨化）で骨の主の年齢を割り出すことができます。十五歳までに足は完全に形成され、二十五歳で鎖骨が胸骨と融合し、四十歳までに頭蓋骨の縫合線のほとんどが合わさります。

骨盤のふくらみによって、性別がわかります。内側が滑らかな輪になっていて、幅が広く浅い骨盤は女性のものです。その楕円形の開口部は、胎児の頭が通るのに必要な大きさと形にぴったり合っています。男性の骨盤はもっと狭く、ハート型をしており、重い骨でできています。骨の厚みでわかることもあります。円盤投げや重量挙げの選手の鍛錬された骨は、必要な強度を得るために、より多くのカルシウムを蓄積しているので、骨密度が特に高くなっています。騎手は脚の骨や骨盤の変形応力線〔訳注＝変形応力とは、ある定められた塑性《そせい》ひずみを生じさせるのに必要な真応力をいう〕にその痕跡を残し、引っ越し業者は腰や肩の骨に、その影響が現れています。

身体の必要にこんなに適した物質を考案した人は、いまだだれもいません。身体の中で唯一硬い物質である骨は、他のすべての細胞を支えるのに十分な強度を備えています。棒高跳びの選手が着地するときのように、鋼鉄のバネのように骨を押し合うこともあれば、重いスーツケースを持ち上げるときのように、骨が引き離されそうになるときもあります。それと比べて、木は引っ張られる力に耐えることができず、圧縮される力にも耐えられません。両方の力をうまく吸収できる鋼鉄には、骨の三倍の重さがあり、私たちに制限を設けます。

無駄のない身体は、建築の軽量化原理を利用して、この骨組みの中をくり抜き、その空洞を赤血球の製造工場で埋め、この文章を読んでいる間に一千七百万個の新しい細胞を作り出しています。骨は生命を包み込んでいるのです。

私にとって骨の設計で最も印象的なのは、足の裏にある小さな宝石のような象牙の欠片です。両足には二十六個ずつの骨が並んでいますが、それは両手の骨とほぼ同数です。この小さな骨に、サッカー選手なら試合中、一千トンもの力がかかるということです。私たちは一生の間に平均で十万キロ、つまり、地球を二周半以上も歩きます。頼りになる骨には華やかさはありません。その優れた耐性を超えて骨を荒々しく砕いてしまう力に遭遇するときになって初めて、私たちは注意を向けるのです。

地球上の堆積岩の多くは、死んだ微生物から成っており、その骨格が互いに結びついて岩石を形成しています。海は弱肉強食の世界であるため、海洋生物の骨格は移動のためだけでなく、身を守るためにも機能しています。軟体動物、ホタテ、オウムガイ、カニ、ロブスター、ヒトデにとって、外骨格が鎧《よろい》のような役割を果たしています。広大な昆虫の世界にも外骨格はありますが、陸上で生きるそれらの種は鎧の重さに耐えられなくならないように、大きさに限界があります。

陸上では重力の影響を絶え間なく受けているので、動きが生存の鍵となります。最も足の速いウサギはコヨーテから逃れ、最も俊敏なアフリカネコはガゼルを捕食します。身体の中の生きた骨格は、劇的な進歩をもたらします。動物はもはや住みかを大きくする必要も、攻撃を受けやすい脱皮の期間を過ごす必要もなくなりました。それどころか、骨格は動物とともに成長します。そして、筋肉や靭帯が内部の骨格についているために、これまで考えられなかったような動きも可能になるのです。

内骨格があるからこそ、コンドルのような大きな動物が三メートルの翼を支え、何時間も上昇温暖気流に乗って、高く舞い上がることができるのです。象がセレンゲティ国立公園〔訳注＝自然保護を目的としたタンザニア北部にある国立公園〕を雷のように突進できるのも、雄のヘラジカが空に向かって角を誇らしげに掲げることができるのも、内骨格があるからです。骨がなければ、ミミズのような体節化された伸縮の動きや、ナメクジのような潤滑な動きに戻ることになるでしょう。

骨は私たちに負担をかけるものではなく、私たちを自由にするものなのです。

### 硬いという特徴

生まれつき骨がない赤ちゃんはいませんが、「骨形成不全症」という骨がもろい病気をもって生まれてくる人たちもいます。カルシウムの沈着物でできている骨を互いに結合させるコラーゲンという有機物を欠いているのです。セメントのない砂利のようなものです。この疾患のある胎児は、出生時の産道の圧力に耐えられたとしても、骨の半分が折れてしまいます。おむつを替えるだけでも、股関節や大腿骨を骨折することになりますし、転倒すれば何十本もの骨が折れてしまうことがあります。

私たちのカーヴィル病院では、一人の患者がハンセン病の治療中にステロイドを投与された結果、骨が軟化するということが起こりました。それで、勢いよく歩くと、足の骨が折れてしまいました。レントゲンで骨折状態を確認するたびに、骨の最大の特徴はその硬さであることを思い知らされました。硬いという特性が他のあらゆる組織と区別するのであって、これがなければ実際上、骨はほとんど役に立ちません。

霊的な「からだ」の内側にも、これとまったく変わることのない真理の核心が息づいています。神と人との関係を支える骨組みです。私たちの時代は、単一性や多様性、感受性を評価する傾向があります。骨以外の身体の部分に注目するのです。バレンタインデーにはハート（心臓）、雑誌やファッションでは顔や肌、彫刻では手といった具合です。骨はハロウィンに追いやられ、不気味な過去の遺物として扱われがちです。けれども、「硬さ」という骨の特性はもう一度見直されるべきであると私は考えています。

私たちの生活のある分野では、行動を制限する法を喜んで受け入れています。たとえば、交通法規は私の行動の自由を阻害します。赤信号になれば、止まりたくなくてもそれに従います。だれか熟練した技師たちが必要な停止信号を設計していると考え、自動車の無秩序よりも交通法規のほうを好みます。それでも、私たちの身体の中には、自分たちの生き方をだれかが規定したということに対する反発があるのです。

近年、欧米の民主主義社会では、許容される行動範囲が広がっています。フックアップ文化〔訳注＝感情的な親密さを求めずに、一夜限りのようなカジュアルなセックスを奨励する文化〕はセックスを、個人的な親密な行為としてではなく、複数の相手と試すものとしてとらえるようになりました。ロックスターや大学教授たちが、幻覚剤の使用を推奨するようになりました。ポルノはクローゼットの中から飛び出し、数十億ドル規模の産業へと成長しました。大学キャンパスの中でも過剰飲酒が横行しています。ジェンダーは生物学的というよりも社会的なものとなりました。

このような新たな風潮に反発する人は、時代遅れであるとされています。しかし結局のところ、少なくとも身体的健康状態への影響という点では、伝統的な考えが正しかったと言うことができます。性革命は、性病、HIV／エイズなど多くの健康問題を蔓延させました。現在、この世の活動家や公衆衛生当局者は、無防備なセックス、過剰飲酒、薬物使用などに伴う危険性について警告しています。公衆衛生局、疾病管理センター、国立衛生研究所、食品医薬品局など、健康問題に携わる政府機関が一堂に会する会議に出席したことがあります。そこで、私たちは、米国が直面している健康問題の上位一〇位を特定するという目標を掲げました。

私はそこで議論されている健康問題を書き留めました。ストレスによる心臓病や高血圧、有害な環境に関連した癌、薬物使用や性行為によって感染したエイズ、性感染症、喫煙による肺気腫や肺癌、母親のアルコール依存や薬物乱用による胎児の障がい、糖尿病やその他の食生活に関連した障がい、アルコールや薬物が関与する暴力犯罪や自動車事故など、ほとんどすべての健康問題は生活習慣と関係していることに思い当たりました。これらは、米国の医療専門家にとって風土病、パンデミックとさえ言える懸念事項でしたが、オピオイド中毒〔訳注＝オピオイドとは痛みを和らげる薬。オピオイド中毒とは、医師の指示を守らず、あるいは違法にオピオイドを過剰摂取することで起こる中毒症状のこと〕

や肥満の増加により、その傾向は加速する一方です。六十五歳までの死亡原因の三分の二は、自らの行動選択に起因しているという調査結果もあります。

私はインドで同様の医学会議に出席したことがありますが、その違いは顕著でした。インドでは、マラリア、ポリオ、赤痢、結核、腸チフス、ハンセン病など、感染症が健康上の懸念事項の大半を占めていました。もし私がインドの医療専門家に、上位一〇位の病気を根絶する可能性を提示したとしても、彼らはそのことはとても想像できないでしょう。しかし、ここで何が起こっているかを見てください。米国はこうした感染症のほとんどを克服した後、以前の健康問題を新しい健康問題に置き換えてしまっているのです。健康問題の大半は、ライフスタイルの選択に起因するものとなったのです。

私たちにとって魅力的で魅惑的に見えるものが実は有害であるかもしれないこと、そして自分自身のために行動を制限するものがあることを見てきました。ある研究者は、「要するに、この研究は『箴言』の知恵を実証的に証明している。聖書の価値観に従う人は、より長く生き、より人生を楽しみ、より病気になりにくいのだ」という結論を出しました。神が私たちに望む状態である「シャローム」〔訳注＝旧約聖書の言語へブライ語で、「平和」「調和」「平安」を意味します〕は、人が幸いのうちに生き、「設計者」〔神〕が計画されたとおりに最も良いかたちで役割を果たすよう導きます。

## 自由な拘束

私が英国にいたころ、その人は患者としてやって来ました。身体のがっしりしたそのウェールズ人は労働者の言葉遣いで、「先生、おはようございます」と唸るように言いました。ウールの格子柄の上着を脱ぐと、彼がやって来た理由がわかりました。彼の右腕の上部はピンク色の皮膚ではなく、鉄と革でできた不格好な装具のようなもので、そこに黒い石炭の粉が付着していました。炭鉱事故の痕跡があるのではと、その装具を外すと、謎はさらに深まりました。前腕には何の損傷もなく、肩から肘にかけて筋肉は張りがなくたるみ、骨の一部が完全に失われているようでした。

私は彼のカルテに目を通し、腕のレントゲンを撮ったところ、謎が解けました。彼は数年前、上腕の骨腫瘍が原因で深刻な骨折を起こし、骨の大部分が裂けてしまったのです。彼の主治医は、生きている骨を二〇センチほど巧みに取り除き、その後、骨のなくなった部分の周囲の組織と皮膚を縫合したのでした。回復するにしたがって、骨のない上腕は外見上まったく正常のように見えました。腕の内側の状態が変わってしまったことをだれがわかったでしょうか。

だれもが知っているように、その坑夫がまだ残っている骨に付着している上腕の筋肉を使う瞬間、筋肉は三角形の原理で働き、関節が支点となります。たとえば、手をあげるには、上腕に付いている上腕二頭筋が前腕を引き上げます。腕は肘で曲がり、三角形が完成します。しかし、一つの筋肉と一つの前腕の骨だけでは三角形になりません。この坑夫には、三つ目の要素である前腕の上腕骨が欠けていたのです。

手術後、坑夫は上腕二頭筋を曲げるたびに、まるで芋虫が真ん中に向かって縮んでいくように、上腕全体が短くなりました。肩と肘の間に固定されているはずの骨が、柔らかく、折りたたまれて、前腕に力を伝えるはずの三角形が打ち消されてしまうのです。それを補うために、創意工夫に富むウェールズの彼の主治医は、鉄と革でできた粗末な外骨格を彼に装着しました。上腕二頭筋が収縮すると、この鉄の棒が上腕の収縮を防ぎ、前腕を上に持ち上げることができるようになります。

私も上腕骨の除去手術をしたことがありますが、今は空いたスペースにチタンを入れ、骨移植をすることで、外骨格のぎこちなさを回避しています。とはいえ、この人の場合、粗末な外付けの装具が長年にわたって炭鉱労働に役立っていました。けれども、その外骨格を毎日装着するのが面倒になり、新しい骨が欲しいということで私のところに来たのでした。

骨は硬くて、折れやすいということで、人間の行動を制約するとみなされがちです。骨があるために、狭い場所に入り込めませんし、固い地面の上で快適に眠ることができないのも事実です。冬季オリンピックの選手がスキージャンプであと二〇メートル飛距離を延ばせないのも、スキーの回転競技が少数のエキスパートだけのものであるのも、そこに骨折のリスクがあるからです。ウィンタースポーツで足を骨折した人は、もっと強い骨が欲しいと思うかもしれませんが、より丈夫な骨は太くて重くなり、スキーをすることにずっと制限がかけられるか、できなくなるかになってしまうでしょう。

私たちの身体を構成する二百六本のカルシウムの固体は、私たちを制限するのではなく、むしろ自由にしてくれます。あのウェールズ人の坑夫の腕が、外側であれ内側であれ適切な装着物を必要としていたように、私たちが効果的に動けるかどうかは、硬くて融通の利かない骨にかかっているのです。

### 頼れる骨格

霊的な「からだ」の世界でも、骨のように頼りになる行動を規定するルールが働きます。道徳律、十戒、服従。これらはみな、「あなたは、これをしてはならない」という否定的な考えを滲《にじ》ませていますし、私たちもそれらを自由と対立するものととらえがちです。若いころ、クリスチャンの私は、このような言葉に身がすくんでしまったものでした。ところがその後、特に親になってからは、律法の本質について考えるようになりました。

私は今、人間の行動を律する神のルールは、私たちがこの世で最も充実した人生を送るための指針であると考えています。骨があるために身体は自由に活動できるように、ルールがあるからこそ、私たちは社会活動においても自由でいられるのです。

たとえば、十戒を考えてみましょう。最初の四つの戒めは、神と人間の関係を律するルールを定めています。わたしをおいてほかの神々があってはならない。偶像を拝んではならない。わたしの名をみだりに唱えてはならない。わたしを礼拝するため定められた日を覚えなさい。これらかつて厳しいと考えていた戒めは、今はますます肯定的な言葉のように響いてきました。

もし神が同じ原則を述べられるとしたら、以下のようであったでしょう。

・わたしはわたし自身をあなたに与えるほどにあなたを愛している。あなたが必要としている唯一の神である。
・わたしはあなたとの直接的な関係を望んでいる。劣った彫像などではなく、あなたはわたしを所有することができる。
・あなたがたはこの世で「神の民」として知られるようになる。この特権を尊重しなさい。新しい名前を蔑ろにしたり、その名にふさわしくない生き方をしたりして、その特権を悪用してはならない。

・わたしはあなたがたに、働き、遊び、楽しむための美しい世界を与えた。そこで、この世界がどこから来たかを思い出す日を設けよ。あなたの身体には休息が必要であり、あなたの霊は思い出す必要があるのだ。

次の六つの戒めは、人と人との関係を律するものです。一つは、すでに肯定的に述べられています。あなたの父と母を敬いなさい。これは、家族に対する忠誠心を表すほぼ普遍的な原理と言うことができます。

そのあとの五つの戒めは、次のように表現できます。

・人の生命は神聖なものである。わたし自身のかたち《イメージ》だからである。あなたは人の生命の神聖さを尊ばなければならない。

・結婚は、人間の心の中にある本質的な孤独を癒してくれるものである。肉体的な親密さは、結婚生活においてあるべきであり、その関係を軽んじたり壊したりしてはならない。

・わたしはあなたに財産の所有権という大きな特権を与えている。盗みはその権利を侵害するものである。

・わたしは真実の神である。偽りは契約と約束を破壊し、信頼を損なう。あなたは信頼に値する者である。偽ることなく述べなければならない。

・わたしは、家畜、穀物、金、楽器など、あなたが楽しむための良いものを与えた。人を愛し、物を大事に使うように。物を愛するために人を利用してはならない。

これら十の戒めを肯定的に述べると、私たちと神、そして他の人々との関係をつなぐ信頼の本質が浮かび上がってきます。十戒に従うことによって、私たちは自分の中に神のかたち《イメージ》を表すことができます。神は最高の人生を送るための指針として律法を与えてくださいましたが、私たちの生来の反抗心は、神の律法が私たちをより良いものから遠ざけようとしていると信じさせるのです。

**より高度の律法**

そう、十戒は肯定的な表現で言い換えることができる、と答えられるでしょう。では、なぜ神はそのように言われなかったのでしょうか。なぜ、「殺害してはならない。姦淫してはならない。盗んではならない」と言われたのでしょうか。

私はこれに対して二つの答えを提案します。第一に、否定的な命令は、肯定的な命令に比べて、実際には制限が少ないということです。「あなたは、一本を除いて、園のどの木からでも食べてよいが、あの木だけはダメだ」というのは、「あなたは、北西の角の木から始めて、果樹園の外側に沿って、園のすべての木から食べていかなければならない」というよりも、自由度があります。「姦淫してはならない」は、「週に二回、夜の九時から十時の間に配偶者とセックスしなければならない」というよりも、自由です。「他の人のものをむやみに欲しがってはならない」は、「わたしは所有権について次のように限定する。すべての人は、雌牛一頭、雄牛一頭、金の指輪三個を持つ権利がある」というよりも制限が少ないのです。

第二に、人類はまだ肯定的な命令における強調点を受け入れる準備ができていなかったということです。十戒は倫理の初期段階を表しており、コミュニティに必要な基本的な律法を定めています。イエスがこの世に来られたとき、律法全体を二つの肯定的な命令に要約されました。「心を尽くし、精神を尽くし、力を尽くし、思いを尽くして、あなたの神である主を愛しなさい」と「隣人を自分のように愛しなさい」（ルカ一〇・二七）です。隣人の財産をむやみに欲しがらず、隣人のものを盗まないということと、自分の家族を大切にするのと同じように隣人の家族を愛するということは、まったく別のことです。倫理が禁止から愛へと大躍進したのです。

さらに、イエスは、律法は神のためではなく、私たちのために与えられたものであると主張されました。「安息日は、人のために定められた。人が安息日のためにあるのではない」と言われました（マルコ二・二七）。他の箇所でも、「あなたたちは真理を知り、真理はあなたたちを自由にする」（ヨハネ八・三二参照、傍点筆者）と述べておられます。イエスは私たちのために、私たちの内から、暴力、貪欲、欲望、傷つけ合う競争心を清めるために来られました。私たちがより神のようになることを望んでおられるのです。

十戒は、胎児期の骨の成長、軟骨からの最初の骨化を表しています。愛の律法は、十分に成長し、自由になった骨格として現れます。適切なところに蝶番《ちょうつがい》と関節があり、大きな身体の中でスムーズに動くことができます。

あらゆる制限は除かなければならないと思っている人たちがいます。彼らは、まるで駄々をこねる子どものように、次から次へとおもちゃを手に取り、さらなるスリルを求めて走り回ります。彼らはどこで所得税をごまかすのをやめるのでしょうか。不倫の事実が暴かれるまで、それを続けるのでしょうか。彼らの言うことを友人や子どもたちが信じなくなるのは、どの時点でしょうか。彼らの人生は、欺瞞と恐れが絡み合った網の目のようになります。そのような人に自由はあるのでしょうか。

骨格は決して美しくはありません。けれども、身体に強さと機能性を与えるために貢献しています。私は自分の脛骨を詳しく調べ、もう少し長くとか、もう少し短くとか、もっと関節があればいいなどとは思いません。自分の足が体重に耐えられるかどうかなど心配するよりも、どこへ行きたいかを考えながら歩いています。私は、人間性を規定する律法に対してもそのように対応しなくてはなりません。人間関係は、信頼できるいくつかの原則の上に築かれたときに、最もうまくいくのであり、律法はその枠組みを定めているだけなのです。

もちろん、私たちは律法を破ることができます。姦通、盗み、偽り、偶像礼拝、貧しい人々への抑圧は、歴史上のどの社会にも存在しました。その結果、生じる骨折は、「からだ」全体の円滑な機能を停止させます。私たちを解放するはずの骨は、折れると、私たちを奴隷にするのです。

## 11　骨はどのように成長するのか

インドの田舎に住んでいたとき、おもな交通手段は徒歩でした。観光客は自動車やバスに乗りますが、村の人たちを訪ねる宣教師や医療従事者は、道なき道を歩いて行きました。それで彼らは目的地に歩いて向かうのですが、私にとっての最も重要な仕事の一つは、事故に遭った宣教師たちの足の治療でした。

ある日、そのような宣教師の一人、Sさんがヴェールールの病院にやって来ました。そして、数か月前に大腿骨を骨折したときのことを話してくれました。山間部の地元の医者が治療してくれましたが、その後、レントゲンを撮って骨折部分を診ると完治していないことがわかりました。それで、心配したその医者はSさんに私たちの医科大学を紹介したのです。

Sさんの患部をレントゲン撮影した後、私はいつも見慣れた、治りつつある骨を見られると思っていました。人間の骨格は生きていて成長する器官です。骨を切れば、出血します。何より驚くべきことは、骨が折れると自己治癒するということです。工学者がいつか骨のように強くて軽い優れた物質を開発することでしょう。しかし、成長し、潤滑油になり、自己治癒する物質をつくり出せる工学者がはたして現れるでしょうか。

骨折をすると、精巧なプロセスが始動します。二週間以内に、軟骨様の鞘《さや》がその部分を取り囲み、骨をつなぎ合わせる細胞がゼリー状の固まりの中に入り込みます。この骨芽細胞は骨の穴埋め役で、保護鞘を徐々に新鮮な骨に置き換えていきます。二〜三か月後には、つなぎ合わされたホースのように、折れた骨の両端が膨らんで、新しい骨の固まりができあがります。その後、破骨細胞が余分なものを取り除き、最終的には、元の骨とほぼ同じ状態になります。

ところが驚いたことに、Sさんのレントゲン写真には、この治療の形跡が見られないのです。折れた二本の骨の間には隙間があり、真っすぐな線があり、不気味な感じでした。骨と骨をつなぐ修復物質もまったく見えません。私は彼女の足を切開し直接見てみましたが、治療の形跡がまったくないことを確認しました。そこで仕方なく、旧式の医療器具を用いて、鉄製の骨プレートを骨の上下にねじ込んで、らせん状に折れた部分を固定しました。そして、新しい骨の形成を促すために、脛骨の一部を移植し、傷口を縫合しました。

ギブス、車椅子、松葉杖の生活が数か月続いた後、再びレントゲンを撮ると、Sさんの成長しつつある骨の乳白色の影が映っており、移植がうまくいっていることがわかりました。しかし、骨と骨の間はまだきれいに分かれていました。私は何かおかしいと思いました。Sさんを問診して、彼女の病歴を調べてみたところ、二十年前に医師が、小さな軟部組織腫瘍を治療するために大腿部の真ん中に放射線をあてていたことがわかりました。放射線によって、腫瘍だけでなくその周辺部の生きた骨細胞もすべて死んでしまっていたのです。これでは、骨と骨がくっつき合うことはないでしょう。

思うように回復しないことにSさんは追いつめられ、「神は私を、足が必要な場所に送り込まれたのです！　何とか解決策をお願いします」と言いました。

そこで私はもう一度、彼女に手術を施すことにしました。まず鉄プレートを調べてみました。骨折部位から最も離れたところの二本のねじは、緩んでいて、簡単に外すことができました。彼女の身体がねじという異物に対して拒否反応を示し始めていたのです。しかし、骨折部位の最も近くにある四本のねじは、まるでマホガニー材にドリルでねじ込まれたかのようにしっかりと食い込んで動きません。この部分の骨が死んでいたので、ねじを回すのは一苦労でした。

Sさんのもう一方の脛骨と骨盤から、二つの移植用の骨を取り出し、氷で包むように骨折部位を生きた骨で囲い込みました。そして傷口を縫合し、待ちました。

Sさんは回復し、山の伝道所へ帰って行きました。埃っぽい山道を踏みしめながら活き活きと生活していました。即席でつくった足の骨は十分に機能しました。七年後、彼女が検診に訪れたとき、レントゲン写真を撮ると、元の骨折部位は治っていないことがわかりました。移植した骨と骨の間に小さな隙間があり、光の筋が見えたのです。ところが、生きた骨が、二つの部分をつなぎ合わせて、木にできたこぶのように、不格好にふくらんでいました。真ん中に移植した骨、その上下に元の骨とで。そして移植によって、彼女はほとんど普通に歩けるようになったのです。

## 骨は生きている

Sさんの場合は、死んだ骨組織と生きた骨組織が共存している珍しい症例です。彼女の足を切開したとき、二つは同じように見えましたが、一つ決定的な違いがありました。それは、生きている骨が彼女の身体と有機的に影響し合っていたのに対して、死んだ骨はそうではなかったということです。死んだ骨は役に立ちませんでした。生きた骨だけが、生きている身体の必要に応えることができたのです。

身体の骨と霊的な骨格の類比《アナロジー》は、エゼキエル書三七章の劇的な一節の中に描かれています。預言者は、幻の中で枯れた骨がうずたかく積み上げられている谷を目にしました。その骨に神が直接語りかけられます。「わたしは、お前たちの上に筋をおき、肉を付け、皮膚で覆い、霊を吹き込む。すると、お前たちは生き返る。そして、お前たちはわたしが主であることを知るようになる」（六節）と。

エゼキエル書に出てくる骨は、白骨化して死んだ国家イスラエルを象徴しています。かつて活気に満ちていたイスラエルの信仰は、乾いた、生気のない回想でしかなくなっていました。しかしエゼキエルは復活の幻の中で、骨と骨がガラガラと音を立てて、新しい「からだ」の骨格を形成していくのを見ました。新しい国家は、昔からの遺産と神に対する新たな理解をもって息を吹き返すのです。骨格の真の価値は、成長している有機体を支えてこそ初めて明らかになります。

骨は生きています。新生児には三百五十個の骨があり、成長するにしたがって徐々に融合していき、成人のころには二百六個の骨になります。赤ちゃんの骨の多くは柔らかくしなやかで硬さに欠けますが、骨が柔軟でなければ出産は不可能となってしまうでしょう。Sさんの移植現場で見たのと同じ成長過程が、子どもの骨格の中でも日常的に起こっているのです。

骨化過程を観察していると、自分自身の信仰の骨格のことを思い起こします。生まれたばかりのクリスチャンとしての私の信仰は、神について漠然とした理解に基づくものでしたが、柔らかく曲がりやすいものでした。しかし時が経つにつれて、神は聖書と霊的な指導者《メンター》たちを用いて、私の信仰の枠組みを骨化するのを助けてくださいました。骨芽細胞が骨に硬い新しいミネラルを蓄えるのと同じように、私の信仰の中身はより硬く、より信頼できるものとなりました。主は私の主となり、かつては冷たく堅苦しいと思えた教義も、今では不可欠なものとなりました。

信者の中には、すべての答えが包括的な信仰声明に体系化されているかのような行動を取る人たちもいます。その人たちは、基本的な教義に疑問を持つ者たちを、「からだ」の中の異質な細胞として扱います。私たちは、そのような厳格さに誘惑されたときには、生きている骨の類比《アナロジー》に立ち返らなければなりません。信じたばかりの人には、信仰の骨格がしっかりとできあがるまでに時間が必要なのです。

私は幾度となく、自分の信仰が試されるような疑いの時期を経験しました。インドでは、何百万もの人が熱心に信仰している他宗教に接して、私の心は揺さぶられました。医学部では、宇宙は偶然の産物であり、知的な「設計者」〔神〕など入り込む余地はないという考えの教授たちと出会いました。このような問題に取り組むなかで、私ははっきりと理解できていないものでも、人生の規範として受け入れることの大切さを学びました。言い換えれば、様々な骨がどのように組み合わされているのか、なぜそのような形をしているのかがわからなくても、基本的な骨格を信頼し、それに頼っていくことを学んだのです。

医学部では、J・B・S・ホールデンやH・H・ウーラードといった進化論の先駆者たちに師事しました。教会の中には、進化論に対してある種の知的な不信感を抱いているところもありました。学生たちは、大学では、試験を受けて進化論を唱え、教会では、試験のときに書いた答えと矛盾するような形で信仰を表明しました。この二律背反は、結局のところ、一種の知的な分裂症を引き起こすことになりました。

私が教会で学んだことと大学で学んだことを統合することができたのは、多くの研究と長い熟考の末のことでした。その間に、自分の信仰はそれ自体で成り立つような実在性に基づき、科学的な説明に従属させる必要はないと判断するようになりました。創造と進化がどのように整合するのかというくつかの謎を解決できないまま、私は何年もの間、仕事をしていました。ところが、近年、ビッグバン宇宙論とDNA暗号の性質が新たにわかってくるにつれて、超自然的な知性に対する私の信仰が大いに強められてきたのは事実です。

南米のある橋は、川の水面から数十メートルの高いところにかけられていますが、なんと互いに絡み合う蔓《つる》が、ぐらぐら揺れる板をつり支えるだけの構造になっているのです。長年にわたって一日何百人もの人たちがこの橋を信頼して渡っていました。私はその小峡谷の縁に立って見ていても、みな安心して渡っているのがわかります。私は工学者になったつもりで、この橋のあらゆる要因を検討してみたくなりました。つる植物の応力許容値、木材のシロアリに対する抵抗力、その地域すべての橋を見て、もっと頑丈な橋がないかを調査してみたくなります。おそらく、この橋が十分に信頼できるかどうかがわかるには、一生を費やすことになるでしょう。しかし結局のところ、本当に渡りたいのであれば、まず一歩を踏み出さなければならないのです。心臓がドキドキして、膝が震えても、その橋に私の体重をかけて渡らなければならないのです。

私のクリスチャンとしての歩みにおいても、ときにはこの話のように、不確かなものを選択して進まなければならないことがあります。あらゆる証拠が揃って、すべてがはっきりと決まるのを待っていたならば、私はいつまで経っても動けないのです。

## 外骨格の不思議な魅力

私が住んでいるルイジアナ州の入り江では、年に二回霧のような不思議な熱気が立ちこめます。田舎のぼろぼろのレストランの前に「ザリガニは今が旬！」と手書きの看板が立てられます。裸足で汗だくになった小学生の男の子たちが、何十匹もの、先史時代のままの姿のザリガニが入ったバケツを引きずって溝を登って行きます。

この時期になると、ルイジアナ州にあるほとんどの川、池、溝でザリガニを見つけることができます。体長の半分ほどの長さの威嚇的なはさみは、ザリガニを軍隊の容貌にしています。艦首の上に突き出した特大の二つの榴弾砲を持つ小型砲艦のようです。ハサミの間には、黒光りする二つの眼が突き出ています。この眼は可動性の眼柄の先端についているのです。ザリガニがあなたをもっと良い角度から見たいときには、頭を動かさずに、あなたの方向に眼柄だけを向けるのです。ザリガニの他の部分は、ロブスターをそのまま小さくしたような形で、重なり合った鎧《よろい》の板は、幅の広い扇型の尾まで続きます。

ザリガニを割ってみると、バターにつけて食べると美味しそうな柔らかい白身が現れます。食事客を煩わせるような骨はありません。外を覆っている殻がザリガニの骨格なのです。ルイジアナ州では、地元のレストランが、二十〜三十匹の茹でたザリガニを大皿に盛って運んで来ます。ザリガニの殻は、茹でると真っ赤に染まります。叩いて、割って、殻から身を掘り出して食べるのですが、小一時間すると、皿いっぱいに殻が残ります。ザリガニの形をした薄い外殻は、形を整えれば、生きているザリガニと見紛うほどです。

ザリガニには外骨格があります。その筋肉は周囲を覆っている甲羅の反対に作用し、その保護殻はザリガニが厳しい世界で生き残るのを助けています。それでも、外骨格にはいくつかの欠点もあります。犬や猫や人間は、柔らかく、温かく、反応が良いと感じます。もしあなたがザリガニと握手をしたならば、硬くて冷たく、おそらく痛みを感じるでしょう。大きなロブスターなら、そのはさみであなたの指を素早くはさんで折ることさえできるのです。

キリスト教会の歴史を振り返ってみると、時折、「からだ」の骨格の役割について根本的な誤解があることに気づきます。信者の中には、骨格を外側につけている人がいて、自分たちの教義をザリガニの殻のように目立たせているのです。

いくつかの例がすぐに心に浮かびます。まず、「神のための運動家」として知られる修道士たちのことです。五世紀に、登塔者シメオン〔三九〇ころ〜四五九年〕は、アンティオキアの東の地に塔を立てて、三十六年間塔の上に座り続け、千二百四十四回以上続けて額を自分の足につけたといわれています。草だけを食べて生きていた修道士もいました。七世紀の聖シュケオーテースのテオドーロス〔?〜六一三年〕は、人生の大半を狭い獄舎の岩から吊るされたまま過ごし、冬の嵐にさらされ、飢えに苦しみながらも、情熱的に賛美歌を歌い続けていました。

こうした実践者の中には、神への献身を示すために極端な方法を求める者たちがいました。しかし、はたで見ている人々を感動させるために、自分たちの熱意を公の場で誇示しようとする人たちもいたのです。これはまさにイエスがファリサイ派の人たちを非難されたことです（マタイ二三章、ルカ一一章参照）。

このように外骨格を見せつける狡猾な方法がキリスト教の中には根強く残っています。クリスチャンでない人に、熱心なクリスチャンの印象を尋ねてみてください。おそらく、喫煙、飲酒、悪口、ギャンブル、タトゥー、映画鑑賞、ダンスなどをしない人がクリスチャンだと答えるでしょう。確かに、ある種の有害な行為を避けることは私たち自身のためになります。けれども、それだけで私たちが定義されるとするなら、私たちはいのちを吹き込む福音のメッセージを聞き逃してきたことになるのです。

私は、律法主義を単なる気晴らしではないかと言いたくなります。もしある教派が何の問題もない行為を禁止したら、どうでしょうか。飲酒や喫煙をためらうことなく行っている某国の教会の会員が、クリスチャンがブルージーンズを履いたり、チューインガムを噛んだりすることに顔をしかめるというのは、滑稽以外の何ものでもないのではないでしょうか。そして、私は新約聖書にある強い警告に出くわします。性的な罪や暴力、あるいは今日のクリスチャンを最も悩ませる行動以上に、イエスを激怒させた問題は律法主義だったのです。

驚くべきことに、イエスを最も苛立たせていたのは、当時の今でいう米国の「バイブルベルト」のファンダメンタリズムの人たちでした。このファリサイ派の人たちは、十分の一税をきちんと納め、旧約聖書にあるどんな些細な掟にも従い、新しい改宗者を獲得するために宣教者を送り出していました。ところが、イエスはこのような模範的な市民たちを厳しく非難されました。それはどうしてでしょうか。

この問いに答えるために、取るに足らないザリガニの話に戻ります。ザリガニの外骨格と、それよりもっと高等な私の内骨格を比較すると、いくつかの違いがあり、イエスが律法主義の危険性について強く言っておられる意味が明らかとなります。

まずザリガニはもっぱら外側の鎧《よろい》で自分の身を守っています。対照的に、人間の外側は柔らかくて傷つきやすいものです。しかし、人間は同じ目的を持つ者同士で集団を作り、その集団を規定する規則が増えて、硬化すると、身を守るためにその中に引きこもりがちになります。そして、私たちに外骨格が形成されていくのです。『アメリカの一女性に宛てた手紙』(*Letters to an American Lady*)という本の中でC・S・ルイスがこう書いています。「たとえこれまで本当の愛や信仰がまったくなかったとしても、規則を守るならば、見せかけの良心を示すことができるのです」と。

律法主義者は私たちを欺きます。ファリサイ派の人や、先に述べた「神のための運動家」のように、彼らは熱心さをもって、はたで見ている人たちを感動させます。あなたがたは間違いなく、彼らが卓越した神観を持っていると思うことでしょう。けれども、律法主義的な環境で育った私は、律法主義は実は視野を狭めて、それによって間違いを犯していることを学びました。律法主義は、道徳的な優越感を持つために人は何をしなければならないかを明確に示します。そうしているうちに、律法主義者たちは、恵みはそれを受けるに値しない人々に、神から惜しみなく与えられる贈り物であるという点を完全に見失ってしまうのです。

イエスは、神殿で祈る二人の男の話をされました。一人は、自分が義人であると自負していました。道徳的に優れていると誇っていたのです。「神様、わたしはほかの人たちのように、奪い取る者、不正な者、姦通を犯す者でなく、また、この徴税人のような者でもないことを感謝します。わたしは週に二度断食し、全収入の十分の一を献げています」(ルカ一八・一一～一二)。

もう一人は、罪人として知られる人でしたが、祈る言葉を見つけるのがやっとで、「神様、罪人のわたしを憐れんでください」とだけ祈りました。前者のファリサイ派の人は、自分を周囲の人と比較していましたが、後者の徴税人は自らを神とだけ比較しました。ファリサイ派の人は、「他の人よりもきよい」ことを喜びましたが、徴税人は「神様、あなたよりもきよくない」ことで身を小さくしていました。イエスは、神が二人のうちどちらを受け入れてくださったかについて、疑いの余地を残されませんでした。

さらに危険なことに、律法主義は、認められた集団の周りに硬い殻を形成し、成長ができなくなるようにしてしまいます。

大人のザリガニは、年に一度しか大きくなる機会はありません。脱皮と呼ばれる大変な手順を踏んで成長しますが、それは、まとっていた外骨格を脱ぎ去って危険に身をさらすということでもあります。何回か身体を激しく揺さぶってから、強く力むと、鎧のてっぺんの薄板がポンとはじけます。目と触覚に細心の注意を払って、殻から頭を抜きます。最後に、ザリガニは突然前に飛び跳ねて、腹部の殻をはずし、疲れ果てて裸でそこに横たわってしまいます。

それから、できるかぎり早く、岩や物の陰に隠れようとコソコソと動きます。かつては硬い、漆塗りのキチン質で覆われていた身体は、今では湿った紙のような硬さになっています。その後の数週間で、ザリガニは一気に成長します。新しい殻が硬くなる前に二・五センチも体長が長くなり、その形のまま殻は固まって、新しい外骨格が形成されます。

私もこれと同じように、信仰の脱皮を経験しました。私は最初、どのようなクリスチャンなら交わる価値があるかといった、きわめて固い考えを持つグループにいました。私は、「からだ」とは、殻に包まれた私のような人々の集う排他的な団体であると考えていました。内側にはとにかく温かく居心地が良く、外側に対しては殻が「世界」から私たちを守ってくれました。やがて旅をして経験の幅が広くなるにつれて、私は、すべてのクリスチャンが、行動や礼拝スタイル、教義について自分と同じ考えを持っているわけではないことに気づきました。それで、次の経験をするまで、新しい殻を育てたのです。

ところがこれとは対照的に、イエスは外骨格らしき言葉を発しておられません。愛、喜び、人生の豊かさといった内面的な言葉を語り、より高く、より高尚な生き方を示してくださいました。律法は何と言っているかとだれかから尋ねられたとき、イエスはその答えの代わりに、その背後にある原理を語られました。ファリサイ派の人がイエスは安息日の規則を破ったと批判したときには、「安息日は、人のために定められた。人が安息日のためにあるのではない」(マルコ二・二七)とお答えになりました。イエスは、行動を律する規定は、外骨格のように成長を阻止するためにではなく、脊椎動物の骨のように動きを自由にし、成長を促進するためにあると理解しておられるのです。

しっかりした家庭と健全な教会で育てられた若いクリスチャンの間で、厄介な現象が起きています。若い時に模範的な信仰生活を送っていた多くの人が、霊的な脱落者となってしまうのです。ある調査によると、その数は五〇％にものぼるといいます。ザリガニのように、ほかのみんなと同じように硬い殻で守られて成長して、それだけでは限界があり、十分でないと気づいたからでしょうか。人に見せるための外面的なことばかりを実践していると、脱皮するザリガニのように、信仰も脱ぎ捨ててしまうことがあるのです。

外側の殻は安全で魅力的に見えるかもしれませんし、確かに、骨格がまったくないよりも良いでしょう。しかし、神は私たちに、より高度な骨格を望んでおられます。内に隠れていながらも成長し適応する骨格です。

## 骨芽細胞と破骨細胞

骨の中で営まれている生命の活動を見るには、顕微鏡に頼らなければなりません。十分に拡大すれば、骨には二種類の活性細胞があることがわかります。私たちはすでに、そのうちの一つである骨芽細胞を見てきました。骨折部位に付着し、骨基質を築いて、骨折部の隙間を埋め、修復する細胞です。骨芽細胞は、骨折が起こるのをただ何もしないで待っているわけではありません。数十億の骨芽細胞がメンテナンスのために体内を巡回しているのです。私の若いころは、活気のある骨芽細胞が毎年、私の身体の骨を一〇〇％新しいものに置き換えていました。四歳になった私の顎の骨には、三歳の時の顎の骨は跡形もなく、それでも形はそのままで、ただ大きくなっただけでした。

骨は縄張りを簡単には明け渡しません。ダイナマイトで爆破し、掃除機で吸い取らなければならないほどのことです。それでこの役目を果たすために、体内で「破骨細胞」と呼ばれる巨大な細胞で構成される解体チームが結成され、骨を破壊するのです。無鉄砲な破骨細胞は特攻隊のような一生を送ります。ものすごい勢いで硬い骨に穴を開けていくので、生まれて四十八時間後には勢力を使い果たし、自らも老廃物として骨内から排泄されます。

骨芽細胞は、身体の必要に合わせて形を変えます。もし私が足を骨折し、痛みのために歩幅を狭くして歩くようになれば、骨芽細胞は私の踵骨を変化させます。もし私が重量挙げを始めれば、骨は太くなり、特別の支柱骨ができます。実際、外圧は骨の成長を促進するのです。歩く、持ち上げる、屈伸するなど、どんな運動でも、骨中に骨の成長を促す電流が流れるのです。

一生のうちの前半は骨芽細胞が優勢で、整然とした成長の設計図に基づいて、新しい骨をどんどん植えつけていきます。ところが年を重ねるにつれて、入れ替わる骨は全体の二〇％以下になります。やがて疲れ果てた修復細胞を破骨細胞が上回るようになります。高齢になると、歯槽部は小さくなり、顎先が突き出て、下顎角が鈍くなり、顎の骨は鋭く尖ってきます。それで、お年寄りはだんだんいかめしい尖った顔になるのです。お年寄りの骨折が治りにくいのは、彼らの骨芽細胞が日常的な修復の厳しい作業に応じるのがやっとだからです。

霊的な「からだ」を律する規則という骨格も、新たな外圧に遭遇するたびに適応していく必要があります。十戒や山上の説教に明記されているような基本原則は変わりませんが、その具体的な適用法は確実に変化します。というのも、聖書の中にある律法や遵守事項の多くは、私たちとは異なる社会と文化に適応したものだからです。

以下のリストは、すべて新約聖書の時代のクリスチャンに与えられたものですが、これを見て、よく考えてください。現在も多くのクリスチャンが守っているものもありますが、ある教派の人たちだけが守っているものもあります。私は、これらすべてを守っている教派を知りませんが、モント・W・スミスによるリストから引用しました。

1　聖なる口づけによって互いに挨拶を交わしなさい（ローマ一六・一六）。
2　偶像にささげられたものを避けなさい（使徒一五・二九）。
3　洗礼《バプテスマ》を受けなさい（使徒二・三八）。
4　女性は頭にベールをかぶるべきです（コリントⅠ一一・一〇）。
5　互いに足を洗い合いなさい（ヨハネ一三・一四）。
6　女性が教会の中で発言するのは、恥ずべきことです（コリントⅠ一四・三五）。
7　詩編と賛歌と霊的な歌を歌いなさい（コロサイ三・一六）。
8　血を食べることを避けなさい（使徒一五・二九）。
9　聖餐式を行いなさい（コリントⅠ一一・二四）。
10　貧しい人たちのことを忘れてはなりません（ガラテヤ二・一〇）。
11　病気の人にオリーブ油を塗りなさい（ヤコブ五・一四）。
12　女性が男性に教えるのを許しません（テモテⅠ二・一二）。

13　二人ずつ組みで伝道しなさい（マルコ六・七）。
14　自分の前に出されるものは、良心の問題としていちいち詮索せず、何でも食べなさい（コリントI一〇・二七）。
15　女性は髪を編んだり、金や真珠や高価な着物を身につけたりしてはなりません（テモテI二・九）。
16　淫らな行いを避けなさい（使徒一五・二九）。
17　妻を求めてはいけません（コリントI七・二七）。
18　公の場で祈ることを控えなさい（マタイ六・五〜六）。
19　自分に向かって異言を語り、人に向かって預言しなさい（コリントI一四・五）。
20　落ち着いた生活をし、自分の手で働くように努めなさい（テサロニケI四・一一）。
21　清い手を上げて祈りなさい（テモテI二・八）。
22　求める者には与えなさい（マタイ五・四二）。
23　やもめとして登録するのは六十歳以上で、夫に忠実で、善い行いで評判の良い人でなければなりません（テモテI五・九〜一〇）。
24　妻たちよ、夫に仕えなさい（コロサイ三・一八）。
25　富める者を特別扱いしてはいけません（ヤコブ二・一〜七）。
26　だれに対しても借りがあってはなりません（ローマ一三・八）。
27　絞め殺した動物の肉を避けなさい（使徒一五・二九）。

28　働きたくない者は、食べてはならない（テサロニケⅡ三・一〇）。
29　週の初めの日にはいつも、貧しい人のためにいくらかずつでも手もとに取っておきなさい（コリントⅠ一六・一～二）。
30　税を納めるべき人には税を納めなさい（ローマ一三・七）。

聖書学者は、聖書記者がどうして基本原則をその独特の考えのもと適用したかを説明することができます。たとえば、使徒パウロは、異教徒が儀式で使った肉を食べることについて指示を与えていますが、このようなことは今日のほとんどの国ではそれほど問題になっていません。また、古代コリントのような場所では、女性は厳しい社会的慣習によって縛られていました。もし女性が公の場で発言するようなことがあれば、周囲の人々は当然、彼女を売春婦か異教の巫女と考えたでしょう。

パウロは、状況や人々によって強調するところを変える必要があることを認識していました。彼は、ユダヤ人のクリスチャンが異邦人に無理やり割礼を受けさせるのをはねつけましたが、自らはエルサレムの神殿で清めの儀式を受け、ユダヤ人のクリスチャンの信頼を得ようとしました（使徒二一章）。

今日、私たちは新たなストレスに直面しています。人口が増加し、テクノロジーが進歩した今、私たちは地球を大切にする責任をあらためて重視する必要があります。セックスを物扱いする文化の中で、私たちは、これをやたらと性欲を満たす表現ではなく、親密さと契約の証しとして認識し直すにはどうしたらよいでしょうか。私の専門の医療分野でも、新たな倫理規準を作るための知恵が求められています。今日、意識のない人や、回復の見込みのない人も、ある程度無制限に延命することができます。遺伝子編集は、遺伝的特性の操作を可能にすることで、多くの新たな倫理的問題を引き起こしています。

こうした問題は、信条や信仰を全面的に変えることを求めるものではありませんが、キリスト教の指導者たちが、黙想し、聖書を研究し、祈り、そして自分たちの世代のために、率先して神の意思を適用する必要があるのは明らかです。指導者たちは、キリストの「からだ」における生きた骨細胞の役割を果たし、私たちの骨組みになる無機物を蓄える必要があります。謙遜であり、信仰の基本原則を守ることに全力を尽くさなければなりません。その原則が現実の問題に直結していることに関心を持ち、必要なところに力を与えるといった気配りを持つということでバランスが求められます。

一八九二年にジュリアス・ウォルフが、人間の骨格の中に、力に耐えるために細胞が配列されてできている交差線のあることを初めて発見しました。これは、医学生ならだれもが知っている「ウォルフの法則」〔訳注＝骨はそれに加わる力に抵抗するのに最も適した構造を発達させるという法則〕を導く基礎となりました。この発見で熱意にあふれ、ウォルフは、骨は環境や機能の変化にすぐに適応できるようにきわめて流動的な状態であると明言しました。現に、博物館やコペンハーゲンの屋根裏部屋を訪れ、何世紀にもわたる骨格を比べてみて、私はまずその均一性に感動しました。外圧に対する適応は、ずっと一貫して決まった長さと形を保ち続けた骨の表面に残された小さなコブやわずかな隆起に見ることができます。骨は耐えて、身体は新たな外圧に適応していくのです。

# 第四部　生命の証明

「ハエは太陽よりも高貴な創造物である。なぜなら、ハエには生命があり、太陽にはないから。」

——アウグスティヌス

# 12 血液——生命の源

私が医学者の道に進んだきっかけは、イースト・ロンドン〔訳注＝南アフリカ共和国東ケープ州バッファローシティー都市圏にある地区〕のコノート病院でのある血液にまつわる夜にさかのぼります。

私は、家族から医学部への進学を勧められていましたが、長い間、それを頑なに拒んできました。正直なところ、血や膿を見ることに抵抗を覚えていたからです。インドで育った私は、両親がやることすべてに携わってきました。膿瘍の患者が父を訪ねて来て、傷の手当てをするときなど、私と妹はそばで包帯を持っていました。父は麻酔薬を持っていなかったので、切開や排膿の際、患者は泣き叫ばないように家族にしがみついていました。そうした光景や厄介な後片づけの記憶が鮮明に残っているため、私は血や膿を扱う仕事に就きたいと思わなかったのです。

その代わり、建築業を学び、大工、石工、塗装、レンガなどの実習も行いました。手仕事が好きで、インドに戻って早く仕事をしたいと思っていました。ところが、宣教団は私に、父が受けたのと同じコースへ進むよう勧めてきました。インドの農村部では、熱帯医学の知識が不可欠だったからです。そこで、私は診断と治療の基礎を学ぶために、コノート病院へ行くことになりました。

私が当直のある晩、私の医療観と血液に対する見方を一変させることが起こりました。その夜、私の病棟に、事故に遭った若い女性が運ばれて来ました。彼女の肌は失血のためこの世のものと思えぬほど蒼白で、茶色い髪はそれとは対照的に漆黒のようでした。酸素欠乏症で脳が停止し、意識不明の状態に陥っていました。

病院スタッフは、外傷を負った患者を見てパニックに陥りながらも、なんとか対応していました。看護師は血液バッグを取りに廊下を走り、医師は輸血器具にてこずっていました。別の医師は私の白衣をちらっと見ると、血圧計を私に突き出しました。幸いなことに、私はそのときには脈拍と血圧の測り方を習得していました。けれども、その女性の冷たく湿った手首には、かすかな脈も感じられず、息をしている様子もありません。彼女はもう死んでいると私は確信しました。

病院の照明のまぶしさの中で、患者はまるで蠟人形のマドンナか、聖堂のアラバスターの聖女のようでした。唇の色も蒼白で、医師が聴診器を胸に当てると、小さな乳房の乳首も白くなっているのに気づきました。蒼白な顔に、わずかなそばかすが際立っていました。

看護師が血液の入ったバッグを持って来て、医師が女性の静脈に太い針を刺している間に、金属台の高い位置にそのバッグを固定しました。そして長いチューブを使って、圧力を高めて血液が早く体内に送り込まれるようにしました。看護師が私に「ちゃんと見てて！」と言って、急いで追加の血液を取りに行きました。

この後に起きたこと以上に、私を感動させたことはないと思います。今でもその時の光景が目の前にはっきりと浮かんできます。他の人たちがその場から離れたとき、私は緊張しながらも、その女性の手首を握りました。すると突然、かすかな脈拍が感じられたのです。自分の指の脈だろうか。もう一度脈を探すと、かろうじてわかる程度のものがありました。次の五〇〇ミリリットルの血液が届き、看護師がすぐに空のバッグと取り替えました。患者の頬に水彩画の雫《しずく》のようなピンクの斑点が現れ、やがて美しい紅潮へと広がっていきました。唇がピンク色、そして赤色へと濃くなり、患者はため息のような息を吐き、身体を震わせました。

彼女のまぶたがかすかに動き、そして開いたのです。最初は目を細め、明るい光に反応して瞳孔が収縮し、やがて彼女は私に目を向けました。そして驚くことに、かすれた声で「水を……」と言ったのです。

この出来事はわずか一時間ほどのことでしたが、この体験が私をすっかり変えてしまいました。流血の記憶が私を医学から遠ざけていましたが、血を分かつことが私を医学部へと向かわせたのです。医学が、血液が、こんなことをすることができるのなら……と。

## バイタル・パイプライン

私たちが一般的に血液に注意を向けるのは、それが失われ始めたときです。血尿、鼻血、傷口からの出血などを目にすると、警戒心が引き起こされます。私たちは、私がコノート病院の患者で見たような、ドラマティックな血液の力、私たちの生命を一瞬一瞬支えている力を見過ごしているのです。

「ぼくの血は一日中何をしているの?」擦りむいた膝を怪訝《けげん》そうにのぞきこみながら、子どもがそうつぶやくのを聞いたことがあります。私は、その答えを説明するために、隠喩《メタファー》を使うことにしています。巨大なチューブがカナダから南下してアマゾンのデルタ地帯を通り、大海に入り、すべての大陸で浮上するのを想像してみてください。そのパイプラインは地球規模で張りめぐらされ、世界中のすべての人をつないでいるわけです。そのチューブの中には、世界中の農産物、スマートフォンなどの電子機器、宝石や鉱物、あらゆるスタイルやサイズの衣料品、ショッピングモールで売っている物など、たくさんの大切なものが筏《いかだ》にのって浮かんでいます。七十億の人々は、必要なときに、あるいは欲しいときに、そのチューブに手を伸ばして、欲しい製品を手に取るのです。そして、そのパイプラインのはるか先で、代替品が製造され、入れられます。

このようなパイプラインが私たち一人ひとりの体内にもあって、七十億どころか四十兆もの人体の細胞にサービスを提供しています。酸素、アミノ酸、塩分、ミネラル、糖分、脂質、コレステロール、ホルモンなどの再生可能な生活必需品が、血液細胞の筏にのって、細胞内を駆けめぐっているのです。さらに、同じパイプラインが廃物や排気ガス、古くなった化学物質を運び去ります。この万能液が一リットルあれば、全身の細胞に十分なのです。

十万キロに及ぶ血管が、すべての細胞をつないでいます。高速道路は片側一車線に狭まり、自転車道、歩道となり、やがて赤血球は横道に入って、髪の毛の十分の一の直径の毛細血管を通ります。このような狭い場所で、細胞は食物と酸素を奪われ、二酸化炭素や尿素を大量に運びます。そこから赤血球は腎臓へと急行し、徹底的に洗浄され、肺に戻って補充されます。末端の足の親指までの特急の旅はわずか三十秒です。

血液の複合的な性質は、簡単な実験によって明らかになります。透明のコップに赤い血液を注ぎ、しばらく待ちます。すると、様々な細胞が重さによって沈殿し、最終的にはエキゾチックなカクテルのような、色の横帯が現れます。赤血球の固まりである最も濃い赤色は底に沈み、容器の上部は黄色い血漿で満たされ、白血球と血小板はその間の薄い灰色の帯に集まります。

身体の生存はこれらの細胞の一つ一つに依存しています。たとえば、繊細な花のような形をした血小板は、血液を固める重要な役割を担っています。血管が切れると、生命を維持するための液体が漏れ出します。そのとき、小さな血小板が雪のように溶けて、フィブリノゲンの網目状のものが紡ぎ出されます。この網に赤血球が絡まり、やがて赤血球の薄い壁が厚くなり、血液が流れ出るのをせき止めます。血小板にはわずかな誤差しかありません。血栓が大きすぎると、静脈や動脈は血液の流れが妨げられ、脳卒中につながる可能性があります。一方、血液の凝固能力が低い人は、抜歯しただけでも生命に関わることがあり、常に危険と隣り合わせです。健康な人の身体は、血栓が流血を止めるのに十分な大きさでありながら、血管内の流れを妨げるほどには大きくないように上手に調整しています。

心臓は想定外の休息を取ったり、血栓は過剰に大きくなって動脈を塞いだり、赤血球の酸素濃度が低下したり、ネットワークのどこかが壊れれば、生命は次第に失われていきます。身体のCEO（最高経営責任者）である脳は、酸素の補給なしで無傷で生き残れるのはわずか五分です。

かつて、私は血液に嫌悪感を抱いていましたが、今は自分の血液細胞を全部集めて賛美歌を歌いたいくらいです。コノート病院で繰り広げられた復活のドラマは、健康な人の心臓の鼓動の一つ一つで淡々と繰り広げられています。体中のあらゆる細胞が血液の手の中にあって生きているのです。

## 生命の危機

私たち医療に携わる者にとって、血液は生命の象徴です。その性質は他のあらゆる器官を凌駕します。手術のメスを握るたびに、血液の生命力の素晴らしさに畏敬の念を抱きます。

手術では出血を抑えなければなりません。メスを入れるたびに細い血の跡が残るためです。多くの場合、何百万本もある毛細血管のうちの数本が切れて出血しますが、自然に止血するので、私は無視します。ところが一分も二分も鮮やかな血が噴き出し、動脈が傷つけられていることがわかると、すぐに止血するようにします。黒っぽい色がゆっくりと流れてきたら、それは静脈に穴が開いている証拠です。静脈は動脈に比べて壁の筋肉が薄いため、切れた静脈は簡単に閉じることができません。こうした問題を回避するために、切開する前に重要な血管の位置を確認し、その後、二か所でクランプ〔訳注＝医療用クリップで留めること〕して、クランプしたその間の部分で手術を行います。

あらゆる予防策を講じても、外科医にとって最悪の事態である想定外の出血が起こることがあります。判断ミスや手先の思わぬ失敗で、太い血管を切ったり、裂いたりして、傷口から血が噴き出すことがあります。腹腔内や胸腔内に湧き出た血液は、血管の裂け目を見えなくしてしまいます。吸引ノズルが詰まったり、手元を照らすライトが消えたりすると、外科医の手先が血液で見えなくなるので、「早く吸引とガーゼスポンジを！」と叫びます。このような経験をしたことがないという外科医はほぼいないでしょう。

ロンドンにいたとき、医学生の一人が恐怖で青ざめていた顔を私は忘れられません。彼は外来診療で、ある女性の首筋から生検のために小さなリンパ節を摘出する手術を行っていました。局所麻酔ですむ簡単な手術なので、患者は完全に目覚めていました。私は隣の部屋で仕事をしていましたが、突然、手と白衣が血まみれの看護師が私のところへ飛んで来て、「先生、早く来てください！」と叫びました。私が隣の部屋に駆け込むと、青ざめた研修医が、首から血が噴き出ている女性を必死で処置しているところでした。研修医と患者とどちらがより恐怖を覚えているかはわかりませんでした。

幸いなことに、素晴らしい恩師が私に適切な応急処置を教え込んでくれていたので、女性のそばに駆け寄り、傷口から器具をすべて取り除き、首をつかんで、親指で傷口をしっかりと押さえました。親指が血管壁の破れた部分を埋めると出血が止まりました。私は麻酔を追加して、女性が落ち着きを取り戻し、血管を修復できるまで、その状態のままでいました。なぜこんなことが起きたかというと、研修医がうっかり頸静脈の一部を切ってしまったためでした！

私の大学の恩師は、ランスロット・バリントン・ワード卿といい、英国王室の外科医を務めた人でしたが、このような緊急事態を想定して学生たちを指導していました。私が彼の助手をしていたころ、新入生が入ってくるたびに、彼が「大量出血の時、最も役立つものは何か」と質問していたのを思い出します。新入生が手術器具の名前をいろいろあげると、老教師は顔をしかめて首を横に振りました。答えはただ一つ。「親指です。」なぜか。親指はすぐに使え、医者ならだれでも持っているし、強く圧迫する力と柔軟性が完璧に融合しているからです。

そしてランスロット卿は、「出血したときの最大の敵は何か」と尋ねました。私たちが「時間です」と答えると、「最大の味方は何か」と質問してきます。私たちは再び「時間です」と答えます。

血液が失われているときには、時間が敵になります。患者が弱っていくにつれ、一秒一秒、生命は失われていきます。外科医はパニックに陥って、血管をつかんであちこちを鉗子《かんし》で留めようとする誘惑に打ち勝たなければいけません。そうすることで、かえってダメージが大きくなることがあるからです。

しかし、ひとたび親指で出血箇所をとらえると、時間が味方となります。慌てることなく、一息ついて次の行動を考えることができます。そうしているうちに、身体が自然に血餅《けっぺい》を作り、傷口を修復します。周囲の整理をしたり、輸血の手配をしたり、助手を増やしたり、切開部分を拡大して見やすくしたりする時間も取れます。以前、疾患のある脾臓を摘出する際、二十五分間血管を手で握りしめて血流を止め、もう一方の手で手術したことがあります。親指でも出血をしっかり押さえていれば、こういうことができるのです。そして、親指を離し、助手たちが動く態勢に入ったときには、たいてい出血の心配はなくなっています。血が止まっているからです。

そんな時、危機感からくるアドレナリンが出て、私は高揚感を覚えます。生存のために闘っている何百万の生きた細胞と一つになったような気持ちになります。私は謙虚な思いにさせられ、畏敬の念を抱きながら、患者の生命を救ったのが普通の親指であることを悟るのです。

手術室の緊迫した空気の中でこのような体験を何度もすると、外科医はみな、血液と生命を同一視するようになります。両者は切っても切れないもので、一方を失えば、両方を失うのです。

では、キリスト教のシンボルとされる血が、そのような時に私が学んだことと相反するように思えるのはどうしてなのでしょうか。

## 生命に乾杯

現代のクリスチャンは違和感を覚えるかもしれませんが、キリスト教信仰は否が応でも血に基づいています。旧約聖書の著者たちは血の犠牲の詳細を綴り、新約聖書の著者たちはそれらの儀式に神学的な解釈を重ね合わせています。そして、毎日、毎週、毎月（教派によってはいつでも）、私たちはキリストの血を中心に据えた礼典をもってその死を覚えるよう求められています。

私が血のシンボルから連想されるものを不快に感じたことがあるということを、まず述べておきます。ある日曜日の朝、カーヴィルの病院からニューオーリンズに向かう車の中で、ラジオのスイッチを入れました。南部の牧師が、湾岸の教会で聖餐式を執り行っています。一〇センチほどの茨を掲げ、ローマ兵がその冠をどれほど残酷にイエスの頭に押しつけたかを説明すると、会衆はざわめきます。鞭で打たれて血まみれになった背中に十字架が括りつけられた様子も説明します。手足に打たれる釘、十字架が地面に打ち立てられる音、脇腹に刺される槍など、「血」という言葉が使われるあらゆる場面が、この牧師に新たなエネルギーを与えているようです。

ルイジアナ州の明るい日差しの中、私は車を走らせながら、雲のように白い風格のある白鷺が、餌を求めて揺れている姿に目をやります。それとは対照的に、カー・ラジオからは「死」の話が聞こえてきます。説教者は教区民に、自分の罪を一つ一つ思い出させ、彼らのためにこのような血まみれの死をもたらした恐ろしい罪を凝視するよう求めます。そして、聖餐式が執り行われます。

厳かな教会の礼拝に動揺した私の心は、文字どおり血液という物質に戻ります。それは、聖餐式の杯を満たす薄い紫色の液体ではなく、患者を生かしているタンパク質と細胞の、濃厚な緋色のスープです。私はあらためて思います。何世紀にもわたって何かが失われてしまったのではないか。基本的な何かが、と。ルイジアナ州の牧師は、血が流されたことに焦点を当てていますが、聖餐式は、血が分かち合われたことにも重点を置いているのではないか、と。

医学的には、血は生を意味し、死を意味するものではありません。血液は、全身の細胞に貴重な栄養を供給し、維持します。血液が流失すると、生命は衰えます。ラジオ牧師が「死」にこだわっているように、現代の私たちもこのシンボルの本来の意味を見失ってはいないでしょうか。

聖書の記録の奥深くに、血と生命との根本的な結びつきがあります。ノアとの契約の中で神は、「ただし、肉は命である血を含んだまま食べてはならない」（創世九・四）と命じられました。その後、モーセとイスラエル人に与えられた律法の中で、神はこの命令を「代々にわたって守るべき不変の定め」として繰り返し述べておられます。なぜか。「血は命であり、命を肉と共に食べてはならないからである」（レビ三・一七、七・二六～二七、一七・一一、一四、申命一二・二三）。

旧約聖書のユダヤ人たちは血に対して何の抵抗も感じておらず、羊と牛の文化の中で、だれもが動物の血まみれの死を目の当たりにしていました。それでも、賢い主婦は、肉に血が混じっていないことを確認しました。血には命が含まれているため、血を食べてはならないという規則が絶対的だったからです。ユダヤ人の食べるコーシャ料理では、血で肉が汚れないように手の込んだ技術が開発されました。

このような背景を踏まえて、イエスがその文化に対して語られた衝撃的かつ不快なメッセージを考えてみましょう。

「はっきり言っておく。人の子の肉を食べ、その血を飲まなければ、あなたたちの内に命はない。わたしの肉を食べ、わたしの血を飲む者は、永遠の命を得、わたしはその人を終わりの日に復活させる。わたしの肉はまことの食べ物、わたしの血はまことの飲み物だからである。わたしの肉を食べ、わたしの血を飲む者は、いつもわたしの内におり、わたしもまたいつもその人の内にいる。生きておられる父がわたしをお遣わしになり、またわたしが父によって生きるように、わたしを食べる者もわたしによって生きる」（ヨハネ六・五三〜五七）。

この言葉は、イエスが多くの人に歓迎されていたときに語られ、民衆の支持に転機をもたらすものでした。ユダヤ人の群衆は混乱し、怒り、それまでイエスを王にしようと湖の周りを追いかけていた何千という人々も静かに離れ去りました。最もそばにいた弟子たちの多くもイエスを見捨て、敵対する者たちはイエスの殺害を企てました。イエスは常識を超えておられたのです。

イエスがこのように語られたのは、人々を怒らせるためではなく、血の持つシンボルの意味を根本的に変えるためでした。神はノアに、もし小羊の血を飲むなら、小羊の生命があなたの中に入る、だからそうしてはならない、と言われました。イエスは、もしわたしの血を飲むなら、わたしの生命があなたの中に入る、だから、わたしの血を飲みなさい、と言われました。ここからわかるのは、イエスは私たちの礼典に、ご自分の過去の死を思い起こすだけでなく、現在の生命を実感することも含めようと意図されたということです。イエスの生命が与えてくれる栄養を受けずして、私たちは霊的な生活を維持することはできないのです。

私たちがユーカリスト（あるいは主の晩餐、聖餐式、ミサ）と呼ぶ礼典は、イエスが十字架にかけられる前に弟子たちと過ごした最後の晩餐に起源を持ちます。恐れを抱く弟子たちが集まった息詰まる部屋の中で、イエスは、その後何百万回と繰り返し語られることになる言葉を発せられました。「これは、罪が赦されるように、多くの人のために流されるわたしの血、契約の血である」（マタイ二六・二八、傍点筆者）。イエスは弟子たちに、ご自分の血を表すぶどう酒を飲むように命じられました。ささげ物はただ注ぎ出されただけでなく、体内に取り込まれ、摂取されたのです。「皆、この杯から飲みなさい」（同二七節）と。

同じ晩、イエスは別の隠喩《メタファー》を用いて、血を分かち合うことの意味を明確に示されました。「わたしはぶどうの木、あなたがたはその枝である。人がわたしにつながっており、わたしもその人につながっていれば、その人は豊かに実を結ぶ。わたしを離れては、あなたがたは何もできないからである」（ヨハネ一五・五。同六・五六の表現を参照）。エルサレムを囲むぶどう畑に覆われた丘陵地に親しんできた弟子たちには、この隠喩《メタファー》の意味がすぐに理解できたことでしょう。ぶどうの枝はぶどうの木の養分から切り離されると、枯れ、干からび、死に、薪《たきぎ》以外に何の役にも立たなくなります。ぶどうの木につながっているときだけ、枝は実を結ぶことができるのです。

あの最後の夜の、死の影に包まれた雰囲気の中でさえ、聖礼典を生むことになる食事の席では、生命のイメージが湧き出たでしょう。弟子たちにとって、ぶどう酒はイエスの血のシンボルであり、ぶどうの木に樹液が流れるように、自分たちを活気づけるものなのです。

これらの聖書の記事を正しく読むと、私の医師としての経験とピッタリと一致します。私は、外科医にとって血は生命を表すけれども、クリスチャンにとっては死を表すとは考えません。むしろ、私たちは主の生命をいただくために食卓に着くのです。「わたしの肉はまことの食べ物、わたしの血はまことの飲み物だからである。わたしの肉を食べ、わたしの血を飲む者は、いつもわたしの内におり、わたしもまたいつもその人の内にいる」(ヨハネ六・五五〜五六)。そしてこの言葉が意味を持つようになります。キリストが来られたのは、単に私たちに生き方の模範を示すためではなく、生命そのものを与えるためなのです。霊的な生命は空気のようなものでも、私たちの外にあるものでもなく、努力して手に入れるようなものでもありません。それは、私たちの内にあり、私たちに満ちあふれ、あらゆる生体の中を流れる血液のようなものなのです。

神学者オスカー・クルマンは、『原始キリスト教と礼拝』(邦訳、新教出版社)の中で、カナでの婚礼で水をぶどう酒に変えたイエスの最初の奇跡について、新しい解釈を提示しています。クルマンによれば、この奇跡あるいは「しるし」は、イエスの新しい契約を指し示し、婚礼のぶどう酒を最後の晩餐のぶどう酒と結びつけるものであるというのです。この偉大なシンボルを紹介するのに、これ以上ふさわしい舞台はないでしょう。婚礼の宴は、楽しい音楽、招待客たちの笑い声、陶器の音、乾杯の音に満ちており、私がルイジアナ州のラジオで聞いた陰鬱な音とは明らかにトーンが異なるのです。

イエスの死を想起させるこの制度は、死に打ち勝ち、今私たち一人ひとりに自由を与える「いのち」に乾杯するものでもあるのです。

## 輸血

輸血の歴史は、他の多くの医療技術と同様に、危険なものとして始まり、すぐに大惨事へと向かっていきました。コロンブスが出航した年と同じ一四九二年、イタリアの医師が、三人の少年の血液を、病弱な教皇インノケンティウス八世に輸血しようとしました。少年たちはみな失血死し、三度輸血を受けた教皇はなんとか三人の少年よりも長生きしました。

輸血という不可思議な方法が医療で成功を収めるようになったのは、十九世紀になってからです。英国では、ジェームズ・ブランデル博士が、産後出血の女性十五人のうち十一人の生命を救いました。現存する銅版画に、そのときの様子が描かれています。健康な女性が立ち、自分の血液を、チューブを通して瀕死の女性の静脈に直接輸血しているのを、厳粛に見守るブランデル博士の姿です。今日ではコンピュータで照合された血液バンクや無菌容器の形式によってこうした光景はありませんが、人間と人間の生命の分かち合いの本質を見事にとらえた銅版画です。

それでも長い間、輸血には大きなリスクが伴っていました。血液型、Rh因子、血液凝固阻止など、複雑な要素を研究者が解決するまで、何十年も混乱の日々が続きました。しかし第一次世界大戦中に、輸血の利点がついにその危険性を上回り始めます。そして、こんな話が兵士たちの間に急速に広まったのです。「死んだ後でも、血液を注入して生き返らせてくれるやつがいる!」と。

イースト・ロンドンのコノート病院で輸血を見学したときの劇的な体験が、私を医学の世界に導きました。それから十二年後、内科と外科の研修を終えて、私は再び生まれ故郷のインドに戻って来ました。ヴェールールにあるキリスト教医科大学に私は整形外科医として赴任しましたが、その大学では世界からの専門医を募集していました。その中には、インド全土の「胸部外科の父」となったボストン出身のリーブ・ベッツ博士もいました。

ベッツが着任してすぐに直面した問題は、血液バンクがないことでした。ベッツは、遠方からヴェールールに殺到する患者の生命を救う経験と技術を持っていましたが、血液がなければどうすることもできませんでした。そこで一九四九年、血液バンクが私の最優先事項となりました。私は、血液型、適合検査、ドナーの健康状態のスクリーニングに必要な技術を身につける必要がありました。インドでは、寄生虫や肝炎の隠れウイルスに感染している人が多いので、私たちはシステムを完璧なものにするのに苦労しました。

最大の課題は、インド人の意識の問題でした。彼らは本能的に「血は生命である」と理解していましたから、血液を提供するのを嫌がりました。彼らはベッツの忍耐を試すかのように抵抗しました。「自分の子どもの生命を救うのに血液を提供することを拒む人がいるのか」と、ベッツは家族との長い話し合いが終わってから、怒りをあらわにしてつぶやきました。

その典型的なケースで、ベッツは、肺を病んだ十二歳の少女の手術を計画しました。まず家族に、肺を摘出しないと死んでしまうと告げました。家族は渋々うなずきました。「手術には最低一・五リットルの血液が必要ですが、私たちのところには五〇〇ミリリットルしかありませんから、家族の皆さんであと一リットルを提供してください」とベッツは続けました。それに対して、家族の年長者たちが相談し、追加の一リットル分の献血費用を出すので、そちらで調達してほしいと伝えてきたのです。

ベッツは顔を紅潮させました。首の血管が浮き出てきて、光り輝く頭は我慢の限界を示していました。彼は声を抑えながら、血液の調達先がなくて購入できないこと、このまま家に連れ帰れば、この子は死ぬことになること、そして、よくよく話し合うべきことを伝えました。さらなる話し合いの末、年長者たちは大きな譲歩を示しました。そして、部族の中で最も小柄で痩せた体重四十三キロほどの高齢の女性を前に出し、「家族はこの人をドナーとして選びました」と言ったのです。

ベッツは、この決断を下した栄養の行き届いた男たちをにらみつけ、やがて怒りを爆発させました。決して上手ではないタミル語で、縮こまる十二人の家族を強く非難しました。彼のアメリカ訛《なま》りのタミル語を理解できる者はほとんどいなかったでしょうが、体格のがっちりした男たちから痩せた女性へと何度も指をさしながらの迫力ある激しい言葉は、そこにいた人みなに伝わったはずです。

突然、ベッツが袖をまくり上げ、私の名を呼びました。「ポール、私はもう我慢できない！　この臆病者どもが決心できないからといって、あの哀れな少女の生命を危険にさらすわけにはいかない！　注射器と血液バッグを持って来て、私の血を採ってくれ。」　私がベッツの上腕に止血帯を巻き、消毒し、静脈に針を刺すのを、家族は圧倒されながら黙って見つめていました。濃厚な赤い間欠泉がバッグの中に噴き出し、「あっ！」という声が、それを見ていた人々から発せられました。

たちまち「見ろ、お医者様が自ら生命を絶っている！」との声が飛び交いました。野次馬たちが、この家族に対して罵声を浴びせました。ベッツは先週も先々週も献血をしていたので、私は声を大きくして、今回はあまり多く献血をしないようにと注意しました。「弱ってしまって、手術ができなくなります！」と叫びました。

このケースでも、他の多くのケースと同様に、家族にメッセージが伝わりました。バッグが半分になる前に、二、三人が採血を申し出たのです。私はベッツ博士の採血をやめ、代わりに彼らの震えながら伸ばした腕を取りました。やがてベッツの評判は病院中に広まりました。家族が献血を拒否すれば、偉大な医師自らが献血に応じる、と。

## 古いシンボル、新しい意味

輸血が知られていなかった時代、イエスはご自分の血を飲むという不可解なイメージをあえて選ばれました。キリストの肉と血が私自身の身体の一部となるということをだれが説明できたでしょうか。イエスはぶどうの木の枝という類比《アナロジー》を用いられましたが、私は輸血という現代的な隠喩《メタファー》を使うことで、シンボルのより深い意味を理解する助けになると考えます。

あのコノート病院での一夜に始まった私の輸血体験は、血液の持つ生命力の強さをはっきりと示してくれました。聖餐式は、キリストが死んで私の前からいなくなったのではなく、生きて私の内におられることを思い出させてくれるものです。キリストの「からだ」のすべての細胞は、共通の源から供給される栄養素によってつながり、統合され、満たされるのです。血は生命を養います。

このように、主の晩餐は私にとって原始宗教の戸惑いを来たらす遺物ではなく、驚くほど新鮮なイメージをもたらすものとなりました。キリストの血が私の内に注がれることで、生き返るという感覚を味わうことができます。コノート病院のあの女性が死を免れたのは、名もなきドナーが血液を提供してくれたからです。リーブ・ベッツ博士の患者たちが新たな希望を得たのは、それぞれの家族が自分の血液を差し出したからです。同様に、私はユーカリストにおいて、キリストご自身が蓄えておられたものをいただくことによって力とエネルギーを内に取り入れるのです。

旧約においては、礼拝者たちはいけにえを持参し、ささげました。新約においては、信者たちは復活されたキリストの完成されたみわざのしるしを受け取ります。「これは、あなたがたのために与えられるわたしの体……。この杯は、あなたがたのために流されるわたしの血……」（ルカ二二・一九〜二〇参照）。これらの言葉において、イエスはエルサレムから私がいる場所までの距離を越え、イエスの時代と私の時代を隔てる年月を超えておられるのです。

私たちが食卓に着くときには、息切れし、脈が弱くなっています。神から遠く離れた世界で生きており、この週には自分自身をも信じられなくなってしまいます。自分の弱さ、度重なる失敗、やめられない習慣、苦しみや痛みを抱えながら、何とかやっています。そのような傷つき、弱った状態で、私たちは、キリストに招かれ、生命を祝う食卓に着きます。そして、神の赦しと愛と癒しの恵みあふれる流れを経験します。それは、私たちが受け入れられ、生かされ、イエスの血を与えられるというせせらぎです。

キリストは幻の中で、驚愕する使徒ヨハネに語られました。「わたしは……生きている者である。一度は死んだが、見よ、世々限りなく生きて、死と陰府の鍵を持っている」（黙示録一・一七〜一八）。主の晩餐は、私たちのために死んでくださった生命、私たちのうちにあって生きておられる生命、そして将来ある生命の、三つの時制を総括するものです。キリストは単なる生き方の模範ではなく、生命そのものなのです。新約聖書の中で、血ほど「あなたの内におられるキリスト」を表現しているイメージはほかにありません。

ジョージ・ハーバートはこう書いています。

「〈愛〉は甘く　こよなく神々しい神酒《みき》、

それを　わが神は血と感じ給い、私は葡萄酒《ワイン》と感じる。」

〔「苦悶」より。『ジョージ・ハーバート詩集』、鬼塚敬一訳、南雲堂、三〇ページ〕

# 13 賢い血

ウールコートの襟を立て、湿った向かい風に頭を下げて歩きます。雪が徐々に近代都市ロンドンをディケンズの『クリスマス・キャロル』のような風景に変え、柔らかくキラキラした白い毛布で、道にできたくぼみ、側溝、車、歩道を包むように舞い降りてきます。どこからか、金管楽器のかすれた音色と人の声らしき音楽が聞こえてきます。こんな夜に?

音のする方向に足を運んで行くと、音楽は次第に大きくなり、角を曲がると、その出所が目に入ります。救世軍のバンドです。男性と女性がトロンボーンとトランペットを吹いていますが、しびれるような風の中で金属に唇を押し当てているのを心に描き、私は身震いします。他の三人の救世軍のメンバーは、ウィリアム・クーパーの詩をもとにした讃美歌を声高に歌っています。

「尊き泉あり　その内より
インマヌエルの血ぞ　あふれ流る
罪に悩む者　くぐり入らば
汚れは洗われ　滲みは消されん」

この歌詞を聞いて、思わず笑みがこぼれます。私は病棟の回診を終えて出て来たばかりでしたが、そこで、ある人の血管から本物の血液を採り、他の人に輸血し、手術着と看護師の制服に付いた血をこすり落としていました。私は生まれた時から教会に行っていたので、キリスト教のシンボルの由来と意味は理解しています。けれども、キリスト教の教えを知らない人は、あの讃美歌を聞いて、どんなイメージを抱くでしょうか。「小羊の血で洗われる」という表現は、現代のイギリス人にとっては、パプアニューギニアの動物のいけにえのようで違和感があるのではないでしょうか。

現代の文化では、血で汚れを洗い流すというような概念はありません。私たちは水、石鹸、洗剤を使って洗浄します。血はごしごしと洗い落とすものであって、血でもって汚れを洗い落とすものではありません。讃美歌の作詞家や聖書の著者は、どのような意図を持っていたのでしょうか。

実は、現代の医学は、汚れを洗い清めるという、不快感を与えるシンボルが、実際の血液の機能と密接に結びついていることを明らかにしています。クーパーの讃美歌にある不朽のイメージとして描かれているものは、優れた生物学とともに、優れた神学を反映しているのです。

もし本当に血液に浄化作用があるのを理解したいのなら、簡単な実験をお勧めします。血圧計を出して、上腕に腕帯を巻きつけます。友人に、腕の血流を止めるのに十分な圧力水銀柱二〇〇ミリくらいまで上げてもらいます。最初は腕が腕帯で締めつけられて不快に感じるでしょう。ここからがこの実験の本番です。腕帯をつけた状態で何か簡単な作業を行います。何度か連続でグーパーグーパーを繰り返したり、ハサミで紙を切ったり、ハンマーで木に釘を打ったりしてみてください。

最初の数回は、筋肉が素直に収縮と弛緩を繰り返すので、ごく普通の動きに見えます。それから、若干脱力を感じます。そして、十回ほど動かしたところで、突然、痛みが走り、筋肉が激しく痙攣します。無理に続ければ、あまりの痛さに泣き叫ぶでしょう。やがて、痛みに耐えかねて実験をあきらめるでしょう。

腕帯を外すと、シューという音とともに空気が抜け、痛みを覚えていた腕に血液が流れ込み、筋肉に心地良い安らぎが広がります。そのすがすがしい回復感を感じるだけでも、痛みに耐える価値があります。筋肉は自由に動き、痛みは消えます。生理学的には、血液の浄化作用を体験したことになります。

腕への血液供給が止まっている間、無理に筋肉を働かし続けたために痛みが生じたのです。筋肉は酸素をエネルギーに変える際に、通常、血流によって洗い流されるはずの老廃物（代謝産物）を生み出します。けれども、血流が抑えられていたため、これらの代謝物が細胞に蓄積されたのです。安定した血液の流れによって浄化されなかったので、数分後には残留毒素の苦痛を味わうことになりました。

細胞は毛細血管から髪の毛一本分しか離れていないので、毒が蓄積されることはありません。狭い毛細血管の中を流れる血液は、新鮮な酸素を放出すると同時に、有害な老廃物を吸収して腎臓に運びます。腎臓は脳に次ぐ複雑さを持つといわれています。腎動脈は百万個の結晶の輪を描いて細分化しています。腎臓は、血液中の化学物質を三十種類ほど選別して取り出すと、残りを速やかに血液中に戻します。その一秒後、心臓の鼓動が鳴り響き、新鮮な血液が腎臓の尿細管を満たすために急増します。

腎臓を畏敬の念に近いまなざしで見ている人たちがいます。不幸にも腎臓障害を持つ人たちです。五十年前なら彼らはみな死を迎えていたでしょう。けれども今、彼らには腎臓の神秘について思いを馳せる時間があります。それもたくさんの時間です。週に三度、一回五時間くらい、ベッドに横になるか椅子に座るかしている間に、スーツケースほどの大きさのガチャガチャ音のする機械を通して、チューブが血液すべてを体外に排出します。この驚くべき技術の産物である腎臓透析機は、柔らかく豆のような形をした人間の腎臓の複雑な働きの代わりをするものです。しかし、私たちがもともと持っている腎臓は、重さ約四五〇グラムほどで、二十四時間休みなく働き、通常は自己修復します。一つの腎臓で十分なのですが、私たちの身体には予備の腎臓が準備されています。

他の臓器も浄化のプロセスに加わっています。耐久性のある赤血球は、五十万回ほど荷物の積み下ろしを繰り返した後、ボロボロになって水漏れを起こした川船のように、最後の積み下ろしのために肝臓と脾臓にたどり着きます。ここで、赤血球そのものはきれいに取り除かれ、アミノ酸と胆汁酸に分解され、再利用されます。重要なヘモグロビン分子の「磁石」である鉄の小さな芯は、骨髄に戻され、別の赤血球に生まれ変わります。そして新たな燃料補給と浄化の新たなサイクルが始まるのです。

## 霊的な浄化

医学的には、血液は身体に不要な化学的副産物を運び去ることによって、つまり浄化することによって生命を維持します。霊的な「からだ」について考えるときに、血液の隠喩《メタファー》は、その「からだ」における永遠の問題である罪について新たな視点を与えてくれます。ある人にとっては、罪という言葉は古臭く、時代遅れのものとなっています。けれども、血は、罪と赦しの本質を明らかにするために完璧な類比《アナロジー》を提供します。血液が体内の有害な代謝物を浄化するように、赦しは真の健康を阻害する老廃物である罪を浄化するのです。

罪とは神を苛立たせる個人的な不平不満であると私たちは考えてしまい、旧約聖書を読むと、神はいとも簡単に苛立っているように思います。しかし、旧約聖書にざっと目を通しただけでもわかるように、罪は神との関係を妨げ、私たちの心を麻痺させる毒のようなもので、私たちの人間性を阻害します。十戒のところで学んだように、神は私たちのために律法を与えてくださいました。エレミヤ書にはイスラエルへの辛辣な批判が記されていますが、その中で神はきわめて厳しい見解を示しておられます。「(彼らは)異教の神々に献げ物のぶどう酒を注いで、わたしを怒らせている。彼らはわたしを怒らせているのか――と主は言われる――むしろ、自らの恥によって自らを怒らせているのではないか」(七・一八~一九)。

高慢、利己主義、欲望、貪欲は、健全な人間関係を壊す毒のようなものです。罪は、神や他の人々、そして自分自身を分裂させます。私欲、成功欲、他人を犠牲にしてまで自己満足欲にしがみつけばしがみつくほど、自分を神からも他の人たちからも遠ざけていきます。

イスラエルの民は、この神と人間との分離の状態を絵に描いたように表していました。神の臨在は至聖所にあり、年に一度(贖いの日)、一人の大祭司だけが入念な儀式によって身を清め、近づくことができました。イエス・キリストは、一度だけご自分を犠牲としてささげることで、その儀式を廃止されました。主は最後の晩餐をなさったときに、「これは、罪が赦されるように、多くの人のために流されるわたしの血、契約の血である」（マタイ二六・二八）と言われました。

今日持たれる聖餐式あるいはユーカリストは、贖いの日とはきわめて対照的です。私たちはもはや、儀式によって清められた大祭司を通して神に近づく必要はありません。イエスが死なれた日、神殿の分厚い隔ての垂れ幕が上から下まで真っ二つに裂けました。今、私たちはみな、神と直接交わることができるのです。「それで、兄弟たち、わたしたちは、イエスの血によって聖所に入れると確信しています。イエスは、垂れ幕、つまり、御自分の肉を通って、新しい生きた道をわたしたちのために開いてくださったのです」（ヘブライ一〇・一九〜二〇）。

主の晩餐は、キリストの犠牲を継続的なものとして記念するものです。ぶどう酒は血のシンボルであり、すべての細胞に生命の栄養を浴させるとともに、蓄積された老廃物や不要なものを運び去ります。この類比《アナロジー》にしたがえば、悔い改めという行為において、各細胞は自ら進んで血の浄化作用を用います。悔い改めは私たちのためであり、私たちを罰するためではなく、蓄積された毒素の害から私たちを解放するためのものです。「これはあなたたちのために裂かれたキリストのからだです。」それは、あなたたちの噂話、あなたたちの欲望、あなたたちの高慢、あなたたちの無神経さをすべて取り除き、新しい生命に置き換えるために裂かれたのです。

なぜ私たちは教会へ行き、学校の教室のように列をなして並んだ、座り心地の悪い椅子に腰かけるのでしょうか。おそらく、私たち一人ひとりが、知られたい、赦されたい、癒されたい、愛されたいという切なる願いと希望を持っているからでしょう。主の晩餐の礼典の中心には、こうした強い願望のようなものがあるのです。

シンボルには、その背後にある現実のものほどの力はありません。キリストは、私たちが赦され、癒され、愛されていることのしるしとして、ぶどう酒とパンを与え、それをじかに取り、食するように言われました。それらのものが私たちの内に取り入れられ、物質的、霊的な栄養となり、私たちそれぞれの身体全体の個々の細胞にメッセージを伝えるのです。

罪が分裂をもたらす大いなるものであるとすれば、キリストは和解をもたらす大いなるお方です。「敵であったときでさえ、御子の死によって神と和解させていただいたのであれば、和解させていただいた今は、御子の命によって救われるのはなおさらです」（ローマ五・一〇）。キリストは、私たち自身と他者、私たち自身と神との間にある隔ての薄膜を取り去ってくださいます。「しかしあなたがたは、以前は遠く離れていたが、今や、キリスト・イエスにおいて、キリストの血によって近い者となったのです。実に、キリストはわたしたちの平和であります」（エフェソ二・一三〜一四）。

ノーベル文学賞を受賞したフランスのカトリック作家フランソワ・モーリアックは、晩年になって、教会との愛憎の歴史を振り返りました。彼は、教会が神の約束を守ってこなかったことを詳しく書いています。教会の特徴ともなってきた分裂と妥協、そして倫理的な失敗についてです。彼の結論は、教会は創始者の教えと模範から大きく逸れてしまったということでした。それでも、モーリアックは、そのあらゆる失敗にもかかわらず、教会は少なくともキリストの二つの言葉を記憶していたと付け加えます。「あなたの罪は赦された」と「これはあなたがたのために裂かれたわたしの体である」です。主の晩餐は静かな癒しの礼典の中で、この二つの言葉を結びつけています。

## 打ち勝つ

血液は、不可解な聖書のイメージに豊かな意味合いを提供するもう一つの特性を持っています。使徒ヨハネは幻の中で、善と悪の力による宇宙的な規模の対決を描写しています。彼は、悪魔に打ち勝った究極の勝利者について、次のように描いています。「彼ら〔兄弟たち〕は、小羊の血によって彼〔悪魔〕に打ち勝った」（黙示録一二・一一、新英欽定訳）。

こうした言葉が血液にどうして当てはまるのでしょうか。「打ち勝つ」とは、強さと力を意味します。ナイフや銃を持ったテロリストが飛行機の乗務員に打ち勝ち、相撲の力士が対戦相手に打ち勝つといったことです。一方で、血は弱さと失敗を意味します。流血している人は打ち負かされた者とされてきました。

これらの言葉の結びつきをどう理解したらよいのでしょう。その答えのヒントは、またしても血液の生物学が教えてくれます。その意味を理解するために、私は物理的な血液がどのように打ち勝つと言われているかを探っています。比較的最近行われるようになった予防接種が、その過程を明らかにしてくれます。

身体が新たな侵略者に直面したとき、通常、その脅威と闘うために暗号を解読し、抗体を作るのに数時間を要します。何世紀もの間、人類はこの時間差に翻弄されながら生きてきましたし、ときには全住民を壊滅させる結果になることもありました。エドワード・ジェンナーとルイ・パスツールによる素晴らしい先駆的な研究から生まれた予防接種は、この時間の問題を巧みに解決しました。弱毒化、あるいは「不活性化」されたウイルスにあらかじめ身体を感染させることで、ワクチンは抗体を作ります。それが身体に優位性を与え、時間差を縮めるのです。現在、身体は、あらかじめ準備された抗体によって侵略者を素早く制圧することができるようになっています。

天然痘ワクチン接種が見事に物語っているように、病気の克服にこれほど大きな貢献をした医療処置はほかにありません。人類の文明が始まってから天然痘は世界を荒廃させ、十九世紀には五億人、二十世紀にもそれとほぼ同数の人が亡くなりました。ワクチン接種という絶大な尽力によって、一九八〇年に世界保健機関は天然痘を歴史上初めて、根絶された感染症と宣言しました。

コロンビアのボゴタを訪れたとき、私は、予防接種を最初に受けた二十二人の勇敢な子どもたちの銅像の脇に立ちました。彼らの物語は、血液がいかにして打ち勝つかという秘密を明らかにしています。

一八〇二年、ボゴタの先住民とスペイン人入植者の間で天然痘が流行しました。当時、この病気に対して全く無防備だった住民は壊滅の危機に直面したため、ボゴタの統治評議会はスペイン国王カルロス四世に助けを求めました。国王は、自分の三人の子どもが、論争の的となったジェンナーの治療を受けていたこともあって、予防接種という新しい技術に積極的な関心を持っていました。問題は、牛痘ワクチンをどうやって新大陸に運ぶことができるかということでした。ヨーロッパ内では、ワクチン接種者が牛痘の瘡蓋《かさぶた》に針や糸を通し、それをガラス瓶に入れて他国に運んでいましたが、この方法では船が大西洋を渡る前にウイルスは干上がってしまいます。

そこで、国王の相談役の一人が、大胆かつ革新的な計画を提案しました。その名も「Real Expedición Maritima de La Vacuna（王立慈善ワクチン海上遠征隊）」、その隊長は医師のフランシスコ・デ・バルミスでした。すぐに、近くの養護施設から徴集した三歳から九歳の子ども二十二人を乗せて、スペイン船マリア・ピタ号が出港しました。デ・バルミス医師は、出航前に五人の子どもにワクチンを接種し、牛痘を発症した子どもから他の子どもへと種痘を移す作業を繰り返し、種痘を生きたまま送り届けることにしました。

航海を始めて五日目、感染した子どもたちの腕に小水疱（縁が盛り上がり、中心がくぼんだ小さな穴）ができ、十日目にはその出来物からリンパ液が流れ出ました。デ・バルミス医師は、この貴重なリンパ液を注意深くかき集めて、感染していない二人の子どもの腕の傷に丁寧に擦り込みました。十日ごとに二人が選ばれ、生きたウイルスを接種し、採取されるまで隔離されました。

マリア・ピタ号がベネズエラに到着するころには、最後の一人の子どもが、さらなる流行を食い止めるための唯一の希望であるワクチンを守り続けていました。デ・バルミス医師は、さらに地元の二十八人の子どもを選び、一万二千人にワクチンを接種するために長期滞在しました。デ・バルミスの助手は、当初の目的地で、長時間の遅れのため絶体絶命の危機に陥っていたボゴタに向かいました。途中、船が難破してパニックに襲われましたが、生ワクチンの運搬船は無事でした。ボゴタでは全員がワクチンを接種し、天然痘はすぐに消え去りました。助手はさらにペルーやアルゼンチンへ行って、ワクチン接種を行いました。

一方、デ・バルミス自身もメキシコに渡り、活発なワクチン接種運動を展開しました。メキシコを横断した後、フィリピンへ行くことにしましたが、危険な航海のために新たなボランティア団体を組織しました。フィリピンの島々もまた、スペインのラ・コルーニャにある児童養護施設に至る、先のような途切れることのない人間の鎖で守られました。何十万人もの人々が、最初の二十二人の孤児たちのおかげで生きることができたのです。

## 血はどうやって打ち勝つのか

インドで過ごした幼少時代、私は人から人へと感染症が広がるのを目の当たりにしました。私の両親は、限られた量のワクチンしか持っておらず、冷蔵保存の設備もなかったために、デ・バルミスと同じように、以前にワクチンを接種した人に頼っていました。配達人たちがワクチンを山岳地へ運び、貴重なリンパ液を父に手渡してくれます。すると、配達人が息をつく間もなく、父はリンパ液の入った小さなチューブを割って、待っている人々にワクチンを接種し始めます。その後、感染した人の腕から、十人の村人にワクチンを打つのに十分な量のリンパ液を採取します。その十人から、さらに百人にワクチンを接種するのに十分な量を得ます。ワクチン接種を受けた人たちの血液は天然痘ウイルスの記憶を保管し、そのことによって天然痘の脅威に対峙できるようになったのです。

人から人へ移ることによって打ち勝つというこの血液の特性から、御言葉の用法について新たな洞察を与えられます。たとえば、イエスは十字架にかけられる前の非常に微妙な時に、弟子たちとの最後の晩餐においてこう言われました。「あなたがたには世で苦難がある。しかし、勇気を出しなさい。わたしは既に世に勝っている」（ヨハネ一六・三三）。その後のことを考えると、この言葉は空虚な響きを帯びています。そして、イエスの十字架での死を見つめ、暗闇の中で身を縮めていた弟子たちは、この勝利の言葉に幻滅を覚えたに違いありません。

その後、ヨハネの黙示録には、キリストを描写する小羊のイメージが何度も何度も登場します。最も弱く、最も無力な動物が宇宙の主を象徴し、しかも小羊が「殺害されたように見えた」（五・六、英訳）という皮肉《アイロニー》を容易に見過ごしてしまいます。これが、かつて私を当惑させた「小羊の血によって打ち勝つ」という言葉の背景となっています。

あるパターンが浮かび上がってきます。神は悪を取り除くのではなく、より高い善に奉仕させることで悪に応じられます。イエスは悪を受け入れ、自ら引き受け、最後には悪を赦すことで、悪に打ち勝たれました。イエスは、誘惑、悪、死の真ん中を通り抜けることで、先立って進むお方として打ち勝たれたのです。

科学者が、世界を脅かす微生物の群れを顕微鏡で見つめる姿を思い浮かべてください。彼女は、白衣を脱ぎ、ミクロのサイズになり、微生物の世界を是正するのに必要な遺伝物質を持って、そこへ入りたいと願っています。今度は神のことを想像してみてください。被造物に悪のウイルスが感染しているのを大きな悲しみをもって観察した後、その諸影響に抗するワクチンを私たちに打つために人間となられました。類比《アナロジー》は真理を指し示す力は強くありませんが、「神は私たちのために罪となられた」というシンプルな主張ほど、力強いものはありません。

ヘブライ人への手紙の著者は、神の御子が何をなされたかを次のように記しています。

「ところで、子らは血と肉を備えているので、イエスもまた同様に、これらのものを備えられました。それは、死をつかさどる者、つまり悪魔を御自分の死によって滅ぼし、死の恐怖のために一生涯、奴隷の状態にあった者たちを解放なさるためでした。確かに、イエスは天使たちを助けず、アブラハムの子孫を助けられるのです。それで、イエスは、神の御前において憐れみ深い、忠実な大祭司となって、民の罪を償うために、すべての点で兄弟たちと同じようにならねばならなかったのです。事実、御自身、試練を受けて苦しまれたからこそ、試練を受けている人たちを助けることがおできになるのです」(二・一四〜一八)。

キリストの力を借りることで、自分自身の誘惑に打ち勝つことができるようになります。

私たちがヴェールルに住んでいたとき、麻疹(はしか)が流行し、娘の一人が重い病状になりました。回復するとは思っていないながらも、娘のエステルは幼いこともあってかなり弱っていました。小児科医が「回復期血清」の必要性を説明すると、ブランド家が「回復した人の血」を必要としているという話がヴェールール中に広まりました。

実際にそのように語ったわけではありませんが、私たちは麻疹に罹り、打ち勝った人を捜しました。そのような人を見つけて、血液を採取して細胞を沈殿させ、その回復期血清を娘に注射しました。そして、もらった抗体で、娘は見事に麻疹を撃退したのです。娘が麻疹に打ち勝ったのは、自分自身の抵抗力や生命力ではなく、以前に他の人の中で繰り広げられた闘いの結果のおかげでした。

人の血液は、外部からの侵略者に打ち勝つにつれて、より強くなります。抗体がそれぞれの病気を打ち負かす秘訣を保管した後は、同じ種類の病気に二度感染しても、通常は害がありません。フラナリー・オコナーの言葉を借りれば、守られている人は「賢い血」を持っているのです。先ほど引用したへブライ人への手紙の一節を思い起こしてください。「事実、御自身、試練を受けて苦しまれたからこそ、試練を受けている人たちを助けることがおできになるのです」(二・一八)。そしてこう繰り返されます。「この大祭司は、わたしたちの弱さに同情できない方ではなく、罪を犯されなかったが、あらゆる点において、わたしたちと同様に試練に遭われたのです」(四・一五)。

今日、聖餐式のぶどう酒をいただくとき、私たちは、先立って進まれたお方の賢明かつ力ある血を思い起こします。私たちの主は私たちにこう言っておられるかのようです。「これは、あなたたちを強め、あなたたちのために備えられたわたしの血です。これは、あなたたちのために生き、今あなたたちと分かち合うことができるわたしの生命です。わたしは疲れ、失望し、誘惑され、見捨てられました。明日、あなたたちは疲れ、失望し、誘惑され、見捨てられたと感じるかもしれません。そのときは、わたしの力を用い、わたしの霊を分かち合うことができます。わたしはあなたたちのためにこの世に打ち勝ったのです。」

# 14　息――吸気、呼気

バニアン〔訳注＝東インドなど熱帯アジアに分布するクワ科イチジク属の高木〕ほど贅沢な木があるでしょうか。幹からだけでなく枝からも根を伸ばし、何十本、ついには何百本もの筋状の茎が地面に向かって伸び、独自の根を張ります。途切れることなく、バニアンの木は永遠に生長し続け、内部の芯が老衰で枯れても、放射線状に伸びた末端の枝は新しく生まれ変わります。一本の木が何坪もの土地を占有し、バザール（街頭市場）を広く覆って守るほどの大きな森になることもあります（バニアンの名は、ヒンドゥー語の「商人カースト」に由来します）。

コルカタ植物園には、その雄大な植物が立ち並んでいます。バニアンの大木は、いくつかの支柱に支えられた巨大なテントのようです。その根と枝の茂みの中で、二世紀前に中心幹が生長し始めました。その後、菌類やサイクロン（台風）などの被害を受け、一九二五年に内部の芯が取り除かれましたが、外側の木は生長し続けています。

蔓に登ったり、ぶら下がったりするのが好きな子どもにとって、バニアンの木は最高の遊び場です。両親が宣教活動でバニアンの木の下にキャンプを張ったとき、六歳だった私は、数日間そこを探検しました。両親が医療活動や霊的な働きに従事している間、私と妹は巨大な木の中で『スイス・ファミリー・ロビンソン』〔訳注＝一九六〇年のアドベンチャー映画〕ごっこをしていました。上の枝から鍾乳石のように落ちている茎は理想的なクライミングの場となりました。さらに嬉しいことに、親切な訪問者たちが蔓を輪にして、高いブランコや空中ブランコを作ってくれました。

私は木の中の回廊をそうした蔓の輪をこぎながら、妹に、もっと高く高く押し上げてくれるよう頼みました。弧を描く高さが増すにつれて、後方に触れるときに首の後ろに蔓の輪が当たりました。私はそれを避けるために身を屈めましたが、すぐに前方へ勢いよく振れるため、もう一度身を屈めることができませんでした。高い所にある蔓の輪が私の顎の下に引っかかり、ブランコは急停止しました。蔓が私の気管を塞いで、声を出すことも、叫ぶことも、息をすることもできなくなりました。私はワイヤに絡まった人形のように宙吊りになってしまったのです。下にいた妹が必死に私を引き下ろそうとしましたが、どうにもならず、助けを求めに走って行きました。

しばらくして目を覚ますと、母が私の寝ているキャンプ用の簡易ベッドの上に身を屈め、「何か言ってちょうだい」と言う声が聞こえました。私が「お母さん」と言うと、母はワッと泣き出しました。脳の損傷を心配していた母は、私のその一言で安心したようでした。

首の痛みと、摩擦による火傷のような軽い炎症はありましたが、幸いなことに後遺症はありませんでした。それでも、私は何年も息苦しさという恐怖に悩まされました。口と鼻を覆うものは何でも、たとい水に浸かっても、その時の恐怖がよみがえり、必死に闘わなければなりませんでした。息ができない状態は、麻酔や睡眠とは違って、死のようなものだと知りました。

### 生命の燃料

バニアンの木での体験以来、私はあの日の恐怖を確認させるような医療現場に数多く出合ってきました。あらゆる種類の緊急事態がパニックを引き起こします。心臓発作を起こした人は自分の胸をつかみ、脳に損傷を受けた人はのたうち回ります。戦場の兵士は失った手足を、信じられないという面持ちで凝視します。けれども私は、息苦しさに匹敵するような、どうしようもないパニック状態に陥った人を知りません。

マラソンランナーは、口を大きく開け、息を切らし、鶏のように頭を揺らし、蛇腹のように身体を動かしながらゴールラインを越えます。全身が蛇腹運動でピクピクしていますが、酸素が肺に徐々に満ちていくにつれて、緊急事態は収まります。ランナーは、酸素不足でレースを終えることを想定しているので、パニックに陥ることはありません。ランナーの動作は、酸素を必要とする人の姿を示しています。目を大きく見開き、両手で必死に薄い空気をつかみ、心臓をバクバクさせます。酸素不足は悪循環を引き起こします。心臓の鼓動はどんどん速くなり、わずかな酸素をより早く体内へ行き渡らせようとし、さらに多くの酸素を必要とします。

私たちはみな酸素がなくなると、五、六分で死んでしまいます。生命活動の火を燃やし続けるための燃料である酸素があるかないかで、生死が決まるのです。空気がなくなると、人は実際に青くなります。まず爪、舌、唇のあたりが青くなりますが、これは、体内で起きているドラマが皮膚という目に見えるスクリーンに映し出されるためです。高校の生物学の授業では、こうした色の変化の原因を学びます。通常なら鮮やかな緋色に染まる肺からの酸素供給が不足すると、血液は青くなります。

地球には私たち人類の身近にある大気がありますが、私たちの肉体が宇宙ミッションを受けて地球を離れるときには、その大気中の酸素をとにかく再生産しなければなりません。動物王国全体も、生命を酸素に依存しています。動物の中には、酸素を集めるのに並外れた能力を有するものもいます。海洋生物の宝石のような葉状体、熱帯魚の縦溝の入ったえら、ホタテ貝の鮮やかなオレンジ色の卵巣などです。私たちの肺は形状ではなく機能重視ですが、それも技術者が羨望のため息をつくほど上手に機能しています。

医学生だったころ、初めて死体の解剖をしたことを鮮明に覚えています。心臓、腎臓、肝臓、膵臓など、様々な内臓のことを勉強してきました。しかし肺はきわめて重要な臓器で、他の臓器とひしめき合い、あらゆる隙間やくぼみに入り込むようになっていました。呼吸をシミュレートするために空気を送り込むと、肺は胸腔から飛び出さんばかりに膨らみます。このような重要な臓器には空間が必要なのです。

肺は一日に平均して約一万七千回も膨張と収縮を繰り返し、中型の部屋いっぱい分、あるいはパーティー用の風船数千個分の空気を通しています。階段の昇り降りやバスに駆け込むときなど、ちょっとした動作の変化でも酸素の需要は倍増し、無意識のうちに呼吸速度を切り替えるスイッチが入ります。体中に張りめぐらされた受容体が酸素と二酸化炭素を常に監視し、最適な呼吸速度を決定します。

睡眠中は意識しなくても呼吸しますが、そうしなければ私たちは死んでしまいます。そして、効率的な身体は、話す、歌う、笑う、ため息をつく、口笛を吹くといった行為にも、同じ空気の流れを利用しています。私は、あの小さいころのバニアンの木宙吊り事故から、呼吸への執着心が芽生えましたが、そのメカニズムを研究した後は、さらに深まりました。

私は、多くの患者の呼吸にまつわる生のドラマを見てきました。医師としてインドに赴任して間もないころ、同じ日にコルカタとロンドンから二本の電話が入りました。いずれも、一人の若いポロ選手〔訳注＝ポロとは、馬に乗って行う団体球技〕が医学的に窮地に陥っているということでした。この選手はイギリスの大富豪のひとり息子で、父親の経営する世界的な銀行ネットワークを代表して、国際金融を学びにコルカタに来ていました。コルカタにいる医師たちと英国にいる彼の親族がそれぞれ私に電話をかけ、次の便でコルカタに行って、激しいポロ競技の翌日、突然ポリオで麻痺を起こした若者を診てほしいと言ってきたのです。

不安定な電話回線越しに、私はその病院に鉄の肺〔人工呼吸器〕を準備するように、また呼吸困難に陥った場合には気管切開を行うようにと指示しました。それから、チェンナイ（マドラス）空港に駆けつけ、夜の便に飛び乗りました。コルカタに着くと、待機していた車が病院まで猛スピードで連れて行ってくれました。

病室で見た青年の姿を今でも鮮明に覚えています。彼は栄養に気を配り、ラグビーやポロ競技で身体を十分に鍛えているため、見事な体格をしていました。腕や脚の筋肉は麻痺しているにもかかわらず、横になっていても、たくましく盛り上がっていました。膨大な肺活量がありましたが、鉄の肺の人工呼吸器の助けがなければ、それもほとんど役に立ちませんでした。人工呼吸器は蛇腹の原理で、胸を機械的に押したり引いたりして、肺がもはや自力でできないことを補っていました。

見栄えの良くない金属製の円筒の中に押し込められ、音を立てて肺に空気を出し入れしている鍛えられた肉体。皮肉《アイロニー》とも思えるその残酷な光景に、私は打ちのめされました。そして、ミケランジェロの彫刻『囚われの身』を思い浮かべました。この彫刻では、壮麗な肉体が自由になろうとしているにもかかわらず、大理石の中に閉じ込められています。私の目の前には、この男性の壮健な肉体が鋼鉄に囲われて横たわっています。看護師の話では、金曜日に風邪のような症状があったにもかかわらず、チームメイトの期待を裏切らないよう、土曜日にポロの試合に行ったということでした。ポリオの発症時には、無理は命取りになります。

残念なことに、その病院で気管切開の手術が行われていなかったことを知り、私はすぐに麻酔科医を呼びました。咳をしたり喉の痰を切ったりする筋肉が機能しなくなれば液貯留になってしまうことが心配でした。私は、若いアスリートに私たちの今後の医療方針を説明しました。彼のそばに立っていたスタッフの一人が、「お金に糸目はつけないので、できる限りのことをしてください」と言いました。

青年自身が二言だけ声を発しました。一息に一語しか発することができず、それも大変な力を要するものでした。カチカチ、ゼーゼー喘ぐような息遣いで、窒息寸前のようでした。彼は「ぼくに……息を……くれ……」とだけ言いました。私は、リズミカルに動く鉄の肺のポンプ音のするなか、彼の声を聞き取ろうと身を寄せました。「息が……できなくて……お金は……何の……役に……立つんだ……。」 私は彼の顔を見て、とても悲しい気持ちになりました。

できるかぎりのことをすると言って安心させてから、喉の吸引器を扱う看護師を付き添わせ、コーヒーと朝食を食べに階下に降りました。麻酔科医はまだ到着しておらず、一睡もできなかった私は、集中力を高めるために少しでも栄養を摂ろうと思いました。まだコーヒーを飲み終わらないうちに、看護師が来て、患者が亡くなったことを告げました。逆流液で酸素の流れが悪くなり、吸引器も追いつかなかったようでした。呼吸が止まり、生命が絶たれたのでした。

## 風、息、霊

英語では、呼吸を「吸気」(inspiration) と「呼気」(expiration) の二つの行為の連続として表現します。"I have expired"は「息を吐いた」という意味で、"I have inspired"は「息を吸った」ということです。これを少し変えて、"I am inspired"とすると、芸術面では「インスピレーションを与えられる」という意味であり、宗教的な文脈では「聖霊に満たされる」ということになります。聖書の著者たちは、「霊感を受けた」とか「息を吹き込まれた」とかと言います。

私たちの言語は、物質的な事柄を表現するには優れていて正確ですが、霊の内面的なことを語るときには何とも曖昧になってしまいます。多くの言語では"spirit"〔霊〕という言葉は、息や風の意味しかありません。ギリシア語とヘブライ語では、神の霊も、生き物の呼吸も、嵐の突風も、まったく同じ言葉で表現されます。

「霊」や「風」や「息」という言葉は、イエスとニコデモの会話に見られるように、明確な親和性を持っています。「風は思いのままに吹く。あなたはその音を聞いても、それがどこから来て、どこへ行くかを知らない。霊から生まれた者も皆そのとおりである」(ヨハネ三・八)。風であれ、霊であれ、目に見えない遠くからの力が、目に見える形で現れるのです。そして、死にゆく人が最後の息を吸って息を引き取るとき、生命は旅立ちます。息は空気となります。肉体はそのまま残りますが、息と霊は手を取り合って去って行きます。

哲学者や神学者はこうしたつながりについての本を書いていますが、私は、自分が日々扱っている呼吸のことに限定して述べようと思います。木から宙吊りになった六歳の時に最初に印象づけられたこと、それとは裏腹に医師として患者たちの最期を看取った時に心に刻みつけられたことと密接に結びついています。呼吸は生命を維持します。呼吸が供給する燃料が途絶えれば、即座に死に至ります（クラーレやシアン化合物などの猛毒は、酸素の運搬と吸収を妨げることで作用します）。

類比的に、私たちの信仰のすべてもここから始まります。私たちは、永遠のいのちは単なる酸素やその他の栄養素から成るものではないと告げられています。永遠のいのちを得るためには、別の種類の環境との関係を構築しなければならないというのです。イエスは明確に述べておられます。「はっきり言っておく。だれでも水と霊とによって生まれなければ、神の国に入ることはできない。肉から生まれたものは肉である。霊から生まれたものは霊である」（ヨハネ三・五〜六、傍点筆者）。私は、月、あるいはいつの日か火星にいる宇宙飛行士のことを思います。その宇宙飛行士は酸素源に頼らなければ生きていけません。霊的ないのちもそれと同様で、風のような霊、聖霊との交わりがなければ、絶えてしまうのです。

「義に飢え渇く人々は、幸いである、その人たちは満たされる」（マタイ五・六）とイエスは言われました。私の脳裏には、酸素を求めて走るランナーや、鉄の肺に入ったアスリートの姿が思い浮かびます。詩編の著者は、鹿が水を求めて喘ぐ姿を思い浮かべ、「神よ、わたしの魂はあなたを求める」

と叫びました（四二・二）。神の霊は、この聖句に暗示されている霊的な「酸素負債」に対する唯一の解決策を提供してくださいます。

正直なところ、私は霊について書くことにためらいがあります。信仰に関する見解でこれほど混乱したものがあるでしょうか。「霊」という言葉自体、外の空気と同じように一般的な隠喩《メタファー》から取られたものですが、ぼんやりとして曖昧な感じを残しています。科学的な学問の訓練を受けてきた私にとっては、触れて、見て、分析できる物質的な世界のことを書くほうがずっと簡単です。けれども、「霊」なくしてキリスト教の信仰はありえません。神は霊であり、霊だけが、地上のキリストの「からだ」である私たちのうちに神のかたち《イメージ》を伝えることができるからです。

初めに天地が創造され、物質が誕生するときに、神の霊が水の面《おもて》を動いていました。旧約聖書においては霊的な干ばつや飢饉の際に、聖霊は預言者たちに霊感をお与えになりました。また、イエスが宣教を開始されるときに、聖霊は油を注ぎ、イエスが息を吹きかけることによって弟子たちに受け継がれることになります（ヨハネ二〇・二二）。イエスは、私たちには聖霊が必要であると言われました。かつてイエスが語られたように、神の国に入るためには聖霊の息吹を与えられ、新しく生まれる必要があるからです。

ペンテコステの日に、（「激しい風の吹いて来るような音」とともに）聖霊が、やがて教会となる小さな群れに臨み、劇的な変化をもたらしました。この出来事は、教会の指導者たちが聖霊を神の位格の第三位格として認めることを余儀なくさせられたということで、重要なものでした。彼らは聖霊を考えないわけにはいかなくなりました。それというのも、自分たちが見たり触れたりしたもう一人のお方〔主イエス〕と同じように、現実的で説得力のある存在であったからです。

聖霊は、神ご自身の現実を、私たち一人ひとりの内に存在させてくださいます。神は時間を超越した存在ですが、聖霊は神のご性質を私たちのために現在時制のものとしてくださいます。「神の仲介者」とは、ジョン・テイラー主教の素敵な表現です。聖霊との交わりは私たちを霊的に生かすのです。

## 「息ができる！」

ところが残念なことに、霊の生命は、肉体の呼吸ほど本能的でも切迫したものでもありません。私たちは、霊的に息切れしても、そのことに気づかないことがあります。最初気づかなくても、徐々に息が詰まっていき、やがてエネルギー不足が常態化するようになります。私は、ロンドンで治療したある女性に、この霊的プロセスが肉体と類似していることを見ました。

研修医の私のもとに来た患者は、中年の未亡人で、とても働き者でしたが、最近物を落としやすいという悩みを抱えていました。「手が震えるのです。今週も、お気に入りの陶器のカップ二つが指から滑り落ちてしまいました。それに、とても疲れるし、今は自分の手や神経質な性格をうまくコントロールできないのです。」

「年のせいでしょうね」と、深いため息と震える声で彼女は言いました。私は、五十歳は決して年寄りではないから症状の物理的な原因を探ってみることを伝えました。彼女から様々な症状を聞くにつれて、震えを引き起こす甲状腺の病気、「甲状腺機能亢進症」を疑うようになりました。

まず、甲状腺の腫れがあるかを調べましたが、それはありませんでした。胸部レントゲンで胸骨の上端に影が見えたので、もう一度首を診て、今度は嚥下してもらいながら首の付け根を指で探ってみました。すると、確かに障害物がありました。胸から丸いしこりが浮き上がってきて、指に感触があったのです。気管も一方へ曲がっているようでした。

さらに上胸のレントゲンを撮ると、丸い影が気管を圧迫していることがわかりました。私は「息苦しくありませんか」と尋ねました。

すると驚いたことに、彼女は「いいえ、まったくそんなことはありません。ただ疲れるだけです」と答えるのです。

私は彼女に、甲状腺の珍しい場所にできた細胞の固まりが、甲状腺機能亢進症を引き起こしていることを説明しました。そして、そのしこりはさらに胸のほうまで広がっており、癌の可能性もあるため、切除する必要があること、そうしなければすぐに息苦しくなるということを伝えました。

私は主治医の手術を手伝いました。必要であれば上胸を切開して骨を見ることも覚悟の上で、首から手術を始めました。少し引っ張ったところ、しこりが顔を出しました。それは、繊維状で栄養状態の良いオレンジほどの大きさのものでした。腫瘍は気管を曲げ、両側から圧迫していました。私たちは腫瘍を摘出し、傷口を塞ぎました。

次にその女性と会ったのは、数週間後に検診のために来院した時でした。彼女は私のところに駆け寄って来て、私が挨拶する間もなく、叫ぶようにして「息ができるんです！」と言ったのです。

私は戸惑いました。そして尋ねました。「手術で呼吸が止まるとでも思ったのですか。」

「いいえ、いいえ、そうではないんです」と、興奮気味に言いました。「今、何年ぶりかで息ができるようになったんです。階段を駆け上がれるし、十代に戻った気分です！　息ができるんです！」

彼女の病状が明らかになりました。そのしこりは、十五年以上前からゆっくり大きくなり、まるでボアコンストリクター〔訳注＝ボア科ボア属に分類されるヘビ〕が獲物を絞めつけるように、気管を徐々に圧迫していたのです。そのため、最初は頻繁に立ち止まっては息を整えていました。息苦しいことを気にはしていましたが、高齢になるとよく息切れして階段を上れなくなるので、自分も心臓が老化してそうなっているのだと思い込んでいました。そのうちに、ゆっくり歩き、一段ずつ階段を上ることを覚えました。彼女は心の中で、通常より早く老けたと考え、手先の震えもそれが原因だと思い込んでいたのです。

しかし今では、息を大きく吸い込み、階段を駆け上ることができるようになりました。十五年以上も彼女は、大きく深く呼吸することの気持ち良さを忘れていたのでした。私は、胸骨後部に甲状腺腫があった女性の姿勢、表情、生活態度すべてが劇的に変化したことに驚きました。胸を張り、「息ができる！」と大声で言った彼女の顔には、大きな喜びがあふれていました。

### 霊的な燃料

時折、私は「呼吸」という神からの贈り物のありがたみを実感するために、それを失った時のことを想像します。息を止めて、気管が塞がっているようにします。全身がパニック状態になっていくのを感じます。赤血球が青くなるのを想像します。頭の中で鼓動が聞こえます。そしていきなり口を大きく開けて空気を吸い込みます。二酸化炭素と蒸気を吐き出し、胸を膨らませて空気を胸いっぱいに吸い込みます。そうすると、ほんの束の間であれ、甲状腺機能亢進症の女性が経験したような安堵感と大きな喜びを味わいます。

私の身体の細胞は、生きるために酸素という燃料を必要としています。ハーバート・スペンサーは科学原理をこう表現しています。生物がどのような形態であれ、どれだけの力を消費しても、それは外部から取り入れた力と等しい、と。この原理が霊的な世界にも当てはまります。キリストの「からだ」は息を必要としていますが、それはキリストの霊を吹き込むことです。パウロの手紙は、「聖霊を消してはならない」「〝霊〟の火を消してはならない」と警告しています（テサロニケI五・一九）。私たちは神から来るいのちの流れを必要としており、それを与えられるのは聖霊だけです。

旧約聖書には、バビロンの世俗政権下でユダヤ人の役人が霊的刷新を行った顕著な例が記されています。ダニエルにとってエルサレムに向かって祈ることは、投獄や死をもって罰せられる不服従を公に示すことを意味しました。ダニエルは、王の禁令を無視し、一日に三回、エルサレムに向かって窓を開けて祈りました。そのとき、バビロンの現実が吹き込んできました。市場から漂ってくる香辛料や農産物の香り、聞いたことのない言語、都会の雑踏などです。けれども、ダニエルはこの異国の文化の中で祈りながら、別の現実を思い起こさせる霊的な酸素を吸っていたのです。

ダニエルがエルサレムに向かって祈ったのは、ソロモンが神殿奉献の際に、エルサレムの神殿に向かって助けを祈り求めるときに、神にそれを聞いてほしいと願ったことに由来しています（列王上八・四八参照）。後にイエスは、礼拝において場所が重要ではないと言われました（ヨハネ四章のサマリアの女性との対話を参照）。そして、私たちのほとんどは特定の場所に向かって祈るということはありません。しかしこの光景は、霊的な方向性を見定めながら、大地にしっかりと足をつけるということを教えてくれています。天と地が一つとなるように、自分を方向づけるための時間が必要なのです。この物質世界の喧騒の中で、静かな場所を見つけて、自分の人生を導くための小さな声に耳を傾けなければなりません。

私もまた、欲望、プライド、暴力、利己主義、物質主義といった誤った価値観を浴びせる異質な文化の中で生きています。こうした中で生きていくためには、生ける神の力を吸い込むために立ち止まり、神が私に望んでおられる生き方に意識して心を向けなければなりません。霊的にも、聖霊とともにある生でなければ、地上の異質な文化を生き抜くことはできません。ダニエルはバビロンの街並みを眺めていましたが、彼の心とたましいはエルサレムにありました。宇宙飛行士は、月の冷たく閉ざされた大気の中を、別の世界から運んできた供給源〔酸素〕を携えて歩きました。そのように私には神の霊に日々頼ることが必要なのです。

15　動く身体

皺が刻まれ、鼻筋の通った顔の、弱々しい男性が舞台に登場します。肩は少し落ち、目はくぼんで曇っているように見えます。彼は九十歳を超えているのです。漆黒の椅子に腰を下ろし、椅子の高さを少し調整します。深呼吸をしてから、両手を上げ、わずかに震えながら黒と白の鍵盤の上に指を立て、ほんの一瞬準備をします。そして音楽が始まります。すると、アルトゥール・ルービンシュタインの演奏を聴きに集まった四千人の観客の意識の中から、老いや弱々しいという気配が消え去っていきます。

彼はこの日、シンプルな曲を選びました。シューベルトの即興曲、ラフマニノフの前奏曲、ベートーヴェンの有名な『月光』で、音楽学校のリサイタルでよく聴くものばかりでした。ところが、ルービンシュタインが演奏すると、それらはまったく別物のように聴こえるのです。彼は全身全霊で、完璧なテクニックとロマンチックなスタイルを見事に融合させます。そして、彼の生み出した音楽に、聴衆から「ブラボー！」の声が鳴りやみません。彼は、軽くお辞儀をし、その驚異的な九十代の手を組み、そっと舞台の袖へ歩いて行きます。

ルービンシュタインのような華麗な演奏は、耳だけでなく目も楽しませてくれます。手は私の専門分野です。私は生涯をかけて手を研究してきました。私にとって、ピアノ演奏は鍵盤を舞台にした指のバレエであり、靭帯や関節、腱、神経、そして筋肉が織りなす華麗な舞いです。私は舞台の近くに座って、その指の動きを注視しました。

『月光』の第三楽章の力強いアルペジオなどは、ピアニストが意識して完璧に弾くには、あまりに速すぎる反応を求められます。神経インパルス〔訳注＝インパルスとは、生理学で、神経線維を伝わる電気的興奮のこと〕は、脳が「いま三番目の指が上がったから、四番目の指は次の鍵盤を叩くんだ」と命令できるほどには速く伝達されません。何か月も練習することで、脳はその動きを無意識のうちに反射的に弾けるようになるのです。音楽家たちはこれを「指が憶える」と言います。

私はまた、ゆっくりとした軽快な音の流れにも驚かされます。ルービンシュタインは指一本一本を独立させて動かし、両手で八音の和音を弾くときにも、それぞれの指に微妙に異なる圧力をかけ、メロディー音が最も大きく聞こえるようにしています。重要なピアニッシモの楽節における数グラムの力の入れ方の違いは、高度な機械を備えた実験室でしか測定できません。けれども、人間の耳の中には、そのような実験室があるのです。そして、ルービンシュタインのような音楽家が高い評価を得ているのは、耳の肥えた聴き手たちが、微妙にコントロールされた音のニュアンスを味わうことができるからなのです。

私は、医学生や外科医の前で指の動きを実演して見せることがよくあります。解剖された死体の手を彼らの前に掲げて見せますが、身体から切り離された手は、腱が垂れ下がり、気持ちの良いものではありません。私は「小指の先を動かしてみましょう」と告げます。そのようにするためには、その手をテーブルの上に置いて、四分ほどかけて組織の複雑なネットワークを整理しなければなりません。少なくとも十二の部位を正しい構成に配置し、慎重に操作することで、ようやく近位の関節を曲げずに小指の先だけを曲げることができます。

ピアノ演奏のような器用な動きができるのは、指自体に筋がなく、腱が前腕や手のひらにある筋の力を伝えるからです。全部で七十の筋が手の動きに関わっています。

怪我をした手を治すための手術マニュアルは、本棚を埋め尽くすぐらいたくさんあります。実際、私自身も『手の臨床力学』(*Clinical Mechanics of the Hand*) という本を書きました。しかし、四十年間研究してきましたが、正常で健康な手を改良するのに成功した技術があるという例を読んだことがありません。コンピュータ科学者は、チェスの名人を打ち負かすプログラムを開発しましたが、最も高機能のロボットでも、遊んでいる四歳の子どもの流れるような動作を真似ることができません。

コンサートホールに座って、鍵盤の上を滑るように動く細い指を見ながら、私は自分の講義のことを思い出しています。私はその手に畏敬の念を抱いていますが、ルービンシュタインはそれを当然のこととしていました。しばしば目を閉じ、まっすぐ前を向き、決して自分の手を見ようとしませんでした。彼は小指のことを考えてはおらず、ベートーヴェンやラフマニノフに思いを馳せているのです。

ルービンシュタインの手には、ほかにも多くの筋が喜んで補強しようとして勢ぞろいしています。彼の左右の上腕は常に緊張し、両肘は鍵盤の高さに合わせてほぼ九〇度に曲がっています。背中に広がる肩の筋肉が収縮して上腕を固定し、首と胸の筋肉が肩を安定させます。特に激しい演奏部分になると、胴体全体と足の筋肉が固くなり、腕の力を支えるためにしっかりとした土台を作ります。これらの筋肉がなければ、ルービンシュタインは演奏中、前屈みになるたびに転倒してしまうでしょう。

私は、放射性物質を製造する施設を訪問したことがあります。科学者たちは、放射線からの被ばくを防いでくれる高価な機械を誇らしげに見せてくれました。ノブやレバーを調整することで、人工の手を操作し、手のひらを上向きにさせたり、回転させたりすることができます。さらに最新のモデルでは、霊長類にしか備わっていない、他の指と向かい合うという高度な機能を持つ親指もついています。誇らしげな父親のような笑みを見せながら、その科学者は親指を動かして見せてくれました。私はうなずき、賛辞を述べました。しかし、彼もまた私と同じように、人間の親指に比べれば、人工の手は不器用で粗野なものであり、ミケランジェロの傑作と比較すれば、子どもの粘土細工のようなものであることを知っているのです。ルービンシュタインのコンサートはそのことを証明しています。

### 動くことを学ぶ

体重の四〇パーセント（骨の二倍）を占める六〇〇個の筋肉は、動きを生み出すために多くのエネルギーを消費します。小さな筋肉は、目の中に入る光の量を調節します。わずか一センチほどの筋肉が顔の微妙な表情を作り出します。ブリッジ〔トランプのゲーム〕のパートナーや外交官は、微妙な表情の動きで重要なサインを読み取ります。もっと大きな筋肉である横隔膜は、咳や呼吸、くしゃみ、笑い、ため息などをつかさどっています。お尻と太ももにある大きな筋肉は、一生涯歩き続けられるように身体を支えています。筋肉がなければ、骨はボロボロになり、関節はズレ、動きは止まってしまいます。

人間の筋肉は三種類に分類されます。平滑筋《へいかつきん》は自分の意思では動かず〔不随意筋〕、胃や腸などの壁にあって、その運動を受け持っています。横紋筋《おうもんきん》はピアノを弾くなど、意思による動きを受け持つ筋肉です。心筋《しんきん》は、独自の働きをする特殊な筋肉です。ハチドリの心臓は二八グラムほどの重さで、一分間に八〇〇回拍動します。シロナガスクジラの心臓は約五〇〇キログラムの重さで、一分間に一〇回しか鼓動しませんが、三キロメートル離れた場所の音も聞こえるそうです。どちらと対比しても、人間の心臓は機能的に劣っているように思えますが、一日に十万回、休む暇もなく鼓動し、ほとんどの人が七十年以上お世話になります。

筋肉には、ボリショイ・バレエや、アイススケート、体操などの優美なスポーツを可能にするだけの能力が秘められています。テレビで見る演技者、選手たちは、無重力の世界の美のモデルです。空中を滑るように舞い、つま先一本でくるくると回転し、高い鉄棒から軽く勢いをつけて着地します。ところが、実際に間近で見るとなると、その優雅さは厳しい動きの副産物であることがわかります。そこには、非常に騒がしい震動やドスンという音、床のきしむ音、ハアハアという喘ぎや汗まみれの身体などがあるのです。人間はこのような激しい筋肉の動きを、流れるような動きに変えることができます。優雅とは、強靭な体力と卓越した自制力という動きの二面性を証しするものなのです。

ルービンシュタインやマイケル・ジョーダンの動きは、そう簡単にできるものではありません。脳の運動野には、意図的な動きがすべて刻み込まれますが、最初は何も書かれていない黒板のような状態です。赤ちゃんは重力の大きさに負けて、頭や胴体を垂直に保っておくことができません。手や足の動きは、昔の無声映画のように唐突でぎこちないのですが、赤ちゃんはすぐに学習し、順調にいけば、七か月後くらいには、ひとりでお座りができ、八か月ころには、人の手を借りずに立ち上がることができるようになります。しかし意識せずにスムーズに歩けるようになるには、平均して、あと七か月かかります。

よちよち歩きの幼児が立つためには、お尻、膝、くるぶしのそれぞれで互いに反対方向に働く筋肉が、均等な緊張を生じさせる必要があります。そうすることで、関節は曲がることなく安定するのです。「筋緊張」とは、幼児のすべての筋肉を穏やかに収縮させる一連の複雑な相互作用のことで、直立姿勢をその後の動きと同じくらい活発で激しいものにします。幼児の身体では、脳に情報を送ったり、歩くという驚くべき離れわざを行うための指示を与えたりする何百万ものメッセージがパチパチ音を立てているのです。

脳は、私たちの動きを下位脳にある「ハードディスク」の働きをする場所に保存します。ある動作を何度も繰り返すと、それが無意識の反射になります。何も考えずに歩けるようになったりするのです。ルービンシュタインの「指が憶える」ということも、それと同じです。この反射反応によって、高次脳が命令するよりも速く指を動かすことができるようになるわけです。これは「ウェイター効果」も説明します。経験豊富なウェイターや客室乗務員は反射的に、トレイに載せた重いコーヒーポットをあなたに取らせないようにします。そんなことをすれば、トレイごと持ち上げて、トレイの上にある他の物をこぼしてしまう可能性があるからです。他方、彼らがポットを持ち上げても、こぼす心配はありません。記憶の蓄積がどうすればよいかを反射的に教えてくれるわけです。予測可能性なるものが鍵なのです。くすぐり反射も同じ原理で説明できます。自分で自分をくすぐっても、くすぐったくありません。他の人でなく、自分自身の行動が、蓄積された記憶から導き出される予測可能なことだからです。

## 筋肉の合唱団

筋細胞は、たった一つの働きをします。それは収縮です。筋細胞は引っ張ることはできても、押すことはできません。なぜなら、二種類のたんぱく質分子が相互に作用し、まるで二本の櫛の歯を向かい合わせたように滑り合うからです。筋細胞は撚糸のように集まって、ぐるぐる巻きにした綱に似た筋線維と呼ばれるものとなります。そしてこれらの線維は「運動単位群」と呼ばれるさらに高度な組織に動きを伝えます。

一本の運動神経が一つの運動単位群を制御し、その運動単位群はタコが棒に巻くつくように筋肉群を包み込んでいます。この運動神経が信号を送ると、運動単位群の中のすべての筋線維は直ちに収縮し、短く太くなります。筋肉は「完全に収縮する」か「まったく収縮しない」かいずれかという原則で動いています。力の調整装置はなく、単純な電源スイッチがあるだけです。ピアニストが鍵盤を軽く叩くときと、力強く叩くときとで力の入れ具合が異なるのは、すぐに収縮できる状態にある運動単位の数が違うからです。

大きな合唱団の指揮者は、ピアニッシモの小節の終わりで息を吸わないようにと団員に注意を促します。それは多くの団員が息を吸う音が明らかに耳障りになるからです。むしろ、小節の途中で息継ぎをして、息継ぎのタイミングをずらすようにします。幾人かの団員が息継ぎをしている間も合唱団全体が歌い続けられるようにするわけです。同じように、運動神経は必要に応じて重量挙げ選手の運動単位の一部を休ませますが、上腕二頭筋全体の力は安定したままです。

大きな筋肉のすべての運動単位が同時に動くことはほとんどありません。しかし緊急時には、アドレナリンの作用によって、「火事場の馬鹿力」といわれるような大きな力を発揮することがあります。母親が子どもを救い出すために車を持ち上げるようなことが、それです。その場合、すべての運動単位が同時に動き出すのです。

私は筋肉の「合唱」を聞いたことがあります。筋肉に針を刺し、その針を、電気エネルギーを音声に変換する機械に接続すると、文字どおりカチカチカチという絶え間ない筋肉の音が聞こえます。ゆっくりと上腕二頭筋を曲げると、カチカチ音が加速します。腕を急に動かすと、カチカチ音がマシンガンのように速くなります。細胞はカチカチ音を決して止めることはなく、脳が急な動きを命じるときには、一秒の何分の一という短時間のうちにその命令に従います。

針先ほどの大きさの筋肉から流れる静電気の流れを機械が記録している間、他の何百もの筋肉はまったく探知されないままです。それらのうちの多くの重要な筋肉は、私たちが意識しようがしまいが動いているのです。不随意筋が、まぶたや呼吸、心拍、消化をつかさどっています。賢明な身体は、これらの重要な機能を、物忘れの激しい私たちに任せません。それゆえ、私たちは自分の意思で心臓の鼓動や呼吸を止めたりすることはできません。だれも息を止めて自殺することなどできません。肺の中に二酸化炭素がたまってくると、そんな欲求をものともせずに、肋骨、横隔膜、肺の筋肉を無理やりに動かすメカニズムが働くからです。

北京やニューヨークのような都市の各家庭やビルを結ぶ電気ネットワークを考えてみてください。照明がつけられたり消されたり、トースターの中のパンが跳ね上がったり、電子レンジが作動してタイマーが動いたり、給水ポンプが起動したりして、あらゆる瞬間に電気が流れています。あなたの身体の中では、今この瞬間にも、はるかに複雑なスイッチが作動していて、その多くは潜在意識のレベルで調和的に機能しています。この本の最後まで読んでいくとき、あなたはページを指でめくりますが、精巧なシステムのおかげでそうした行為が可能であることをほとんど意識しないでしょう。

### バランス感覚

身体的にも精神的にも筋肉は鍛えなければなりません。もし人が麻痺によって動きを失うと、萎縮が始まり、筋肉は縮んで、身体の他の部分に吸収されてしまいます。同様に、キリストの「からだ」である人間は、他の人たちに対して愛と奉仕の行為をしていくときが最も健康なのです。人の痛みや不公正の叫びを無視し、それに応えようとしないとき、あなたの健康も衰え始めます。

クリスチャンとして、私はこの特別な「からだ」の動きについて衝撃を受けることがあります。どの世紀をとってみても、教会の歴史には、分裂や分断、社会的責任に関する激しい議論、そして悲しいことに過度な反発が認められます。教会の歴史でこうした、いわば痙攣を起こしてきただけに、私たちは「からだ」の動きの有効性を見逃してしまいがちです。

しかし、動きの生物学を詳しく見ていくと、一見バラバラに見えているエネルギーの噴出がかえって滑らかな動きをもたらしていることがわかります。人間の身体においては、すべての動作にはそれと等しい逆方向の反応があるのです。上腕三頭筋が収縮すれば、上腕二頭筋は弛緩します。その逆もまた然《しか》りで、筋肉は拮抗し合っているのです。神経生理学の先駆者の一人であるチャールズ・シェリントン卿は、すべての筋肉活動には「興奮」だけでなく「抑制」も含まれることを実証しました。筋肉を文章とすれば、ところどころに文章のバランスを取る「しかし」(but)という語に相当するものがあるわけです。

「膝蓋腱反射」はたった二つの筋肉が関わっているのですが、これは「シェリントンの法則」をよく表しています。医師が患者の膝を叩くと、太ももの前側の筋肉が興奮して動きます。この反応は、膝を曲げた状態の太ももの裏側の筋肉が収縮しないために起こるものです。膝蓋腱反射は、二つの同じように強い刺激によるもので、一方が作用するときには、もう一方は作用しません。歩いたり、ボールを蹴ったりするような複雑な動きをするときには、何百という拮抗する作用が同時に起こっています。すべての筋肉の運動は、このように持ちつ持たれつの関係にあるのです。

この生物学のプロセスは、教会の歴史において一見、悪循環と思えるものの説明に役立つかもしれません。キリストの「からだ」はときとして、極端で誇張された行動の現れによって動かされてきました。チャールズ・ウィリアムズは、行動には二つの相反する傾向があると指摘しています。「一つは、『すべてがきわめて重要である』ということであり、もう一つは、『それは間違いないけれども、正気であるかぎり、すべてのことをそれほど重要なものとして扱うべきではない』という考え方です。」厳格に細かく物事を見ていると、すべての行動が永遠の重要性を持っているかのように見る鋭く強烈な世界観につながります。その極端な形態は、ファリサイ派の律法主義や「神聖な」十字軍の狂信にまで発展する可能性があります。より穏健で緩やかな考え方をしていると、最悪の場合、不正や不義に対して「だれがかまうものか」という無関心な態度に流れてしまいます。

使徒パウロは特にガラテヤの信徒への手紙とローマの信徒への手紙で、両極端の考え方と大論戦を展開しました。一方で、神の恵みを曲解する律法主義者を糾弾し、もう一方で、クリスチャンのわざを、新たないのちの正常な成長として支持しました。

クリスチャンたちは、二つの相対する勢力の間を揺れ動いてきました。初期のキリスト教では、「肯定派」と「否定派」が生まれ、熱狂的な信者を集めました。否定派は砂漠に引きこもり、霊性を自己否定の功績で示しました。一方、肯定派は結婚や祝宴を控える者に、「創造に対する冒瀆者」というレッテルを貼りました。この対立は目新しいものではありませんでした。イエスは、バプテスマのヨハネの禁欲主義と、大食漢で大酒飲みであるというご自分に対する悪評に言及しておられます（マタイ一一・一八〜一九）。しかし、両派とも価値あるものを生み出しました。「肯定派」は、偉大な芸術やロマンチックな愛、哲学、社会正義を私たちに提供してくれました。一方、「否定派」は、社会から離れて瞑想に徹したので、神秘主義の深遠な文書を残してくれました。

もし私が、社会から撤退して意図的な貧困を提唱する若い急進派のコミュニティで過ごしたなら、世界における慈善活動のあるべき姿について歪んだ見解を持ってしまうかもしれません。私たちは、共通善を育み、他の人の繁栄をどうしたら助けられるかを考えるよう求められているのではないでしょうか。とはいえ、そのようなカウンターカルチャー〔対抗文化〕は、制度化された教会の活動を適切なものとし、正義に対する預言者的な意識を呼び起こしてくれるかもしれません。もしかしたら、その人たちのおかげで、キリストの「からだ」は片方に傾くのを守られているのかもしれません。

フラー神学校のリチャード・モウは、社会学者のピーター・バーガーと対談したときのことを回想しています。神学校の校長という立場でモウは、すべてのクリスチャンは正義、公正、平和という神のご計画に従順であることを求められていると語りました。これに対して、バーガーは、モウが従順をあまりに壮大な概念に用いていると応えました。そして次のような話をしました。「ある高齢者施設に一人のクリスチャンの女性が入居しています。彼女が今最も恐れているのは、食堂の列で失禁して、恥をかくことです。この女性にとって従順の最大の行為は、夕食で食堂へ出かけるたびに、愛に満ちた神の御手に自らをゆだねることなのです。」

モウはバーガーの指摘を聞いて、よく考え、納得しました。神は私たちに目の前の課題に取り組むようにと召しておられますが、私たちの最も「大事な」課題は、しばしばきわめて「些細な」ことなのです。大事な、いと小さな従順への召しとは、時間を持て余している人や、不快感を与えるような人たちの話を辛抱強く聴くことなのかもしれません。あるいは、罪を犯した人に対して、愛を奮い起こして接することかもしれません。当事者以外の人には些細と思える事柄であったとしても、その人に丁寧なアドバイスを与えることかもしれません。

C・S・ルイスは、信仰を持つ前と後の自分の歩みを振り返って、行動は同じでもまったく新しい気持ちでしている自分に気づき、驚いたということです。そして、実践的なクリスチャンは「快いものであれ不快なものであれ、すべての行為や感情、すべての経験は神に帰さなければならない」と結論づけています。キリストの「からだ」の動きを一つにするためには、皆が「かしら」なるお方に自らを明け渡していなければなりません。私たちは、イエスの言われたことや、目標達成のための最善の手段について解釈が分かれるでしょう。それにしても、もし私たちがキリストへの従順という共通点を見いだせないなら、私たちの行動は、動きに必要な均衡を保つ力ではなく、痙攣性の無益な収縮になってしまうでしょう。

## 無秩序な首

インドにいたころ、私のオフィスに一人の巨漢の男性が泣きながら入って来ました。彼はオーストラリア人で、インドの地でエンジニアとして活躍していました。ところが、彼の首は非常に激しくひきつって、数秒ごとに顎が右肩に強くぶつかっていました。痙性斜頸か、あるいは首下がり症候群を患っているようでしたが、ときには精神疾患によって引き起こされることもあるという厳しい症状でした。

顎の先を痙攣で振り動かしている合間に、患者は自分の絶望的な思いについて語りました。斜頸は、オーストラリアを訪れた直後から始まったということです。彼はインドにいたときは独身でしたが、オーストラリアで結婚し、配偶者とともにインドへ戻って来ました。配偶者は彼よりも背が高く、若くて、素敵な女性で、すぐに村の噂となりました。彼は背が低く、肥満体型で、アルコール依存症の既往歴があることも知られていました。彼女は彼のどこに惹かれたのでしょうか。どうしてこのような不釣合いとも思える二人が結ばれたのでしょうか。

私は、彼を鎮静剤で一時的に落ち着かせる以外に何もできなかったので、精神科医に紹介することにしました。精神科医は、このエンジニアの症状は、新妻に対する懸念からきているのではないかと私に話してくれました。数週間後、患者は私のところへ戻って来ましたが、身なりは乱れ、首は痙攣したままで、表情は絶望感に満ちていました。

彼は、だれをも意識せず、ひとり静かに座っているときは、ほとんど首をねじ曲げることはありませんでした。しかし、だれかが彼と会話を始めると、すぐに顎が肩にぶつかり、打ち傷でスポンジ状の慢性的な炎症を起こしていました。鎮静剤と、神経根にノボカイン〔局所麻酔剤〕を注射することで一時的に痛みを軽くする以外、有効な治療は何もできませんでした。そして、ついに彼は絶望の淵に立たされ、自殺を図りました。彼は力強い口調で、自殺できるまで何度でも試みると主張しました。もはや、無秩序に動く首とともに生きることができなかったのです。

私たちの病院には脳外科医がいなかったため、私は、脊髄と脳の底部を露出させる、危険で複雑な手術をしぶしぶながら引き受けることにしました。これほど複雑な手術は初めてでしたが、男性は、手術をしてくれなければ自殺すると主張したのです。

こんなにたくさんの不運に見舞われた手術は私の記憶にありません。止血のために焼灼器が最も必要なときに、電気がショートしてしまいました。その後、病院の照明がすべて落ちてしまい、脊髄が見えてきたときには手持ちの懐中電灯しかなく、焼灼器がまったく使えなくなりました。さらにストレスに拍車をかけたのは、私が膀胱を空にしていなかったため、手術中ずっと不快感を覚えていたことです。

このような気の散る状況でも、私は非常に繊細な切断に集中しようと努めました。脊髄と脳の下部を露出してから、首の筋肉に痙攣するよう指令を送る髪の毛のような神経を探りました。メスのどんなわずかな震えでも、神経の束を切断して、動きや感覚を破壊してしまう可能性があります。

こうした困難がありながらも、なんとか手術を無事に終えることができました。エンジニアが麻酔から覚めたとき、背中は包帯で巻かれて丸くなっていましたが、彼を悩ましていた首の動きがなくなっていました。脊髄から首を回す筋肉につながる運動神経を切断したからで、動かなくなって当然のことでした。かつて彼を支配していた動きはもはやなくなったのです。

## 利己的な筋肉

痙縮筋を持った人を見ると、その筋肉自体の機能がおかしいと思いがちです。実際には、その筋肉はまったく健康であり、頻繁に使っているために、通常はよく発達しているのです。この機能不良は、筋肉と身体の他の部分との関係から生じています。その筋肉は、身体がその機能を必要としなかったり望んでいなかったりするときに、間違ったタイミングで運動性を発揮してしまうのです。オーストラリアのエンジニアの場合のように、痙縮筋は、困惑や痛み、深い絶望感を引き起こします。

端的に言うと、痙縮筋は身体の他の部分の要求を無視し、その機能不良は病気というよりも反乱なのです。チャールズ・シェリントン卿は、池で軽々と泳ぐ脳のないカエルを研究しました。そして彼によれば、カエルの行動を詳しく調べてみると、怪我は取るに足りないことであるという印象を受けるということです。カエルは何の目的もなく、無作為に泳ぎ、ただ反射的に足を蹴っているだけなのです。脳がなければ、動きに「目的」はないのです。

癒し、食事提供、教育、刑務所訪問、神の愛を宣べ伝えるといった愛の行為は、霊的な「からだ」にふさわしい働きです。ところが、まったく良い事に見えるこれらの行為でさえ、危険な機能不良に陥る可能性があります。痙縮筋のように、私たちは自分自身の利益や名声のために親切な行為をしてしまうかもしれません。クリスチャンとして働く私たちは、傲慢に至らせるこうした誘惑に絶えず直面しています。だれかが霊的な助言を求めてやって来て、私がそれを与えます。私は、その人が私の部屋を出て行く前に、自分がいかに立派なカウンセラーであるかと自画自賛するという誘惑です。

イエスの代わりを務めるべく最初に選ばれた弟子たちは、まさにここでつまずきました。彼らは、つまらないことで言い争いました。だれが一番偉い弟子なのか、だれが天国で最大の名誉を得るのか、と（マタイ二〇・二〇～二三）。イエスは弟子たちに自己犠牲の必要性を説き、群衆の中から子どもを引き寄せて、彼らが取るべき柔和な態度を示しました。また、弟子たちの汚い足を洗って、仕えることの実例を示すこともなさいました。けれども、カルバリの丘の上の暗黒の日の後までは、そうした教えは弟子たちの心の中に入っていきませんでした。

私は、キリストの「からだ」に仕えることよりも、利己的な思いで筋肉を鍛えている現代のクリスチャンをさばくつもりはありません。しかし、ブラジルやアフリカのメガチャーチや、そして特にアメリカのオンライン教会が直面している危険性について考えるのです。この強力な「筋肉」は何百万という人々に及んで、何百万ドルものお金を集めることができます。メディアは一部の指導者にあまりに多くの影響力と権力を与えていないでしょうか。私は医療宣教師でしたが、霊的な慢心につながる人間の弱さがよくわかります。メディアのパーソナリティーやキリスト教の説教者、パフォーマーら、スポットライトを浴びている人たちは、熱狂的なファンの褒め言葉に伴う誘惑について語ってくれました。

私たちもだれ一人その例外ではありません。社会的行動を促す急進的なクリスチャン、多額のお金を宣教に寄付する政治的に保守的なクリスチャン、新たに得た知識を誇る神学生、教会の主要な委員会にはとにかく顔を出す教会員たち。私たちはみな、硬い床にひざまずき、垢と埃にまみれたサンダルを脱ぐ神の御子の姿に立ち返る必要があります。

私たちは、キリストの「からだ」の中の別々の構成単位として個々の力を発揮するようには召されていません。むしろ、私たちの活動は、キリストの「からだ」全体のためのものでなければなりません。もしキリストに仕える過程において、拍手喝采や名声を得るならば、それらに対処する特別な恵みが必要でしょう。そして、もし私たちが意識的に名声や富を求めるなら、かつて健康だった筋肉が痙縮するような結果をもたらすでしょう。アナニアとサフィラ（使徒五章）のように、不純な動機のゆえに、良い行いを不純な行いに変えてしまうのです。

キリストの「からだ」が動くためには、「かしら」なるお方の意志に自らの力を喜んで服従させる多くの部分が、円滑かつ積極的に協力する必要があります。そうでなければ、彼らの行動がいかに強力で印象的なものであっても、全体の益にならないのです。

そのためには何を頼りにしたらよいのでしょうか。聖霊ははたして、私が毎日直面するプレッシャーや選択について、実際に具体的な助けを与えてくださるでしょうか。私が自分の心の葛藤を説明し、自分の必要を注ぎ出しても、神は私に何をすべきかを語ることで応えてはくださいません。近道も魔法もないのです。ただ、聖霊を通して私たちに優しく語りかけてくださる神との親しい交わりを、生涯にわたって探求するだけなのです。

パウロは、キリストの「からだ」の細胞である仲間たちに、「何が神の御心であるか、何が善いことで、神に喜ばれ、また完全なことであるか」を学ぶように促しました（ローマ一二・二）。また別の箇所では、私たちの態度がどうあるべきかを、イエスご自身の姿を映し出して述べています。

「互いにこのことを心がけなさい。それはキリスト・イエスにもみられるものです。キリストは、神の身分でありながら、神と等しい者であることに固執しようとは思わず、かえって自分を無にして、僕の身分になり、人間と同じ者になられました」（フィリピ二・五〜七）。

この謙遜の模範に従うことによって、実際に私は、「からだ」の「かしら」であるキリストの心を学ぶのです。

# 第五部　痛みの言葉

「女学生が恋に落ちると、シェイクスピアやキーツが彼女の気持ちを代弁してくれる。しかし、患者が自分の頭痛を医者に説明しようとすると、途端に言葉は枯渇してしまう。」

――ヴァージニア・ウルフ

# 16 保護感覚

十九世紀の版画家オノレ＝ヴィクトラン・ドーミエのリトグラフに、白いチョッキを着た紳士が背もたれの高いヴィクトリア朝ソファに座っている作品があります。正確には、座っているというよりも、身体をよじっているといったほうが適切かもしれません。苦痛に耐えかねて、身体を横に曲げていたのです。両脚は曲がり、背中は弓なりに反り、まるで胎児のような姿勢になっています。男の両側にはいやらしい目つきの四組の小悪魔がいます。そのうちの二組は男のみぞおちにワイヤを巻きつけて引っ張っています。他の二組は大きなギザギザの刃がついたノコギリで男の腹部を切り裂いています。男の顔は激しい痛みで歪んでいます。

ドーミエはこの絵に「疝痛《せんつう》」というタイトルをつけました。他の多くの鑑賞者と同様に、私も、苦悶するこの哀れな男のように、顔をゆがめずにこの絵を見ることはできません。腸閉塞や腸の膨張による筋肉の痙攣をいくらかでも感じた人が少なくないのではないでしょうか。

痛みは人間が死ぬべき存在であることをはっきりと示しています。私たちは、女性の産道を通ってこの世に誕生し、最初に感じたのは恐怖や悲しみ、あるいはその両方だったかもしれません。いずれ、私たちはこの世から去りますが、死を迎えるときには激しい痛みを伴うこともあります。その生と死の出来事の間で私たちは日々を過ごし、常に痛みが扉の向こうに潜んでいます。「痛み」という言葉自体は、ラテン語で「罰」を意味する「ポエナ」に由来しており、ノコギリを操る悪魔が罰を与えているところを暗示しています。

皮肉《アイロニー》なことに、私は、これと同じような激しい苦悩の痕跡を顔に刻んだ人々の中で医療経験を積んできました。ところが、その苦悩の理由はこの男とは正反対のものでした。ハンセン病の患者たちは、痛みを感じないために苦しんでいます。彼らは、迫りくる危険を知らせてくれる悪魔を待ち望んでいるのです。

私が痛みに対して関心を持つようになったのは、おそらく子どものころからだと思います。南インドの山々を旅する間、私の両親は抜歯鉗子《かんし》を数組持ち歩いていました。母か父が麻酔を使わず抜歯をするときには、私は遊ぶのをやめて、緊張しながらその様子に見入っていました。小柄な母が抜くときは、尖った鉗子を歯茎と歯の間にぐいぐいと差し込み、歯冠がちぎれないようにしっかりとつかみます。いよいよ抜くときに患者がバタバタと体を動かす間も、母は鉗子をしっかり握っていました。患者は泣き叫び、暴れ、血を吐き出します。そうした状況を目にしながらも、抜歯を待つ人々の列ができていました。歯の痛みから解放されるには、こうした代償が必要だったのです。

平地の村々では時折、印象的なヒンドゥー教の苦行僧たちと出会うこともありました。痛みを克服したことを披露する宗教者たちです。ある者は細い短剣のような刃物を頬から舌、そしてもう片方の頬に突き刺し、血を出さずにそれを引き抜きます。また、棒の先端に取り付けた金属の輪に通した縄を、背中の肉に引っかけたフックと結び、空中高く吊り上げる者たちもいました。痛がる様子はいっさい見せず、観衆の頭上で蜘蛛のようにぶら下がっていました。また、大きな安全ピンにオレンジを何十個も付けて、それを皮膚に突き刺し、派手に身を飾る者たちもいました。彼らは笑いながら、竹馬に乗り、音楽に合わせてオレンジを揺らしながら、陽気に通りを踊っていました。

整形外科医としてインドに戻ったとき、私は人間の不幸のあらゆる側面を見ることになりました。どういうわけか、病院に来ない人々、寺院や駅、多くの公共施設の入り口にたむろする身体の変形した物乞いの人たちに惹きつけられるようになったのです。指が欠損した鉤爪のような手、潰瘍のできた足、麻痺した親指など、考えられるあらゆる種類の整形外科的欠陥を目にしました。彼らや世界中にいる一千五百万人の患者を、整形外科医のだれも治療していないことを知りました。それは、ハンセン病に対する偏見から、彼らを受け入れる病院がほとんどなかったからでした。

そのとき以来、私は痛みの研究を続けています。ハンセン病は痛みを伝える神経を破壊するため、身体は傷に対してまったく無防備になってしまいます。私は、ドーミエのリトグラフに描かれたワイヤやノコギリを振り回す空想上の生き物をありがたく思うようになりました。彼らは本当に悪魔なのでしょうか。彼らによる拷問のようなものがなかったならば、あの紳士ははたして疝痛に気を留めたでしょうか。

**身体のホットライン**

こうして文章を書いている間にも、神経細胞は私の脳に、緊張した背中に注意するようにと伝えています。痛みの受容体細胞の神経末端は圧力や炎症を感知し、その感覚を化学的・電気的コードに変換して脳にメッセージを送り、脳はその重要性を判断して対応を決定します。

痛みのメッセージはホットラインを伝わり、これを優先するよう主張します。脳をそのことでいっぱいにし、その過程であらゆる快感をかき消します。そして、身体全体が反応します。痛む背中の筋肉は収縮し、神経を圧迫して痛みが強まります。血流が変わります。血圧は、不安や恐怖に影響を受けるように、痛みにも反応します。顔面蒼白になったり、紅潮したり、失神したりすることもあります。痛みは消化を悪くし、痙攣を引き起こし、吐き気を催させることもあります。

痛みは心理的な影響も与えます。不機嫌にし、同僚や家族に愚痴をこぼさせることもあります。腰を休ませるために海外旅行をキャンセルするようなことがあるかもしれません。その結果、他の人を失望させたことの罪悪感や、仕事ができないことへの落ち込みなど、さらなる複雑な事態を招くかもしれません。

しかし驚くことに、これほどまでに心身に強い反応をもたらしたこの感覚は、すぐに忘却の彼方《かなた》に消えていくのです。あなたがこれまで経験した最悪の痛みのことを思い出してみてください。おそらく思い出せないでしょう。幼なじみの友の顔、国歌のメロディー、唾液が出るほど美味しい味や匂いなどの感覚は鮮明に思い起こせるのに、ひどい痛みの感覚はどこかに消えていきます。忘れてしまったのです。

威圧的で自覚的、一時的なものであるため、痛みはクォーク〔物質を構成する最小の基本粒子〕のようにとらえどころのない研究対象です。痛みとは何なのでしょうか。いつ、どこにあるのでしょうか。

医学生として英国にいたとき、痛みの研究の草分け的存在であるトーマス・ルイス卿のもとで学ぶという貴重な機会に恵まれました。トーマス卿は学生をモルモット代わりに研究していたので、そのころのことはよく覚えています。つねったり、針で刺したりしている間に、その感覚を記録し、痛みがどんなものであったかを忘れないようにします。ルイスはときに、学生たちの説明を誤って理解しないように、自分も同じ実験に身をさらしていました。そして、その研究成果を『痛み』(*Pain*)という本にまとめました。この本は、医学研究であるのみならず、美しい言葉の模範ともなりました。

痛みの実験で、私たちは様々なことを行いました。料理用のおろし金を腕に押し当て、血圧を測りました。熱い封蠟《ふうろう》を腕に垂らして我慢しました。止血帯で血流を止めた状態で、アイソメトリック・エクササイズ〔静的な筋力トレーニング〕を律義に行いました。歯の詰め物に電気を流すという恐ろしいこともしましたし、ボランティアが氷水とお湯に交互に手を浸すということもしました。頬と手を同時に針で刺し、どちらの痛みが他方の痛みを消し去るかを判定しました。鐘を鳴らしたり、物語の音読をしたり、数字の列を順番に、あるいは逆順に繰り返して唱えたりしましたが、これらはすべて、気晴らしが痛みの感覚にどのような影響を与えるかを測るためでした。

これらの徹底的な方法によって、いくつかの基本的な測定値が得られました。どの時点で痛みを感じるのか(痛覚閾値《しきいち》)、熱や圧力に慣れることはあるのか(痛みへの適応)、どこが痛いのか(痛みの分布)、我慢の限界はどの時点か(痛みへの耐性)。被験者はまた、それぞれの痛みを言葉で表現し、痛みの程度を区別する必要がありました(二十一段階まで報告がありました)。

私たち医学生は、軽度の損傷や水ぶくれ、針の刺し傷を負いましたが、さらなる虐待を免除される修了証書を受け取ることができました。教授たちは、身体の一平方センチメートルにおける感度を精密に示す図表を手に入れました。このような実験が一世紀以上にわたって行われてきたのには、理由があります。神経系は、信じられないほど複雑だからです。身体の小さな部位ごとに、痛みの感じ方が違うからです。

ここに分布図を掲載する必要はないでしょう。痛みの分布の原則をだれもが知っているからです。微小なほこりが一粒、目の中に入ってきます。あなたは即座に反応します。目から涙があふれ、目を細めて、まぶたをこすり、ほこりを取り除こうとします。野球のピッチャーのような素晴らしいコンディションを作ったアスリートであっても、こうした一粒のほこりで動けなくなってしまうことがあります。痛みがあまりにひどければ、ほこりが取れるまでピッチングを続けることは無理でしょう。同じほこりがピッチャーの腕についたとしても、当人はまったく気がつかないでしょう。実際、試合中には何千ものちりがそこら中にたまっています。なぜこれほどまで感覚に違いがあるのでしょうか。

目は構造上、一定の厳格な要件を満たさなければなりません。耳という外から守られている感覚器官とは異なり、目は、光線が直接あたる表に露出しています。また、目は透明でなければならず、血液の供給が厳しく制限されています。不透明な血管は視界を遮ってしまうからです。血液が不足した目は簡単に修復できないため、何かが侵入してくるのは非常に危険なことです。そのため、うまく設計された痛覚システムによって、目はごくわずかな圧力や痛みにも敏感に反応し、即座にまばたき反射を起こすのです。

身体の各部位は、機能に応じて痛みや圧力の両方に対して独自の感受性を持っています。顔、特に唇と鼻の周辺は、それらに対して敏感です。足は一日中踏みつけられていますが、丈夫な皮膚で守られているため、幸いにも敏感ではありません。指先は珍しいケースです。常に使用しているため、圧力や温度には敏感ですが、痛みには比較的強いのです。金槌で釘を叩くたびに脳に痛みの信号を送っていたら、大工はたまったものではありません。胴体部は、重要な臓器を保護することが最大の関心事です。足を軽く叩いただけでは気づきませんが、股間を叩けば痛いと感じ、目を叩けば激痛を覚えます。

人間の身体の痛みを研究していると、創造主の知恵にあらためて驚かされます。気管の内壁が刺激物に対してさらに敏感になり、もっと強い痛みや咳を引き起こして、肺を破壊するタバコを耐えがたいものにしたほうがよいのではないかと思うことがあります。けれども、もしそうなったら、砂嵐や今日の汚染された環境の中で、人間の過敏な気管は耐えることができるでしょうか。

私は、目と目の一瞬の反応についてあらためて思います。コンタクトレンズを使用している人は、目の感度を下げたいと思うかもしれませんが、感度の高さは大多数の人にとって有益なものであり、視力を維持するには必要なことです。身体の各部位は、全身に影響を及ぼす危険のあるものに反応するのです。

私が患者を診るようになって、初めて関連痛という現象を知りました〔訳注＝関連痛は、痛みの原因となる部位とは異なる部位に感じる痛みのこと〕。身体は効率的にできていて、最も脅威となるようなものを警告するために、痛みの感知装置《センサー》〔痛覚受容体〕を配しています。腸は切ったり焼いたりすることはないものの、食べ過ぎないようにと警告を与えます。身体の僻地にある脳には、痛覚受容体がほとんどありません。身体の一部が予期しない危険に直面した場合、身体は他の部位から痛みの感覚を借ります。傷ついた脾臓は、遠く離れた左肩の痛覚受容体に助けを求めることがあります。腎臓結石の場合は、鼠径部《そけいぶ》から腰にかけての帯状の部位のどこかに痛みを感じることがあります。

心臓発作の診断は、若い医師にとって難しい問題です。「首が焼けるように痛い」と訴える患者もいれば、「いや、腕が絞られるような感じだ」と言う患者もいるからです。ある意味で、脊髄が脳にいたずらをしているのです。脊髄や脳の下部にある警告システムが心臓の問題を感知すると、無関係の皮膚や筋肉細胞に、あたかも深刻な危険にさらされているかのように行動することを指示するのです。驚くべきことに、他の部位、たとえば左腕に触ると痛みを感じることさえあります。左腕は、そうしなければ傷つきやすい心臓に注意を向けようとしない患者の注意を引くために演技をしているのです。

痛みは、潜在的な危険に対する身体の反応を動員するうえで、最も効果的な伝達手段の一種ととらえることができるのです。

### 継続的な会話

痛みは日々、私たちの生活の質に影響を与えます。歩くというごく普通の行動においても同様です。足の裏の皮膚組織にまったく問題がなくても、ハンセン病患者は散歩から帰って来ると、足に潰瘍ができていることがあります。健康な人が同じように歩いても、水ぶくれや潰瘍ができることはありません。なぜでしょうか。私のオフィスのキャビネットには、その理由を示すスライド写真が入っています。歩くことで足に圧力がかかり、それに伴って血液の供給量が増え、軽度の炎症が起こります。

こうしたことは、熱を様々な色で表示するサーモグラフィーという装置で測ることができます。色分けされた足のスライドを見ると、健康な人は、最初の一キロから八キロまで地面への足の置き方を大きく変えていることがわかります。おそらく最初のうちは足の親指がほとんどの圧力を吸収し、歩き終わるころには外側の指と足の外側部分がその役割を引き継ぎます。その後、つま先とかかとが一緒に下りてくるようになります。本当に長いハイキングとなると、かかとからつま先へと歩みを進めるでしょうが、戻って来るときには、つま先とかかとが一緒に下りてくるのです。こうした調整はすべて、無意識のうちに行われます。

このように推移するのは、筋肉疲労のためではありません。つま先、かかと、土踏まず、外側の骨にある痛覚細胞が、断続的に脳に「少し楽にして。ちょっと休ませて」と伝えているのです。脳はこれらの機能を、身体のあらゆる部分の痛みや圧力を常に監視している潜在下のコントロールシステムに割り当てているため、あなたは気づかずに闊歩《かっぽ》しているのです。ハンセン病患者は、この絶え間ない細胞間のやり取りがないため、歩調を変えたり体重を移動させたりすることなく、八キロを歩くことになります。そして同じ圧力が同じ細胞を絶え間なく襲います。私の患者たちのスライドを見ると、足の好発部位〔訳注＝病変が起こりやすい部位〕が白く変色し、潰瘍の可能性を警告しています。

この文章を書いている間にも、私の臀部や脚の痛覚細胞は定期的に体重を少し移動するよう求めてきます。そして、私は反射的に姿勢を変え、脚を組んだり組まなかったりします。痛みは様々な口調で声をかけてきます。危険の初期段階では、私たちにささやきます。私たちはそれを聞いて、それほど意識しなくても、わずかな不快感を覚え、ベッドで寝返りを打ちます。（下半身不随の人は、もはやそのささやきを聞くことができないため、常に床ずれの恐怖におびえながら生活しています。）危険性が高まると、痛みは私たちに語りかけてきます。落ち葉をかき集める作業を長くしていると、手が痛くなってきます。そして、危険が深刻になると、痛みは私たちに叫んできます。水ぶくれや潰瘍、組織の損傷が私たちに注意を促すのです。

足を引きずると、痛みに対する身体の反応を増幅させます。整形外科医の習性で、私は足を引きずっている人が目に入ると、失礼ながらじっと見てしまう癖があります。その人たちは周囲の人たちをまごつかせる機能不全と見ているかもしれませんが、私は素晴らしい適応能力であると見ています。足を引きずっている人の身体は、体重と圧力をもう一方の健康な足に分散させることで、片足の損傷を補っているのです。健常者も、ときに足を引きずることがありますが、悲しいことに、ハンセン病患者は足を引きずりません。そして、負傷した足は治癒に必要な休息を取ることがありません。

身体の痛みの感知システムが機能しなくなると、痛みを感じられないことが恒久的な損傷を引き起こすことにもなります。不安定な石や縁石を踏んだとしましょう。足首がねじれると、足首の外側の靭帯に大きな負担がかかります。その負担を感知した神経細胞は、損傷した足に体重をかけないように身体に命令を出し、太ももとふくらはぎの筋肉が瞬間的に弛緩します。もし損傷していないもう一方の足が地面から浮いて一歩踏み出したら(一歩とは、解剖学者によれば、間一髪踏みとどまってよろめくこと)、足は支えを失い、地面に倒れ込みます。足がねじれた状態で体重を支えるよりも、転ぶことを身体が選んだのです。そんな姿をだれも見ていないことを願いながら立ち上がりますが、実際には、見事に立てられた戦略に沿って、足首のひどい捻挫やそれ以上の怪我から救ってくれたのです。

私は、一人のハンセン病患者が足首をひねったにもかかわらず、転ばずに立っていた姿を忘れることができません。不安定な石を踏んで足首を完全にひねり、足の裏が内側に向いているにもかかわらず、その人は足を引きずることなく歩き続けました。痛みが保護しなかったために、左外側靭帯を切って足が取り返しのつかない損傷を負ったことに目をやることがありませんでした。治療者の警告にもかかわらず、その後も、その人は何度も足首をひねり、最終的にはさらなる合併症のため、足を切断しなければならなくなりました。

痛みは敵視されがちですが、実は健康を維持するのに欠かせない感覚なのです。もし私がハンセン病患者への贈り物を選べるとしたら、「痛み」という贈り物を選ぶでしょう。

# 17　一体化

「痛み」について思い巡らすとき、私は客観的・学術的に考えるのを望みません。それよりもむしろ、一人の人物に焦点を当てるようにしています。そして私の脳裏に浮かぶのは、サダゴパンの素敵な顔です。私たちは彼をサダンと呼んでいました。彼は物静かで穏やかなインド人の精神を体現していました。

サダンがヴェールールに来たとき、彼の足は損傷が原因で、本来の半分ほどの長さにまで摩滅していましたし、指も短くなり、麻痺していました。足の損傷の進行を食い止めるために、二年間の不断の努力が必要でした。その間、私たちは彼の両手の指一本ずつの再建にも取り組みました。最も機能する腱と、やはり最も機能する指を縫い付け、再び結び付けられたことに彼の意識が適応するよう再教育をしました。結局、サダンは多くの手術を経て、四年間をリハビリに費やしました。私たちは失敗するたびに共に涙し、徐々にではあっても成功したときには喜び合いました。私はサダンをかけがえのない友として愛するようになりました。

やがてサダンは、週末だけマドラスの家族のもとに帰ることを決心しました。彼は病によってひどく傷つき、社会からのけ者にされて私たちのところにやって来ました。今では手をほとんど自由に動かすことができ、揺り子のついた特別あしらえの靴を履くことで、ダメージを受けることなく歩くことができるようになりました。「以前、自分を拒否した場所に戻りたいのです」とサダンは誇らしげに語り、入店を拒否したカフェや、乗車拒否をしたバスのことも話してくれました。「今はそれほど変形していないので、マドラスの大都市に戻ってみたいのです」と。

サダンがマドラスに出発する前に、私たちは彼が遭遇するかもしれない危険について一緒に確認しました。彼は痛みの警告システムを持たないため、鋭利なもの、熱いものは何でも彼を傷つける可能性がありました。私たちの病院と作業場で自分の身体を守るすべを学んだので、彼は自信をもってマドラス行きの列車に乗りました。

最初の晩、サダンは家族と感動的な再会を果たし、夕食を共に楽しんだ後、四年ぶりに自分の寝室に戻りました。床に敷かれた織物布団に横たわると、安らかな気持ちでいつのまにか眠りについていました。ついに彼は家に帰り、もう一度受け入れてもらったのです。

翌朝、サダンは目を覚まし、私たちが訓練したとおりに自分の身体を調べ、恐怖に身をすくめました。左手の人差し指の背がぐちゃぐちゃになっていたのです。他の患者にも同じような傷を見たことがあったので、すぐにその原因がわかりました。証拠は明白でした。ほこりにまみれた足跡、紛れもない血の滴り、そしてもちろん、数か月前に注意深く再建された腱と肉の大きな損傷。夜中にネズミがやって来て、指をかじったのです。ハンセン病で鈍感になっていたため、サダンは何も感じなかったのです。

「ブランド博士は何と言うだろうか」と彼は思いました。その日一日、彼は悩みました。「早くヴェールールに帰ったほうがよいのだろうか。」 しかし、週末はこちらで過ごすという約束を守ることにしました。家での最後の晩は自分を守ろうとネズミ捕りを買いに出かけましたが、お祭りで店は閉まっていました。それで、これ以上傷を作らないように、一晩中起きていることにしました。

次の夜、サダンは壁に背を向け、織物布団の上であぐらをかき、灯油のランタンの明かりで経理の本を見ていました。午前四時ごろになると、それもだんだんつまらなくなってきて、目が重くなり、眠気をこらえられなくなりました。手に持っていた本が膝の上に落ち、彼の手は滑って灯油ランプの熱いガラスに触れてしまいました。

翌朝、目を覚ますと、サダンの右手の甲は大きな火傷を負っていました。彼は絶望に打ちひしがれ、震えながら起き上がり、両手を見つめました。左手はネズミにかじられ、右手は腱まで溶けていました。彼はハンセン病の危険性と難しさをよく知っており、実際に、そうしたことを他の人たちにも教えていました。しかし今、自分の傷ついた両手を見て、打ちのめされたのです。彼はかさねて思いました。この手を一生懸命治療してくれた医師や作業療法士たちに、どう顔向けすればよいのだろうか、と。

サダンはその日、両手に包帯を巻いて、ヴェールールに帰って来ました。私と会い、さっそく私は包帯をほどき、二人とも涙を流しました。彼は自分の惨めさを打ち明け、「自由をすべて失ったような気持ちです」と言いました。そして、「痛みなしにはたして自由になれるのか」という問いが私の心に残りました。

## 自己一体感

サダンの苦しみは、ハンセン病など麻痺性疾患に苦しむ何百万もの人々の苦しみでもあります。たとえば、糖尿病はハンセン病と同じように四肢に悪影響を及ぼします。無感覚は、痛みの価値について重要な教訓を与えてくれます。基本的なレベルでは、痛みは、火災を感知して大きな音を立てて鳴り響く煙探知機のように、警告信号としての役割を果たします。サダンは、この警告信号がないために、危うく両手を失うところでした。

しばしば見落とされがちですが、痛みはもう一つ、これと関連した貢献をしています。それは身体を一体化させるということです。実は、サダンが苦しんだのは、身体の他の部分が手との連携を失ったからなのです。身体には痛みを感じる程度の一体感があります。足の爪が化膿すると、その爪が自分のものであること、自分の健康にとって必要不可欠な部分であることを思い起こさせてくれます。髪の毛は確かに重要ですが、飾りみたいなものです。私たちは、髪を染め、形を整え、ヘアアイロンを使い、さらには痛みを感じることなく剃ることもできます。私たちにとって不可欠なものであるかどうかは、痛みによって定義されます。

ルイジアナの病院で、患者が手足の触覚を失っていくのを見ることほど、つらいことはありませんでした。痛みが消えていくにつれて、患者は自分の手足を、動かなくなった付属物のように見るようになります。私たちは、変な寝方をしていると、手や足がしびれて、比喩的に「死んでしまった」などと表現します。ハンセン病患者は、自分の手足を本当に死んだものと思っているようなのです。

カーヴィルで最も多い傷は「キス傷」と呼ばれるもので、タバコの火傷に気づかず、指と指の間の皮膚に傷跡を残してしまうものです。あるハンセン病患者たちは自分の手を、プラスティック製のシガレットホルダー〔巻きたばこ用のパイプ〕のようなアクセサリーと考えていました。自分の手を無造作に損なっていたハンセン病患者が私にこう言ったのです。「私の手は本物の手ではなく、木製の付属物のようなものなのです。これらは私ではないので、代わりがきくという感覚をいつも持っています。」

ハンセン病患者たちには、ふだんは気にも留めない痛みを感じない部分にも目を向けるよう何度も言い聞かせなければなりません。彼らの身体の一体感を呼び覚まそうと必死に努力しても、痛みと切り離された状態を克服するのは困難なようです。痛みが身体と一体化しているように、痛みが失われると、その一体感は取り返しがつかないほどに破壊されてしまうのです。

私はインドで十代の患者たちに「いたずら坊主」というあだ名をつけました。私たちの医療的忍耐の限界を試してくるからです。この少年たちは、痛みがないことを利用して、周囲をどれだけ驚かせることができるかを競い合っていました。指や手のひらにとげを突き刺し、それを縫い針のように反対側に抜いたり、熱い炭を手でさばいたり、炎の上に手をかざしたりしました。手や足の傷について尋ねられると、いたずらっぽく「ああ、勝手にできたんだね」と答えました。

やがて、教育や動機づけ強化療法で私たちの技術を総動員した結果、ほとんどの「いたずら坊主」たちが自分の身体を大切にするようになり、手と足を失わないことを目標に創意工夫を凝らすようになりました。リハビリの過程を通じて、私は少年たちに彼らの手足について説明し、麻痺した部分を取り戻すよう促しているような気持ちになりました。

その数年後、動物実験をするようになって、実験動物が自分の身体の死んだ部分を自分から切り離してしまうことを知りました。実験用のラットの神経を麻痺させ、十分な餌を与えないと、翌朝、足や脚が短くなっていました。オオカミやコヨーテは凍傷や罠で足の感覚を失うと、自分の足をかじって、平気でのろのろ歩いているということです。その姿は、無痛症がもたらす最悪の呪いであると私はとらえています。痛みを感じない人、あるいは動物は、基本的な自己一体感を失ってしまうのです。

## 思いやりの根源

アメーバは単細胞なので、どんな脅威でも細胞全体への危険として認識します。多くの細胞から成る身体には、それ以上の何かが必要で、痛みがその重要な役割を担い、一体化をもたらします。多細胞生物が生きていくためには、個々の細胞は互いに損害を負わなければなりません。頭は尾の必要を感じ取らなければなりません。人間の神経系では、足の指と脊柱をつなぐ細い神経細胞が一メートル二〇センチ以上にも及びますが、人間の身体の中で、この細胞以上に長い細胞はありません。

生物学の痛みのネットワークから、霊的な「からだ」における類似性に目を転じると、再びこうしたコミュニケーションシステムの重要性を認識させられます。痛みが群れを統合するうえで重要な役割を果たすというのは、私自身の身体の細胞を守るのと同じです。健康な身体は、弱い部分の痛みを敏感に感じ取ります。

もちろん、細胞が結合している身体と、自律的な個々人で構成される「からだ」とは、達成する一体性というものに違いがあります。世界の教会は、人と人が有形の神経繊維でつながっているわけではありません。それでも、健全な霊的な「からだ」は、すべての構成員の痛みを分かち合います。傷ついたとき、生物組織は悲鳴をあげ、身体全体がそれを聞きます。そして、キリストの「からだ」である私たちは、隣人を自分自身のように愛し、一体化するようにと召されています。使徒パウロは、「一つの部分が苦しめば、すべての部分が共に苦しむ」と述べています（コリントI一二・二六）。

スポーツの試合を見てもわかるように、人間の感情は、ニューロン（神経細胞）が身体の各部分を結びつけるのと同じように、人間同士を確実に結びつけます。ウィンブルドンテニスの決勝戦で、夫がプレーしている間、スタンドでそれを見守っている妻の顔を見てください。その表情から、コート上の動きが読み取れます。ショットが乱れるたびに顔をしかめ、ポイントをあげるたびに微笑みます。夫の感情が妻の感情となったのです。

あるいは、愛された国の指導者が亡くなったとき、その国民への影響を思い起こしてみてください。私は、一九六三年にアメリカを訪れ、スタンフォード大学の学生礼拝堂で話をしましたが、そのとき痛みが人々を一つにすることを非常に強く実感しました。その礼拝はたまたま、ジョン・F・ケネディ大統領が暗殺されたわずか二日後に行われたものでした。その日、私は痛みについて話しました。その建物に詰めかけた何百人もの学生たちの顔に、痛み以外の何ものも読み取ることができなかったからです。私は、悲嘆に暮れる国民の痛みを分かち合うために、祈りと追悼のために世界中の人々の心が集まっていることを語りました。礼拝で、これほど霊の一致を感じたことはありませんでした。

こうした共感的なつながりのようなものが、世界中のキリストの「からだ」の構成員と私たちをつなげるのです。抑圧的な政府が勇気あるクリスチャンを投獄するとき、イスラム過激派が異なる宗教の人々の首をはねるとき、あるいは私の隣人が仕事を失うとき、私の「からだ」の一部が苦しみ、私は喪失感を覚えます。他の人の痛みが必ずしも劇的な形ではないとしても、私たちの注意を引くことがあります。孤独、うつ病、オピオイド中毒、差別、身体的苦痛、自己嫌悪などが私たちの耳にささやいてきます。

アレクサンドル・ソルジェニーツィン〔『収容所群島』の著者〕は、強制収容所「グラーグ」にいる忘れられた数百万の人たちのことを突きとめ、「暖かいところにいる人は、冷たいところにいる人をどうやって理解できるだろうか」と問いました。その問いに応えて、彼は神経細胞の働きをするために自らの生涯をささげ、私たちが見落としている可能性のある痛みに警告を発しました。何百万もの細胞から成る「からだ」においては、苦痛のない細胞は、意識して痛みのメッセージに注意を払い、痛みに対する閾値《しきいち》を低くしなければなりません。“compassion”（思いやり）という言葉は、ラテン語の“cum”と“pati”に由来し、合わせて「共に苦しむ」という意味になります。

今日、世界は狭くなり、一つの「からだ」として私たちは多くの細胞を意識して生きています。苦しみの数々がメディアを埋め尽くしています。私たちはそれに十分注意を払っているでしょうか。脳が背中の張りや腕の骨折の痛みに耳を傾けるように、彼らの叫びをしっかりと聞いているでしょうか。それとも、煩わしい苦痛の叫びを遮断しているでしょうか。

キリストの「からだ」の中で自分の身近な部分に対して、どのように対応しているでしょうか。離婚、アルコール依存症、ジェンダーやセクシャル・アイデンティティーのこと、内向性、反抗心、失業、疎外感などに苦しむ人々は、教会こそ思いやりを示す最後の拠りどころであると、よく言います。

ところが悲しいことに、頭痛がすると、すぐに痛み止めを飲む人のように、私たちは根本的な原因に対処することなく、彼らの口を封じようとしてしまいます。

ある人がジョン・ウェスレーの母親に、「十一人のお子さんのうち、だれを一番愛しているのですか」と尋ねたそうです。彼女はその愚問に対して、賢明な答えを返しました。「病気の子が治るまで、その子を一番愛しています。また、出かけている子が戻って来るまで、その子を一番愛していま す。」 それが苦しみの中にある惑星に対する神の態度だと私は思います。イエスは常に、苦しんでいる人のそばに立っておられました。健康な人のためではなく病人のために、正しい人のためではなく罪人のために来てくださいました。

神はヨシヤ王の生涯を次のように簡潔に要約されました。「彼は貧しい人、乏しい人の訴えを裁き／そのころ、人々は幸いであった」と。そして、その後述べられた言葉が心に残ります。「こうすることこそ／わたしを知ることではないか」（エレミヤ二二・一六）。

## もう一つの一体化

懐疑論者は、分裂は教会の最大の失敗であると考えています。これに対して教会の指導者たちは、異なる教派や異なる宗教の間で手を取り合おうと国内外に訴えています。私は、身体の神経系に関わった経験から、痛みに基づくもう一つの一体化を提案したいと思います。

肉体が痛みにどれだけ耳を傾けるかで、その健康状態を読み取ることができます。結局のところ、私たちが使っている診断ツール（体温、脈拍、血球数）のほとんどは、身体の治癒反応を測定するものなのです。類似的に、霊的な「からだ」の健康は、強い部分が弱い部分に目を向けているかどうかにかかっています。

　私はこれまで切断手術を数多く行ってきましたが、それは手や足が痛みを感じないからです。私たちがその痛みを感じることのない「からだ」の構成員もいます。私たちの神経が麻痺し、彼らのことを認識するためのあらゆるつながりを断ってしまったからです。それで、彼らは、「からだ」の他の構成員に気づかれることなく、静かに苦しんでいるのです。

　たとえば、私はパレスチナにいる友人のことを考えます。ベツレヘムのようなところでは、子どもたちは占領と戦争しか知らずに育っています。公園ではなく、ライフル銃や爆発物の跡が残る崩れかけの建物で遊んでいます。パレスチナのクリスチャンは、西側の教会から見捨てられたと感じています。西側の教会が、イスラエルにばかり注目し、中東のイスラエル人以外の人たちはすべてアラブ人でイスラム教徒だと思い込んでいるからです。レバノンやシリアのような場所で苦境に立たされているクリスチャンは、西側の教会の兄弟姉妹に理解されることを願っていますが、私たちはあたかも、神経細胞のつながりが切断され、シナプスがブロックされたかのようにふるまっています。彼らの痛みに耳を傾け、キリスト教の愛と思いやりをもって対応する人はほとんどいません。

　私は、教会や大学のあちこちに存在するＬＧＢＴＱの人々のことを考えます。調査によると、キリスト教系の大学では、かなりの割合の学生が同性に魅力を感じ悩んでいるということです。しかし一部の大学の経営陣は、そうした問題は存在しないかのように装っています。その大学の学生たちは、大きな「からだ」が保有する調和と多様性から切り離され、彼らに必要な受容と理解から切り離されて、もがき苦しんでいます。

私は、孤独の声を消し去る制度の壁の向こう側の、しばしば人目につかないところに追いやられる高齢者のことを考えます。また、虐待を受け、問題を抱えながら育ち、里親に迎えられない子どもたちのことを考えます。大きな「からだ」に加わることからも切り離されたと感じている避難民のことを考えます。電気柵の向こうに閉じ込められている囚人たちのことを考えます。簡易宿泊所に住む留学生や、住むところのないホームレスのことを考えます。

現代社会では、このような問題を専門のソーシャルワーカーに任せてしまって、こうしたことを隔離しようとする傾向があります。しかし、どんなに善意に基づくものであっても、制度化された慈善事業は、傷ついた人々を健康な人々との親しい個人的な接触から切り離してしまう可能性があります。このことは、人と人との思いやりから切り離された援助を受ける者と、物質的な取り引きとしてのみ配慮を提供する援助者の双方にとって損失なのです。

人間の身体において、ある部分が他の部分との感覚的な接触を失うと、栄養供給系統に問題がなくても、その部分は萎縮し始めます。私が診察した、感覚を失った人の手の一〇〇本のうち九五本に、恒久的な損傷や変形が見られました。同様に、霊的な「からだ」でも感覚を失えば、萎縮と劣化へと進みます。この世界の悲しみの多くは、他の人が苦しんでいるのに、それに目を向けない人々によって引き起こされたものなのです。

使徒パウロは、キリストの「からだ」の構成員が、苦しむ人々に対してどう接するべきかを明確に示しました。

「わたしたちの主イエス・キリストの父である神、慈愛に満ちた父、慰めを豊かにくださる神がほめたたえられますように。神は、あらゆる苦難に際してわたしたちを慰めてくださるので、わたしたちも神からいただくこの慰めによって、あらゆる苦難の中にある人々を慰めることができます。キリストの苦しみが満ちあふれてわたしたちにも及んでいるのと同じように、わたしたちの受ける慰めもキリストによって満ちあふれているからです。……あなたがたについてわたしたちが抱いている希望は揺るぎません。なぜなら、あなたがたが苦しみを共にしてくれているように、慰めをも共にしていると、わたしたちは知っているからです」（コリントⅡ一・三～五、七）。

苦難を経験した多くのクリスチャンが――そしてヨブ記や詩編に始まり、聖徒たちの著作に至るまで――神が存在しないかのようにも思える「たましいの暗夜」について証言しています。私たちが神を最も必要としているときに、神がはるか遠くにいるように思えるのです。見捨てられたように感じられるその瞬間に、「からだ」は最も高貴な召しにあずかっていると言うことができます。私たちは実際にキリストの「からだ」となって、この世界にキリストの臨在を現すのです。

神は実在しないと思えるようなときに、私たちはキリストの愛と人格を表現することで、その存在を他の人々に示すことができます。ある人は次の言葉を、私たちの深い必要に神が応えていないものであると考えるでしょう。「わが神、わが神、なぜわたしをお見捨てになったのですか」〔マタイ二七・四六〕。私はこの言葉を、「からだ」の他の者たちが一つとなって、神の愛を体現するように求めるものであるととらえています。細心の注意を払って言いますが、神が愛を示しておられないように思えるときに、私たちは愛を示すことができるのです。

## ペドロの手のひら

カーヴィルで私が親しくしていた患者の一人ペドロという男性が、痛みに対する感受性を高めることについて教えてくれました。彼は十五年間、左手に痛みを感じることなく生活していましたが、どういうわけかその手には何の損傷もありませんでした。私が診ていた患者の中で、ペドロだけが傷跡も指先の欠損も見られなかったのです。

ペドロの手の感覚を調べているうちに、私の同僚の一人が驚くべき発見をしました。手のひらの端の小さな部分の一か所に正常な感覚が残っていて、ピンや硬い髪の毛に触れたときでも、それを感じることができたのです。そこ以外のところは何も感じませんでした。サーモグラフィーで調べたところ、その感覚のある部分は他の部分より少なくても六度以上熱いことがわかりました（これはまだ定式化には至っていませんが、体温の高い部位はハンセン病の神経損傷に抗うという私たちの理論を補強するものです）。

ペドロの手は私たちにとって大きな関心の的になりました。私たちがテストをしたり、彼の行動を観察したりするときにも、彼は嫌がることなく、快く応じてくれました。犬が鼻を使って物に近づくように、ペドロは手のひらの端で物に近づいていました。たとえば、コーヒーカップを手に取るときには、その前に敏感な部分で温度を確かめていました。

やがてペドロは、私たちが自分の手に関心を寄せることに疲れを覚えるようになってきました。私たちの好奇心を満たすために、こんな話をしました。「ぼくには生まれつき手にアザがあったんです。お医者さんたちは血管腫だと言って、ドライアイスで凍らせたんです。でも、まだ脈打つのを感じているから、完全には取り除くことができなかったんです」と。

私たちはその可能性を考えなかったことを恥ずかしく思いながら、彼の手の血管に異常があることを確認しました。細い動脈が絡み合って、必要以上の血液を供給し、その一部を細い毛細血管を通さずに、そのまま静脈に戻していました。その結果、血液は手のその部分を非常に速く流れ、その温度は心臓の温度に近く保たれ、ハンセン病の菌が繁殖するには高温すぎたのです。

それまでペドロが短所と見ていたこの五セント硬貨（直径一・五センチ）大のアザが、ハンセン病に罹患してからは大きな利点となりました。そして彼の手全体を守っていたのです。

大きくなり制度化された教会において、私は同じような小さな感受性が芽生えることを祈ります。私は、講演であれ、説教であれ、芸術であれ、困っている人たちの痛みを代弁し、注意を喚起してくれる現代の預言者たちが現れることを期待しています。ペドロが自分の小さな感受性を大切にしたように、健全な「からだ」は、こうした痛みに敏感な構成員を大切にします。

「わたしの民が打ち砕かれるゆえに、わたしは打ち砕かれる」（エレミヤ八・二一、英訳）とエレミヤは叫びました。他のところでは、こう述べられています。

「わたしのはらわたよ、はらわたよ。

わたしはもだえる。
心臓の壁よ、わたしの心臓は呻く。
わたしは黙していられない。」（エレミヤ四・一九）

ミカもまた、自国の現状を嘆き悲しみました。

「このため、わたしは悲しみの声をあげ
泣き叫び、裸、はだしで歩き回り
山犬のように悲しみの声をあげ
駝鳥のように嘆く。」（ミカ一・八）

この預言者たちは、街全体が破壊されることよりも自分の快適さを優先した無神経なヨナとは対照的です。イスラエルの預言者たちは、国民全体が社会的、霊的に麻痺していることを警告しようとしました。私は現代のエレミヤやミカが必要であると感じています。彼らはしばしば若い急進派とみなされますが、思いやりと安らぎを必要とする人々に私たちの注意を向けさせることができるのです。

痛みを無視することは、「からだ」の構成員であるという素晴らしい恩恵を失うことにもなります。生命体は最も弱い部分と同じ強さしか持たないからです。

# 18　慢性的な痛み

これまで私は幾度となく理解を超えた痛みに遭遇してきました。その痛みに何の目的もないように思えますが、患者は、生活を圧迫され、他のことを考える余裕がなくなってしまいます。

ラジャンマは獲物を狙う動物のように私の診療室にそーっと入って来ました。まるで敵を探索するように、部屋中を隈なく見回し、ようやく椅子に腰を下ろしました。彼女には多くの敵がいるようでした。突然の物音、ドキッとさせるもの、突風さえも敵でした。やせ細っていて、頰はこけ、顔には傷跡がいくつもありました。その傷跡は独特の模様で、伝統的な治療師による治療の痕《あと》だとわかりました。彼女は顔の皮膚を引っかいたり焼いたりしたため、その部分は硬く、革のようになっていました。

この時点で、私はインドで働き始めて一、二年ほどしか経っていませんでした。ロンドンで研修を受けていたころは、専門医が必要だと判断すると、すぐに有能で経験豊かな医師に患者を紹介しました。ところが、南インドでは、そのような贅沢はできませんでした。

ラジャンマは、顔面神経痛の中でも最も症状の重い「疼痛性チック」に苦しんでいました。痛みが突発的に襲い、顔の片側に激痛が走るため、顔をゆがめます。それで顔の筋肉の痙攣を意味する「チック」と呼ばれるのです。この症状は、臼歯の敗血症など、感染症がきっかけで発症することもあれば、原因が分からないこともあります。ラジャンマの歯の問題とは特定できなかったにもかかわらず、地元の歯科医は顔の片側の歯を全部抜いて、痛みの原因を取り除こうとしました。彼女は口を開けたまま、唇を慎重に動かし、頬の動きを抑えながら、その経緯をゆっくりと話してくれました。

ラジャンマの夫の説明によると、発作が起きたら大変なので、家族は足を忍ばせて歩き、冗談を言ったり笑ったりもできないということでした。私は餓死寸前の体重のことについてラジャンマに聞いてみると、彼女はこう答えました。「あえて噛まないようにしています。それで、熱すぎず、冷たすぎずの水分だけを摂っています。」

ラジャンマは、夫と四人の子どもと一緒に、土で作った小さな小屋で暮らしていました。「子どもたちは家の中でも近くでも遊びません」と残念そうに言いました。通常、村ではニワトリは放し飼いで、家の中を自由に出入りできますが、ラジャンマの家は、飛び上がり鳴いて彼女を驚かしたりしないように、柵に入れていました。

そこまでしているにもかかわらず、ラジャンマは耐えがたい痛みに翻弄され、一日に何度も激痛に襲われて動けなくなっていました。自暴自棄になったラジャンマのために、村の「医者たち」は金属製の筒を火で熱し、彼女の顔に当てて水泡を作ることで痛みを和らげようとしました。彼女の精神状態はさらに悪化し、夫は同情していましたが、私はこの家族がまさに危機的状況に陥っていると思いました。

この痛みの身体的原因を突きとめようとあらゆる努力をしましたが、残念なことに見つけることができませんでした。右の頬骨のすぐ前にあると思われる誘因部分を二回取り除こうとしました。一度目は、針を顔に近づけただけで、彼女の非常に激しい抵抗に遭いました。二度目は麻酔をかけましたが、それもうまくいきませんでした。

仕方なく、私はラジャンマの苦しみを止める確実な方法はただ一つしかないという結論を出しました。それは、彼女の頭蓋骨を開き、顔のその部分をつかさどっている神経を切断するという方法でした。実は、私は脳外科の訓練を受けていなかったし、そのような手術を見たこともなかったので、この決断を先延ばしにしていたのです。しかし、それ以外に方法はありませんでした。幸いなことに、何年か前にウェールズの解剖学講座で脳神経を解剖したことがあり、骨に覆われた脳のどこにガッセル神経節があるかは知っていました。その神経節への神経ブロックが、彼女の痛みを除く唯一の希望でした。

私はラジャンマと彼女の夫に、この手術について説明し、危険性も強調しました。私の未熟さのゆえに失敗するかもしれない。もっと悪いことに、必要以上に神経も切ってしまうかもしれない。その場合、彼女の眼球や頬が感覚を失い、失明に至るかもしれない。私は起こりうる最悪の事態を暗澹《あんたん》たる気持ちで伝えました。それでも夫妻には何の迷いもありませんでした。ラジャンマの苦しみが家族に与える影響は大きく、たとえ手術で片方の目を失うことになると私が言ったとしても、彼らはあっさり承諾したでしょう。

それから一週間、私はありったけの本を読みあさり、麻酔科医と作戦を練りました。手術中も患者とコミュニケーションを取りたかったので、質問に答えられる意識を残す麻酔方法を選びました。そして、手術の日を迎えました。

## 家族が待っている

頭の静脈への圧迫を最小限にするために、ラジャンマを座った姿勢にし、麻酔が効いたのを確認して切開を始めました。ガッセル神経節は第五脳神経の分岐点にあり、骨に囲まれた静脈洞の中にあります。この空洞の内部では、静脈と神経が複雑に絡み合っているため、その部位を血液のない状態に保つことは不可能でした。骨を削り、空洞の中に入り、何層にも重なった組織を一つ一つ摘んでいきました。そして、ついに空洞の底を見ることができました。幅約一センチ、深さ約四センチの神経叢は、私のライトのもとで、三日月のように光っていました。その固まりから、白く細い神経線維が川の支流のように、顔に向かって扇形に広がっています。

身体の大部分では、神経は丈夫な鞘に包まれていて、鞘はある程度の伸縮に耐えられるようになっています。しかし、骨ばった頭蓋骨の中にある神経には、触られたり引っ張られたりすることを想定されていないので、この保護鞘がなく、私のほんのわずかな手の震えでも神経がちぎれて、修復不可能になってしまいます。

私は運動神経を識別するために細心の注意を払いました。運動神経が損傷すると、彼女の顎が部分的に麻痺してしまうからです。しかし、他の線維はどれも同じように見え、しかも近くで束になっているため、どれがどれだかわかりません。そのうちの繊細な線維を電気で刺激して、ラジャンマに感触を確かめたところ、「私の目に触れているわ」と彼女は言いました。私の心臓の鼓動が速くなり、額に玉のような汗が浮かび、その細い神経を元の位置に戻しました。

ラジャンマは栄養失調による貧血のため、青白く水っぽい血だまりが広がっていました。（当時、手術前に彼女に輸血する血液バンクはありませんでした。）そして、二本の白い神経線維を分離し、持ち上げて血液から離しました。この二本が痛みのインパルス〔訳注＝生理学で、神経線維を伝わる電気的興奮のこと〕になっている可能性が高いと思われました。いよいよ神経を切る時が来たのです。ゾンデ〔訳注＝体腔・臓器・組織などの中に挿入し、診断・治療に用いる細い管状の医療器具〕で二本の神経を持ち上げると、急に不安に襲われました。私は、これから自分がやろうとしていることの重大さに身動きできなくなりました。外科医は、個人的な感情で判断を誤らないように、患者とは一定の距離を置くように訓練されています。それゆえ、私たちは自分の家族の手術をしてはいけないと言われているのです。そのとき、一つの光景が心に浮かんできました。ラジャンマの家族が私を囲むように集まり、私が彼女の生命をどうするかをじっと見ているのです。

この二本のうち、どちらが問題の神経なのでしょうか。神経の生理学的なことはほとんどわかっていないので、視覚的な異常を判別することができませんでした。綿の縫い糸ほどの太さの柔らかな白い物質の振戦〔訳注＝身体の一部に起こる不随意でリズミカルな震え〕する束を見つめながら、これがそれほどの力を持っているとは信じられませんでした。しかし、これらの神経が何百もの軸索と何千もの神経終末〔訳注＝神経細胞体から軸索の末端部分〕を持ち、ラジャンマ一家を独裁的に支配していたのです。その一方で、これらと同じような神経が私の手を安定させ、手術道具にかけるべき力加減を正確に教えてくれていました。

私はハッとして我に返りました。ほんの五秒か十秒の空想でしたが、細い神経がもたらした情景を私は忘れることができません。どちらの神経が痛みを引き起こすのかわからなかったので、私は両方の神経を犠牲にしなければなりませんでした。二本をはさみで切りました。そして、私たちはすぐに出血を抑え、傷口を閉じました。

病室に戻り、ラジャンマが完全に目覚めた後、頬の感覚がなくなっている部分を確認しました。眼球が無感覚になっていないことがわかり、胸をなでおろしました。ラジャンマはためらいがちに、かつて突発的な痛みを引き起こしていたことを試してみました。ここ数年で初めて笑顔を意図的に作ってみたのです。彼女の夫が微笑みを返しました。訝《いぶか》しげな表情を浮かべながら、彼女は右の頬を引っかいてみました。そこにはもう何の感触もないことに気づきました。

その後、ラジャンマの世界は少しずつ落ち着いていきました。彼女は再び穏やかで優しい人になりました。夫の不安も和らいでいきました。家に戻ると、彼女はニワトリを家の中に迎え入れました。子どもたちは家の中で遊ぶようになり、母親がいるところでも飛び跳ねたり、追いかけたりするようになりました。輪が広がり、一家の日常が戻っていきました。

### 悪性の痛み

私はこれまで、ラジャンマのように明らかな身体的要因がわからないにもかかわらず、耐えがたい痛みに苦しむ患者に会ったことはそれほど多くありません。神経を切るなどして外科的に痛みを鎮めたのも数回しかありません。私たち医療に携わる者にとって、このような処置は最終手段として行う治療法です。神経を切断する手術には重大なリスクが伴います。誤った部位の神経を切断してしまう可能性、感覚が鈍くなった身体の部位に危険が及ぶ可能性、そして、神経を切断した後も痛みが「幻肢痛」として残ってしまう可能性です。

ラジャンマの場合、私はあらゆる医学的本能に抗い、痛みを貴重な症状としてではなく、切実な問題として扱わなければなりませんでした。この視点の変化は、慢性的な痛みの残酷なパラドックスを浮き彫りにしています。その痛みはもはや何かを指し示す方向性のシグナルではなく、自己増殖する悪意と化しているからです。慢性的な痛みに苦しむ人々は、どうすればそれを消すことができるかしか考えられません。

慢性的な痛みは、背中、首、関節に起こるのが最も一般的ですが、癌やその他のいくつかの病気で苦しむ人たちは、どこにでもそうした痛みを感じる可能性があります。ハンセン病患者のような無痛症の人たちは、痛みの警告信号を待ち望みますが、慢性疼痛の患者たちは、要領を得ないけたたましい警告音に悩まされます。

近年、慢性疼痛に関する研究が盛んに行われるようになり、現在では多くのペインクリニックが慢性疼痛の専門治療を行っています。推奨される治療法は旧来の外科手術から離れ、オピオイド〔麻薬性鎮痛薬〕中毒が増加したことで、化学物質による処置に対する熱意も冷めてきています。その代わりに、専門家の間で「疼痛管理」という言葉が使われるようになりました。アメリカ最大の慢性疼痛専門クリニックの院長は、慢性疼痛には異なるモデルを適用する必要があるのかもしれない、と述べています。院長はおそらく、糖尿病などの疾患と同じように扱い、患者たちに病気を抱えながらも快適に暮らす方法を教えるべきであると提案しているのでしょう。

今日、医療業界では慢性的な痛みに対する代替療法が広く行われています。足や耳たぶのマッサージ、針治療、麻酔湿布薬、バイオフィードバック療法、自己催眠などです。TNS（経皮的神経刺激装置）のような機器は、さらなる技術的なアプローチを提供します。これらの疼痛の管理技術のほとんどは、脳回路に迂回刺激を過剰に与え、入力される痛みの信号を抑制するというものです。

私は、同じ目的を達成するために、もっとシンプルな方法がいいと考えています。たとえば、腕や脚に痛みを感じている人には、毛の硬いブラシを用いることを勧めました。肌を勢いよくブラッシングすることで、触覚や圧覚が刺激され、痛みが和らぐことが多いのです。また、持病の腰痛が悪化したときは、家の近くの、貝殻と砂利の敷き詰められた凹凸のある歩道を裸足で歩くことも勧めました。

### 共感疲労

苦悩の映像が日々テレビ画面を埋め尽くしています。それは世界的規模の慢性疼痛を示していると言えます。イエスご自身、「貧しい人々はいつもあなたがたと一緒にいる」（マルコ一四・七）と述べ（この言葉はしばしば誤って解釈されます）、人間の不幸が根深いものであることを認識しておられました。

苦しみが現実である国に住んでいたので、私は、大規模な慢性疼痛が引き起こすジレンマがよくわかります。長蛇の列を作って待っている患者たちの姿を見つめながら、ほんの一握りの人を除いては治療を断らなければならず、また、さらに何千人もの人たちが遠隔地で治療を待っていることも知っているからです。

私たちは、ニュース報道や雑誌の記事を通して世界の苦しみを間接的にとらえがちです。私たちは人間の窮乏を緩和する一助として援助や食料や富を提供することができますし、あるいは、問題から目をそらすことで慢性的な痛みを麻痺させることもできます。聖書は、〔キリストの〕「かたち」に属する私たちには、社会の底辺にいる人々の苦しみに対して責任があることをはっきりと示しています。近年、キリスト教団体による海外援助が急増していますが、これは私たちが世界の短期的で危機的な痛みに注意を払っていることの表れです。アジア、中米、アフリカの危機に対して、クリスチャンは緊急対応の先頭に立ち、何十億ドルの資金を拠出しています。強い者である私たちは、弱い者を助けるのです。

それでも、慢性的で長期的な痛みへの対応については、教会はまだまだ不十分です。ある大きなキリスト教救済機関の責任者がこう述べています。

「あちらこちらの救急車の後を追いかけるのは即刻やめるべきです〔訳注＝弁護士たちがそのようにして損害賠償訴訟を起こし、高額な成功報酬を得るということが頻発しています〕。メディアの注目を集めるような大災害が発生すると、驚くほどの寄付が集まります。私のようなところの救済機関は何百万ドルもの資金を集め、やりすぎてしまうこともあります。危機が『ホット・ニュース』であるときには、資金調達に苦労することはありません。しかし半年も経つと、絶望的な状況はいまだ変わらないのに、カメラクルーは別の場所に行ってしまい、長期的な苦しみにだれも関心を示さなくなるのです。」

激しい苦しみがあるところには、緊急援助が殺到するかもしれませんが、援助者たちはすぐにその悲惨な状況を聞きたがらなくなります。人間の身体が怪我に反応するときのように感受性を高めるのではなく、私たちは感受性を鈍化させてしまいます。私たちの関心は、「痛みの原因にどう対処するか」から、「どうしたらその痛みを鎮められるか」に移っていくのです。もはや行動を起こすための刺激ではなく、痛みは鈍く、役に立たないうずきとなります。痛みは私たちを疲弊させるのです。

この救援活動のジレンマは、公共医療サービスという分野にも表れています。人々は病院や薬、医療用品のためによく寄付をします。ところが、世界保健機関（ＷＨＯ）によれば、健康問題の大部分（全疾患の八〇％）は、汚染された水源に起因しているというのです。衛生・感染予防のための開発プログラムには人々の関心が集まることはありません。

もちろん、慢性疼痛は、エチオピアやサヘルといった地域だけでなく、身近なところでも起こっています。経済的に厳しい状況の中、欧米でも、自分たちの生活必需品をまかなうことができない人々の悲痛な叫び声が聞こえてきます。その声もまた、鈍いうずきと化し、耳を傾けるよりも聞き流すようになってしまいます。

数年前、経済の低迷と社会保障の予算削減が都市部の人々に影響を及ぼし始めると、諸教会は人々の巨大な必要に直面することになりました。貧しい人たちが、行政ではなく、教会に助けを求め始めたのです。市内でホームレスの人たちが急激に増加していることに危機感を抱いたニューヨーク市長は、教会の指導者たちに独創的な提案をしました。ニューヨークには三六、〇〇〇人の人々が避難所もなく街をさまよっているけれども、もしこの街の三、五〇〇ある教会とシナゴーグ〔ユダヤ教の会堂〕がそれぞれ一〇人のホームレスの人たちの世話をすれば、このホームレス問題は解決するというのです。市長は、大都市を悩ませる慢性的な痛みに緊急の注意を喚起したのです。

これに対して諸教会は防御的な反応を示しました。あるプロテスタント教会の指導者は、この提案を最初に新聞で知って腹を立てたようでした。またある人は、「非常に複雑な状況であり、救済策も複雑になるだろう」と言いました。「実行に移すには多くの問題がある」と。ほとんどの人が、この提案を考える時間をくれと言いました。彼らは、自分たちの礼拝堂にはホームレスの人たちを保護するための設備が整っていない、と主張しました。結局、この提案に肯定的な回答をしたのは七つの集会場だけでした。

市長の提案には確かに複雑な側面がありましたが、その単純な慈善の訴えは、旧約聖書の預言者たち、イエス、使徒たちのメッセージと一致するものです。イザヤは、「飢えた人にあなたのパンを裂き与え、ホームレスの貧しい人を家に招き入れなさい」（イザヤ五八・七、英語標準訳）と言いました。初期の教会では、教会員たちが日常的に野菜や果物、牛乳、蜂蜜などを持参し、配偶者を失った人や獄に入れられている人、病人に配りました。そして、このような流れを汲み、現代の多くの教会が、炊き出しやホームレスの人たちのためのシェルターなどを率先して運営してきました。それで、米国政府はその取り組みを支援するための「慈善選択制度（チャリタブル・チョイス）」という法律を創設することになりました。

決して、慢性的な痛みは徐々に消えていくと言いたいわけではありません。インドのような国で働いたことのある人なら、簡単にそう結論づけることはできないでしょう。戦争や暴力から逃れて来た難民、夫に捨てられ、貯金もない孤独なシングルマザー、社会復帰を目指す出所者、そして発展途上国における健康という途方もない問題について、私は考えます。政府も教会も、こうした人々の苦しみをすべて取り除くことはできません。それよりも重要なのは、私たちがこれらの慢性疼痛にどのような姿勢と行動力をもって対応するかということです。私たちは無感覚になり、鈍感になっていくのでしょうか。一時的には熱心に支援しても、時間が経つにつれて弱まっていくのでしょうか。

四肢麻痺や障がいのある子どもの親など、慢性的な痛みを抱える人々から、共通して聞く話があります。友人や教会の人たちは、最初は同情やあわれみで応えてくれるものの、時間が経つにつれて関心を失っていく、というものです。多くの人が、終わりの見えない状況に不安を覚え、苦しんでいる人に対して憤りを感じるようにもなるというのです。

子どものころ英国にいる叔母のユーニスが毎月慈善活動を行っていた姿を、私は今も鮮明に覚えています。叔母は「エイジド・ピルグリムズ・フレンド・ソサイエティ」〔高齢者の支援団体〕の小さな名簿を持っていて、毎月欠かさずそこに載っている女性たちを訪ねていました。私は、叔母がお金や食料、衣類やクリスマスプレゼントを持って、高齢女性たちを訪問するのに同行しました。叔母のユーニスは彼女自身の静かで地味なやり方でもって、どのように無機質の慢性的な痛みを、分かち合いという人格的な経験に変えるかということを私に教えてくれました。彼女は、荷物を郵送するのではなく、女性たちを訪問することにこだわり、何年もこの奉仕活動を忠実に継続しました。

身体の健康状態は、痛みに対する反応によって測られることが多いのです。疼痛管理には、その原因を突きとめ、対応策を講じるための適切な感受性と、痛みがその人を支配しないようにするための十分な内面的な強さとの、微妙なバランスが必要です。キリストの「からだ」にとって、このバランスはそれと同じくらい繊細で、それと同じくらい不可欠なものなのです。

## 摩擦と潤滑

慢性疼痛がすべて身体を衰弱させるわけではありません。それほど激しくない痛みなら、米国だけでも一億人もの人が抱えています。持続的な痛みは膝、腰、背中などに起こることが多いのですが、糖尿病、心臓病、癌を合わせた数よりも多くのアメリカ人が抱えています。関節置換術、幹細胞治療、椎間固定術は、慢性的な痛みに対する最新の治療法であり、一般的になってきています。

部位が密接に組み合わされると、摩擦が生じます。英国でコンサートピアニストから相談を受けたとき、私はこの危険性を思い知らされました。「もう演奏できないのです」と彼女は言いました。「音楽の流れやリズムに集中できないのです。それどころか、親指がある角度で動くたびに、手のひら全体に痛みが走り、そのことで頭がいっぱいになってしまうのです」と。彼女には、音楽の解釈能力、筋肉の動き、触覚、タイミングなど、すべての能力が備わっているにもかかわらず、不快な痛みのために、コンサートをキャンセルしていたのです。

親指の付け根にある両手首の骨の間の小さな関節部からトラブルが生じていたので、私はその関節をなるべく動かさずに弾くことを勧めました。「でも、親指の角度を気にしながら、どうやってショパンのことを考えられるのですか」と彼女は訴えてきました。彼女はピアノを弾くたびに、その小さな関節の痛みを伴う摩擦に心が向いてしまうのです。

このピアニストのような患者を治療しているうちに、私は関節の潤滑の研究をするようになり、健康な関節が痛みなくスムーズに動く仕組みについてあらためて理解を深めました。英国のケンブリッジにあるキャヴェンディッシュ研究所〔訳注＝ケンブリッジ大学に所属するイギリスの物理学研究所および教育機関〕では、科学者と技術者のチームが人工関節に適した材料を探していました。その結果、膝などの関節の摩擦は、高度に研磨された金属の摩擦の五分の一ほどしかないことがわかりました。それは氷と氷の摩擦とほぼ同じほどの小ささです。どうしてこんなことがあるのか、彼らは驚きました。

さらに研究を進めると、関節軟骨には関節腔があり、関節腔の中で滑液が分泌されていることがわかりました。関節が動くと、軟骨の負担がかかる部分が圧縮され、この管腔から滑液が噴き出すのです。この液体が一種の潤滑油となり、二つの関節面が接触しにくいように働きます。関節が動き続けると、表面の別の場所が圧力を受け、新しい部分の滑液が噴出すると同時に、圧力から解放された部分の滑液が吸収されるのです。このように、活発な動きをしているときには、関節の表面は実際に接触しておらず、むしろ流体の噴流の上に浮いているのです。キャヴェンディッシュの技術者たちは驚きました。境界潤滑と圧力潤滑は最近の発明であると考えていたからです。

機械の関節や軸受けは頻繁に手入れが必要ですが、私の関節は軋《きし》んだり削れたりすることなく、何十年も持ちこたえる能力を有していることには驚かされます。それでも、驚くべき潤滑能力にもかかわらず、身体の関節は滑走面が摩耗し始めると劣化します。私も年齢を重ねるにつれ、関節が痛くなったり、ズキズキしたりするようになりました。

自己免疫疾患である関節リウマチは、もっと深刻な問題を引き起こします。突然、身体の免疫システムが共食い状態になり、関節を異物であるかのように誤って攻撃します。滑膜が厚くなり、炎症を起こし、内戦が勃発します。防御装置そのものが病気になってしまうのです。

私は、霊的な「からだ」に明確な類似点を見ます。その「関節」とは、人々が何らかのストレスの多い活動で共に働く、潜在的な摩擦の領域です。霊的な関節リウマチが、重要で素晴らしい働きをしている人を攻撃することがあります。教会員が妙に過敏となり、自分の思い込みで人を批判したり、ときには政治や神学上の見解の相違でも攻撃したりします。自分自身の威厳と立場が、グループ内の調和よりも重要になってしまうのです。

クリスチャンには共通の理想や目標があるので、摩擦が起きにくいと思っている人もいるかもしれません。実際は、クリスチャンの働きには「霊的であるべき」というプレッシャーがあり、働きの緊張を増幅させるため、摩擦が大きくなることがあります。インドのキリスト教医科大学には、宣教師たちのカウンセリングを担当する精神科医がいました。きわめて意欲的で、孤独な場所で、しばしば同僚一人と働く宣教師は、深刻な個人的緊張の被害者になってしまいます。不適切なジョーク、いびき、同僚の歯の磨き方など、些細なことから摩擦は生じることがあります。

同僚や教会の仲間との摩擦を経験したときには、それが自分自身のプライドから生じているのか、それとも義憤からきているのかを自問しなければなりません。自分の苛立ちは、苛立っている事柄よりもっと大きな害を及ぼしていないでしょうか。

神の恵みはときに、滑液が突然噴き出るような形で現れます。年配のクリスチャンが、ふるまいや外見について異なる考えを持つ若者とうまくやっていけるようにします。もろくすり減った軟骨とともに生きることがどれほど大変であるかを若者が理解できるようにします。

人間の身体は摩擦を防ぐために驚くほどの努力をしますが、キリストの「からだ」も、互いに協力して活動するには、摩擦の起こりそうな部分に潤滑油を塗る必要があることを学ぶべきでしょう。意見の合う人とうまくやっていくのには、恵みはそれほど必要ないでしょう。異なる生活様式を持ち、世界観を持っている人たち、つまり「私と生理的に合わない」人たちと一緒に働くときに、恵みの真価が問われるのです。

# 第六部　身体の最高責任者

「私たちの喜び、楽しみ、笑い、快感、悲しみ、痛み、苦悩、涙、これらはすべて脳の働きによるものであり、それ以外の何ものでもない。」

――ヒポクラテス

# 19 脳——魔法の織り機

身体の多くの部分を結びつけているのは、どんな力なのでしょうか。それはもしかして電気なのでしょうか。昔の人にとって電気という概念は、現代の私たちにとっての原子力と同じように不可解で、恐ろしいものでした。ベンジャミン・フランクリンは、熱い電気の破壊的な力〔雷雲〕の中に凧を上げ、命がけの実験を行いました。天からの恐ろしい電気の力と、身体の軟組織に埋め込まれた神経細胞とに、いったいどんな関係があるのでしょうか。

フランクリンの三十年ほど後の時代を生きたイタリア人のルイージ・ガルヴァーニ〔一七三七〜一七九八年〕以前、科学者と医者たちは、古代ギリシアの医学者ガレノス〔一二九?〜二〇〇年?〕の学説を受け入れていました。ガレノスは身体の中の情報伝達システムを、空洞の管の連絡網を通る生気(プネウマ)の流れであると説明しました。ガルヴァーニはある高湿度の日、夕食のために数匹のカエルを捕まえ、自宅のベランダに吊るしておきました。

科学史を形成する奇想天外の直感に従って、彼はカエルの首を切り落とし、皮を剥いで、露出したカエルの脊髄に避雷針からの線を這わせました。ガルヴァーニは、ボローニャの空に夏の雷雨がとどろいたときに何が起こったかを記しています。「稲妻が光ると同時に、すべての筋肉が激しく何度も収縮しました。稲妻の閃光と輝きが起こると同時に、筋肉の運動と収縮も起きました。……雷鳴に先立ち、あたかも雷鳴を警告しているかのようでした。」

ガルヴァーニは、頭を切り落とされたカエルがまるで池の中で水を蹴っているかのようにピクピク動くのを見る招待客の表情を気にするそぶりはありませんでした。彼はその科学にだけ目を向け、プネウマではなく、電気がカエルの神経を通って流れ、死んでしまった動物に動きを起こさせた、と結論づけました。ガルヴァーニは夢中になって、このほかにも多くの実験を行いました。ある晴れた日、彼は、頭を落とした数匹のカエルをベランダの鉄の手すりの上の銅のフックに吊るしました。すると、カエルの足が一本でも手すりに接触すると、激しく動くのです。雷雨のときの反射神経もさることながら、晴れた日に死んだカエルが跳びはねるというのは、科学界を騒然とさせるような発見です。そして、まさにそのようになったのです。

ガルヴァーニのライバルであるアレッサンドロ・ボルタ〔一七四五〜一八二七年〕は、電流はカエルとは無関係であり、二種類の異なる金属が有機導電体で結ばれることこそ重要であるとしました。その後、彼はバッテリーを発明し、懐中電灯、ノートパソコン、氷点下の朝でもエンジンがかかる車などを生み出しました。一方でガルヴァーニは、この反応は「動物電気」によると主張しました。私たちは、心電図モニター、バイオフィードバック装置、電気ショック療法などを発明した彼に感謝しなければなりません。

## 私たちの中のワイヤ

ニューロンは、頭からの指令を実行するうえで重要な役割を果たします。私たち一人ひとりの身体の中には、髪の毛幅ほどの束の中に十万本の「ワイヤ」が入るくらいの微細なニューロンが十二億存在し、活動しようと態勢を整えています。医学の専門家は、ニューロンを身体の中で最も重要かつ興味ある細胞だと言います。

ニューロンは、木の根に似ていて、樹状突起と呼ばれる微細でレース状の突起の迷路から始まり、一本の軸へと上っていきます。これらの樹状突起は、皮膚のあらゆるところ、あらゆる筋肉、あらゆる血管、あらゆる骨に巻きつき、複雑に絡み合っているため、顕微鏡を使っても、どこから始まり、どこで終わっているのかを判別することは、ほとんど不可能です。私はその光景を、冬の日に森の端に立っていることにたとえています。目の前には数百本もの木が立ち並び、一本一本が雪で白く縁取りされた黒い枝を周辺に突き出しています。もしそれらの木々が何らかの方法で数メートル四方に集められ、枝が互いに触れ合うことなく空間を埋めているとしたら、その姿はあたかも体内の神経の束のようです。

神経生理学の分野では、何十年にもわたって大論争が続いています。樹状突起は実際に接しているのか、と。家の電気配線やコンピューターの回路基板では、すべての電線は他のすべての電線とつながっており、結果として閉ループを形成しています。しかし、人間の身体の中では百二十億個のニューロンのそれぞれが、隣のニューロンのほんの少し前で終わっていて、シナプスと呼ばれる寸分違わない隙間を形成していることが明らかになりました。

シナプスは、驚くほど複雑なことを可能にします。たとえば、手のひらの筋線維を制御する運動ニューロンを考えてみましょう。一本の神経細胞の全長を通して、他のニューロンからのこぶが多くの接合部でシナプスを形成しています。大きな運動神経になると、一万もの接触点があり、脳のニューロンには八万もの接触点があります。あるインパルス〔訳注＝生理学で、神経線維を伝わる電気的興奮のこと〕が一つの運動神経に行動を促し、瞬時にその周辺の何千もの神経細胞が準備態勢に入ります。

私が人差し指を動かしてパソコンで文字を打つと、脳は運動神経に指令を送ります。この神経は、周囲の神経細胞を頼りに、その行動のためにどれだけの筋線維を動員させるべきか、また、どの拮抗する筋を抑制すべきかを計算します。ニューロンは、一秒間に最高千回もの電気信号を、適切な間隔を空けて伝達します。すべてのインパルスは、経路上にある一万ものシナプスのつなぎ目で監視され、そして影響を受けます。このように、私たちの身体には、パチパチ音を立てるほどの荒々しく激しいものが流れているのです。

## 委任の達人

脳が身体のあらゆるところへ意識的に命令を下すわけではありません。そんなことをすれば、委任の統御原則を無視することになります。その代わりに、信頼性の高い反射システムが多くの日常的な状況に対処します。

先に、医師がよく検査する膝蓋腱反射《しつがいけんはんしゃ》について触れました。患者に、反射を抑えるように言っても、足はとにかく跳ね返ります。私は微笑みながらうなずきます。この反射は脳に逆らおうとしているからではなく、身を守るための機能だからです。実際に、反射テストを除いては、通常ほとんど、腱に急激な張力がかかるということは、膝が突然のストレスを吸収していたということで、足をまっすぐにして転倒を回避しようとしていることを意味します。脳はこのような安全対策を脊髄の反射弓に委ねています。それゆえ、私の患者は足の反射を容易に無効とすることができないのです。

くしゃみ、咳、嚥下、唾液分泌、瞬き等の反射は、素晴らしい統御原則を見せています。瞬きについていえば、私たちは何も考えずに一日に約二万八千回行っています。私のハンセン病患者たちにも、そのような瞬きの反射を身につけてほしいと願っています。彼らの多くは痛覚細胞が死滅しているため、角膜が乾燥し、目を潤すために瞬きが必要なときにも、そのことを知らせることができず、失明に至ってしまうのです。規則正しく瞬きをするように指導すれば、多くの患者は失明を免れます。視力が危ぶまれる患者は熱心に学ぶだろうと単純に考えていました。しかしすぐに、意識した動作は反射ほど当てにならないことがわかりました。

私たちはプラカードとストップウォッチを使って、叱ったり、褒めたり、おだてたりしながらハンセン病患者に瞬きを訓練する必要があります。高次脳は反射のような初歩的なものを優先することを嫌います（スーパーコンピュータに三十秒ごとに一から十まで数えるよう求める人がいるでしょうか）。多くの患者は学ばず、ついには目が乾ききってしまいます。

機能によっては、ロボットのような反射反応よりも、多くの指示を必要とするものもあります。脳幹自体は、次のようなレベルの指示を調整します。呼吸、消化、体温、循環を無意識のうちに調整するのです。こうしたことは反射によるよりも多くの注意を要します。階段を駆け上がるときには、心臓と肺はギアを切り替えなければなりません。呼吸だけを取ってみても、九十もの胸の筋肉を調整しなければならないのです。

神経系のヒエラルキー〔階層構造〕の中で最高位にあるのは、身体のCPUである脳の大脳半球です。そこは頭蓋骨に守られていますが、万が一その保護が破られたときには、最も損傷を受けやすいところです。そこでは、約八百億個の神経細胞と、それ以上の数のグリア細胞〔脳活動の生物学的バッテリー〕がゼリー状の固まりとなって浮かんでいて、情報を選別し、記憶を保存し、意識を作り出しています。解剖学者によると、人間の脳には百兆個以上のシナプスがあるということです。私たちは、この華やかな活動の中から、意識的な選択をしているのです。

私は、神経システムが実に精巧にできていることに驚きます。突発的な危険、たとえば熱いストーブに触れたり、砂嵐の中で目を守ったりするときなどは、迅速な対応が求められますが、脳は意識レベル以下で機能する反射ループに委ねます。しかし、身体は異常事態では反射ループを覆す権利を留保します。断崖絶壁にしがみつく熟練のロッククライマーは、落石が膝蓋腱に当たっても足をまっすぐ伸ばしません。社交界の女性は、ウェッジウッド〔訳注＝英国の有名な陶磁器メーカー〕のティーカップで出された紅茶が熱すぎても、カップを落としません。母親は赤ちゃんを抱いているときに転びそうになっても、その手を赤ちゃんから放すことはありません。

### 最終共通経路

ヒエラルキー〔階層構造〕はきちんと配列されているように見えますが、一つ例外があります。最終的な決定、つまり筋肉と動きをコントロールする局所的な「意志」は、脳の壮大な皺《しわ》ではなく、筋線維をコントロールする階級の低いニューロンの中に存在するのです。チャールズ・シェリントン卿はこの驚くべき特徴を発見して、「最終共通経路」と名づけました。

各ニューロンは、その長さに沿って、周囲の神経からインパルスのしぶきを受けています。筋肉の緊張、痛みの有無、拮抗している筋肉の動き、与えられた活動に必要な力の程度、刺激の頻度、必要な酸素の量、疲労度などに常に注意を払っています。「重い箱を持ち上げなさい」と脳からの指令が届きます。それを実行するには、運動単位の一団が関与します。すべてのシナプス信号を入念に調べ、運動ニューロン自身が特定の筋線維を収縮させるか弛緩させるかを決定します。結局のところ、非常に多くの局所的シナプスと密接に接触している運動ニューロンが、そのような決定を下すのに最適なのです。

「最終共通経路」だけが、相容れない命令と反射のいずれを取るかを決定することができます。私は、ロッキー山脈の切り立った花崗岩の岩壁の上に立っています。前方、ちょっと手の届かないところに、見たことのない野の花が咲いています。私は足下をしっかりと据え、しゃがみ込み、前屈みになり、脳からの指示に従い、カメラのピントを花に合わせます。花まであと数センチというところまで接写レンズを近づけて写そうとしたとき、突然身体が糸のようなものに引っ張られ、私は操り人形のように、花から遠ざかるように後ろへ倒れてしまいます。心臓がドキドキしながら、だれが私の撮影を邪魔したのかと周囲を見回します。そこには、やたらに騒々しいカケス以外、だれもいません。

絶崖の上から六百メートル下の渓谷をのぞいてからは、私の細胞の中には、潜在的な危険が迫っているという意識が化学作用のうちにあふれてきました。私の意識的な脳は花の写真を撮りたがっていましたが、意識下の反射は内耳の平衡器官から緊急の情報を受け取りました。意識的な脳をショートさせ、「緊急事態発生！」というメッセージが、私の筋肉をコントロールする神経細胞を、私を後ろへ引っ張るように説得したのです。

私の脳は、ときに命令を覆し、ときに委ねます。その命令に対する反応は、最終的には局所的で自律的細胞、つまり最終共通経路に依存します。各神経細胞は微細にできていて、私の意図を測り、他の筋肉に相談し、利用可能なエネルギーを計算し、痛みの兆候を監視します。そのとき初めて、割り当てられた筋肉群にイエスかノーかの指令を出すのです。

**脳を解剖する**

脳外科手術ほど困難な手術はありません。人間の頭蓋骨を開ける者はだれでも、ほとんど冒瀆と言ってもよいような穢《けが》れの感覚を持ちます。

私はこれまで数回、生きた人間の脳を見たことがあります。そのたびに自分を卑しい不適格な侵入者のように感じます。人が宿る神聖な場所に侵入する私はいったい何者なのでしょう。ソルジェニーツィンはかつて、人の目を「空色の円の中心に黒い穴があり、その奥に個々の人間の驚くべき世界が広がっている」と表現しました。

私は医学生時代、卒業研究として頭部の主要な神経を露出させ、脳に至るまで追跡するというテーマを選びました。二年間の医学部で十分な心構えのないまま、化学薬品で少し縮んだとはいえ、完全な形で保存されていた私専用の死体の頭部を扱うことになりました。その遺体の頭部は、髪がふさふさで眉毛の濃い中年男性のものでした。

それから数週間、私は寝ている時間以外の大半を、この名前も知らない人の頭部とともに過ごしました。「その頭蓋骨には舌があり、かつては歌うことができた」とシェイクスピアは書いていますが、私は、テーブルの上に置かれたしわしわの組織の固まりが、歌い、話し、ウインクし、笑っていた姿を頭から振り払わなければなりませんでした。皮膚から染み込み、食べ物の味覚にも影響を与えるホルムアルデヒドの刺激臭に感謝の念を持つようになりました。というのは、私が切り分けているのが人間ではなく、保存された組織の標本と思わせてくれたからです。

頭蓋骨は堅固な球体です。私は研修の時、脳外科医が息を切らせながら、体重をかけてドリルで五ミリの穴を頭蓋骨に開けているのを見たことがあります。骨という防壁が死体の脳を、外界との直接的な接触から遮っていました。ところが逆説的ですが、その隔離された脳は、そこにつながるきゃしゃな白い神経のおかげで、その人の世界に関するすべての知識を蓄えていました。ある神経は、会話や食事やキスを可能にする唇の微妙な動きをすべてコントロールしていました。またある神経は、色彩と光のあらゆる微妙な差異を取り込んで、視角世界を構築していました。

私はまず、目と耳という見慣れた形のものから探索を始めました。そして、ナイル川の源流を探す探検家のように、小さな白い糸をたどって脳の奥深くへと進んでいきました。顔の骨格を何層にも薄く削り、深く切りすぎて神経を切断しないように気をつけながら、骨の切れ端を取り出しました。一例をあげると、眼窩《がんか》〔訳注＝眼球がある顔面骨のくぼみ〕は、くぼみの中で融合する七つの骨で構成されています。幸い、私は石工職人として一年間働いた経験があるので、ティッシュペーパーほどの厚みに骨を削る作業には慣れていて、いつのまにか自然に、かつ芸術作品のように感じるようにもなりました。

その質感の幅が非常に印象的であったのをよく覚えています。すべすべの筋肉と脂肪を切り裂くためにメスを手に取り、息を止め、刃の背を神経に当てました。私が少しでも指を震わせれば、神経が切れてしまいます。次にメスを置いて、木槌とノミを取り上げ、渾身の力をもって骨を叩きました。

根気のいる解剖に数週間を費やした結果、死体の耳、目、舌、鼻、喉頭、顔面の筋肉から出ている細く白い線維が、脳のある空洞へと消えていくのを確認することができました。ついに脳の中に入っていく準備が整いました。骨をノコギリで一気に切断し、脳を覆っている三枚の膜、つまり髄膜に到達しました。一枚一枚を切っていきましたが、解剖学の授業で習った難解なラテン語の名称を思い出して笑みを浮かべてしまいました。"dura mater"（硬膜）、"arachnoid"（くも膜）、"pia mater"（軟膜）です。

脳の皺《しわ》に食品用ラップフィルムのようにピッタリとくっ付いている最内層膜に穴を開けると、脳の小片がとても小さな拳のように開口部から飛び出ていました。私はそれを五分ほど見つめていましたが、その後、作業を続けました。その器官は重さ一・四キロほどでしたが、もろく灰色がかったゼリー状のそれには、その人の人生経験がすべて詰まっていました。

私はそれに触ってみました。灰色の物質はクリームチーズのような硬さで、今まで触れたどの身体組織よりも柔らく感じました。その姿は、くぼんだり盛り上がったり、内側に入り込んだりしていました。それは、地球上のすべての山々が小さな空間に凝縮された地形図のようでした。赤と青の線がその地形を横切っていて、私は死体の脳で実習できることに小さな声で感謝の祈りをささげました。生きている患者を手術する外科医は、重要な血液の通り道を避け、メスで切った血管の止血に多くの時間を費やします。

私は感覚神経をその起源までたどりたいと思っていましたが、脳はそうした地図作りを容易には許してくれませんでした。頭蓋骨という大きな鎧《よろい》に包まれた脳の神経は、パン生地のように柔らかく、少し引っ張っただけで切れてしまいます。経験豊かな外科医でも、脳の内部の位置確認をするのは困難で、それは、北極圏の風景のように、すべてが柔らかく白く見えるからです。

私の指導教授は私の研究を喜び、保存したものを医学博物館に展示してくれました。私は脳外科医になりたいという小学生のような夢を抱いていました。けれども数年後、必要に迫られて神経外科という危険を伴う領域に挑んだときに、この高難度の分野に進まなくてよかったとつくづく思ったのでした。

## 力の中の力

生きている患者の脳外科手術は、まったく異なる経験です。ときには患者が目を覚ましていて外科医に協力してくれることがありますし、患者の意識があることで、外科手術中の通常の会話が和やかになることもあります。そのような手術をそばで見ていると、様々な音に気づきます。監視機器のかすかな電子音、人工呼吸器の吐息、ドリルのけたたましい音、電気メスのプシュッという小さな音、食器のように受け渡される器具のカチャカチャという音など。明るい照明に照らされた脳はキラキラと輝き、目を凝らすと、緩やかに動いているのが見えます。脳は生きているのです。

脳外科手術は、ある驚くべき発見があるまで、きわめて原始的な状態にとどまっていました。外科医が針のような電極を脳の一部に挿入して電流を流すと、脳が反応して、その部位がどんな機能をコントロールしているかを示します。外科医が特定の場所を軽く刺激すると、患者は「左足がピリピリします」などと言うのです。

モントリオールの神経外科医ワイルダー・ペンフィールドは、こうした調査によって驚くべき結果を記録しました。てんかんの発作の原因を探っているときに、電気刺激によって特定の記憶を鮮明に呼び起こすことを発見したのです。ある南アフリカの若い患者は、生まれ故郷の農場での出来事を思い出して、笑い始めました。ある女性は、ずっと以前にコンサートで聴いた交響曲の一音一音を思い出しました。ある患者は、何年も前に踏切で見た光景を思い出し、通過する列車の一両一両を描写しました。また、ある患者は、子どものころに使っていた櫛の歯の数を声に出して数えました。

このような発見と、ｆＭＲＩ〈訳注＝ＭＲＩを使って、脳の機能や活動を観察する方法〉による最近の医療器具の進歩のおかげで、私たちはかなり信頼できる脳の図面を手にすることができました。多くの脳の研究は大脳皮質を中心に行われていますが、その大脳皮質はどの動物よりも人間のほうがはるかに発達しています。靴底ほどの厚さの大脳皮質は、思考や記憶といった高度な活動をつかさどると同時に、感覚器官から受け取るすべての情報を処理しています。ニューロンの大部分は、脳の肥沃な表土であるグレーの層にあります。

神経細胞は二つのグループに分かれます。「入路」、つまり、身体からのインパルスを脳に伝える求心性細胞と、「出路」、つまり、脳からの指令を四肢に伝える遠心性細胞です。視覚、聴覚、触覚、痛覚、嗅覚、空腹感、渇き、性欲、筋肉の緊張など、身体全体から発するすべての「音」は、脳の細胞のうち〇・一%しかない求心性細胞で処理されます。同じように、遠心性細胞は脳細胞の一%にも満たないのですが、運動活動をつかさどります。楽器を演奏する、言葉を話す、バレエを踊る、文字をタイプする、ビデオゲームを操作する等です。

残りの大多数の脳神経細胞は、広大な相互通信ネットワークで結合し、思考や自由意志と呼ばれるプロセスを可能にしています。ある脳生物学者はこのネットワークを、何十億人もの官僚が国を維持するための計画や指示について、いつも電話で話し合っているようなものだと言いました。チャールズ・シェリントン卿はもっと詩的に、メッセージが脳の中を進むときに光が点滅する「魔法の織り機」とうたいあげました。後にｆＭＲＩがとらえた画像そのものでした。

精神機能はすべて、シナプスを介して互いに化学物質を送り合う脳細胞に帰結します。その複雑さは筆舌に尽くしがたく、その結合の総数は宇宙の銀河の数をはるかに超えます。たった一グラムの脳組織に、四千億ものシナプス結合が存在するといわれています。その結果、各細胞は他のすべての細胞と電光石火の速さでコミュニケーションを取ることができます。あたかも、世界人口よりも多くの人がつながり、すべての人が一度に会話できるようになるかのようです。

幸いなことに、私たちはそのプロセスをほとんど意識していません。文章を書くと決めたら、脳は瞬時に思考を起動し、言葉を選び、その言葉をタイプするための筋肉、腱、骨の精巧な調整を行います。そして、タイピングが終わる前に、脳は次の文章を作り始めるのです。

スティーブン・レヴィは、プリンストン大学を訪れた際、アルベルト・アインシュタインの脳が入った瓶に遭遇したときのことを記録しています。

「私は立ち上がって、その瓶をのぞき込んだが、言葉を失い、椅子に座り込んでしまいました。上下に揺れ動くこのぬるぬるしたものが物理学に革命を起こし、文明の進路を変えたということを理解しようとして、私の目はその瓶に釘づけになっていました。それがそこにあったのです。」

ノーベル賞受賞者のロジャー・スペリーは、「私の知るかぎり、人間の頭には、この宇宙のどこにもない力が宿っている。力の中の力、その力の中の力である」と言っています。もし私が毎日脳を扱っていたら、脳に対して無感情になっていたでしょうか。いや、そんなことはないでしょう。私の知っている脳外科医は、今でも脳について、静かに敬意を表する口調で話すからです。

けれども、この世にこれほど壊れやすいものはありません。強力な薬物を一回でも投与すれば、脳内の微妙なバランスが永久に崩れてしまうかもしれません。一発の銃弾が脳を破壊するかもしれないし、バイクから放り出されて脳が損傷するかもしれません。たった五分間酸素を奪われただけで、脳は死に、身体全体も死んでしまうのです。

# 20　かたち《イメージ》の回復

静かな日でも私の脳は活発に働き、毎秒五兆回の化学反応を処理します。私が最も意識するものとしては、視覚、聴覚、触覚、味覚、嗅覚といった伝統的な五感があります。それ以外にも脳に報告する感覚で、意識しないうちに作用するものがあります。私は直感的に、頭の傾き、肘の曲がり具合、左足の位置がわかったりします。また、多くの感覚器官が昼食をとる時期を知らせてくれます。胃が「空腹感」を知らせます。分厚い頭蓋骨の中に隔離された脳は、こうした報告を一種の電気的モールス信号のように受け取っているのです。

それでも、脳は驚くほど現実を再現することができます。ベートーヴェンのピアノソナタを考えてみてください。ベートーヴェンは晩年、自分が作曲した音楽をまったく聴くことはありませんでした。つまり、鼓膜、三つの骨、音受容器細胞は、創作活動に関わることがなかったのです。けれども、彼の脳は自分の中で、音色、ハーモニー、リズムを再構築し、それを「聴いた」のです。タランテラ〔南イタリアの民族舞曲〕を踊らなくても、音楽は静寂の中で、脳の中で、信号で形づくられるのです。

音楽の才能に恵まれた妻は、ベートーヴェンの「悲愴ソナタ」の楽譜を手に取ると、ほぼ即座にそれが何の曲かがわかります。頭の中にある音の記憶を頼りに、口ずさみながら楽譜を読むことができるのです。また、ラジオで演奏が流れると、数小節聴いただけで、その曲を認識します。このように、ほとんど意識することなく、目にも止まらぬ速さで音楽を思い出すのに、いったい何十億回もの計算が必要なのでしょうか。

この段落を読んでいるとき、あなたは一つ一つの文字が各単語を形成していることにほとんど気づかないでしょう。しかし、文字一つずつを綴り、それを組み合わせて単語を作り、その意味を辞書で調べるということをしなくても、実際に、無意識のうちに頭の中でそうしたことを行っているのです。この作業はきわめて速く行われるため、私が文字、単語、文法、句読点を用いて話すとき、伝えたいことの意味だけに集中することができます。知識を蓄えたニューロンが個々の要素を自由に供給し、私の中枢神経系が声門を膨らませたり滑りを調整したりして、理解しやすい音を作り出すのです。

作家のジャンヌ・マリー・ウォーカーは、そのことをこう表現しています。「言葉は、私たちが舌と歯と息を使って音楽のように形づくっている音の断片、息の切れ端、振動の小片にすぎません。けれども、私たちがこれを読むとき、言葉は人と人が出会う場なのです。言葉は私たちが互いを理解するのを助け、続けて理解する力を与えてくれるのです。」

私の脳は、還元主義者の言う断片的なデータではなく、包括的、概念的、意味的に世界を私に提示してくれます。そして、ここに大きな謎があります。この重大な活動を調整している意識は、しまい込まれているのです。脳自体は何も見ていません。仮に明るい光にさらすならば、脳を傷つけてしまう危険性があります。脳は何も聞こえません。脳は保護され、衝撃も和らげられているため、非常に大きな反響のもの以外感じることはありません。脳には直接触れるという経験はありません。触覚細胞も痛覚細胞もないのです。温度は数度しか変化せず、暑さや寒さを感じません。

私がこの世界を認識するすべは、直接感じるという経験を持たない骨の入れ物〔頭蓋骨〕に、何百万もの遠隔ステーション〔感覚器官〕がデジタルコードで報告を送ることによります。チョコレートの味、ピンが刺さった痛み、ヴァイオリンの音、グランドキャニオンの景色、酢の匂いなど、これらはすべて同じインパルスを介して私の意識に到達します。私が外界を認識するのは、花の形をした小さなニューロンが化学物質を出し合うからです。

ポール・ブランドという人間の謎は、私の脳にあるのです。体内の他の細胞はすべて寿命が尽きて入れ替わりますが、ニューロンは違います。もし記憶や知識が皮膚細胞のように周期的に剝がれ落ちていくのなら、私たちはどのようにして機能するのでしょうか。肉体という点を見れば、私は若いころの自分とは別人ですが、寿命が長い神経細胞は例外です。この神経細胞は、ポール・ブランドという存在を生かし続けるための自己の連続性を維持しているのです。

暗闇と孤独のその骨の入れ物〔頭蓋骨〕から、私の脳は何百万本もの生きた電線で現実世界とつながっています。それらは植物の蔓《つる》のように伸び、彼方《かなた》の世界からの刺激に向かって貪欲に手を伸ばしています。

## 降臨

私が脳のヒエラルキー〔階層構造〕について詳しく述べたのは、そこからリーダーシップについて学ぶことができるからです。脳は、脳幹、反射弧、そして個々のニューロンの最終共通経路に至るまで、職務を委ねています。体中の細胞が協力し合うこうしたネットワークがあるからこそ、天才的な運動能力という驚くべき妙技が可能になるのです。しかし、脳は認知と優先順位づけという「より高度な」活動を自らのために行っています。

人々の最もうまく機能している組織も、委任と相互依存という同じようなパターンに従っています。私は、身体から霊的な教訓を得る土台を築くために、この類比《アナロジー》を述べてきました。クリスチャンである私は、新約聖書で七回言及される「教会のかしら」であるキリストの類比《アナロジー》に注目します。脳についての洞察は、指導者はどうであるべきかということに光を当てます。

身体は、霊や精神が物質とどのように関わり合っているのかという基本原則を暗に示しています。空間と時間に縛られない霊である神は、深いへりくだりの行為をもって、物質と時間の制約をその身に負われました。それこそがクリスマスに起こった出来事です。ジョン・ダンは、「人が神の姿に似せて造られただけでも大変なことであったが、／神が人と同じようになられたのは、さらに大きな驚きであった」と書いています。しかし、実際の受肉はわずか三十三年間にすぎませんでした。

イエスは当初から、ご自身が去ることと、ご自分の働きを弟子たちの手に委ねることを話しておられました。イエス・キリストは、ご自身が去った後、新たな〔キリストの〕「からだ」を創造するために、「かしら」という役割へ退かれました。この「からだ」は生細胞ではなく、世界中の人々から構成されています。イエスは御父に報告なさいました。「(あなたが) わたしを世にお遣わしになったように、わたしも彼らを世に遣わしました」(ヨハネ一七・一八)。この役割の移行をこれ以上簡潔に表現することができるでしょうか。

ある意味で、イエスがこの世を去るということは天に昇ることでした。教会暦ではこれを「昇天」と呼んでいます。しかし別の意味で、それはさらなるへりくだりでした。神は、私たちのような者たちを通して、神の存在を明らかにすることを選ばれました。一つの身体ではなく多くの身体を通して、一人の完全な御子ではなく、あらゆる人種、体格、ＩＱ、性格、遺伝的特徴を持つ何百万人もの力不足の子どもたちを通してです。聖霊は、私たちの祈り、思いやり、行動、真理と正義の宣言を、物質世界と関わる基本的な方法として選ばれたのです。

今日、私たちは神の媒体であり、キリストの「からだ」です。私を見ても、それはポール・ブランドの全体像を見ているわけではありません。むしろ、私の骨格に張りめぐらされた薄い皮膚細胞の層が見えているだけです。本当のポール・ブランドは内側に存在し、特に脳を中心に位置し、外界から隠されています。さらに言えば、私たちは神を「見る」ことができませんが、それは、適切な知覚器官を欠いているためです。しかし神は、「からだ」の構成員を通して見えるようになるのです。

私たちは集合体として神のかたち《イメージ》を現すよう召されています。というのは、私たちは一人ひとりを見れば、不完全なかたち《イメージ》であり、ある面で不誠実で、常に歪んだかたち《イメージ》だからです。けれども集合体として見るときに、あらゆる多様性の中で、私たちは信仰者のコミュニティとして、この世に神のかたち《イメージ》を現すことができるのです。

このような創造世界に対する関わり方、つまり上からではなく、「下から」力を行使するというスタイルは、差し迫った疑問を引き起こします。不可知論者の問いは非難の色合いを帯びています。「もし神がいるなら、何らかの形でそれを証明してみろ！　神の力をもってこの世の混乱を是正してみろ！」クリスチャンである私は「神は本当に存在するのか」という疑問よりも、「なぜ神は地上で活動するにあたって、このような間接的で隠れた方法を選んだのか。なぜ頼りない人間に委ねるのか」という問いに苦悩しています。

私は教育者として他の人たち〔教え子たち〕の活躍を見て、この問いに対するヒントを得ることができます。私がこれまで行った手の手術は一万回ほどになります。これだけの数になったのは、私が年齢を重ねた証拠です。しかし、よくよく考えてみると、この数字がいかに微々たるものであるかということに気づかされます。世界にはハンセン病に苦しむ人が何百万人もいて、四人に一人は手に障がいを負っています。私は生涯にわたって手術に携わり、できるかぎりの時間を費やしてきましたが、それでも、助けることができたのは、必要としている人たちのほんの一握りにしかすぎません。

しかし、私はボルネオ島のような場所にある小さな診療所を幾度も訪れましたが、そこで若い医師たちが、ヴェールールで私たちが開発した技術を応用した手術を行っているのを目にしてきました。パキスタン、韓国、エチオピアなど、ハンセン病の治療が盛んな国では、ヴェールールやカーヴィルで研修を受けた学生たちが活躍しています。私が蒔いた種が、若い医師の中で芽を出すのを見るときほど喜ばしいことはありません。私が教室でつぎ込んだものは、私一人の力で達成できることの何百倍もの効果をもたらすのです。

このことは、神が世界で働かれる方法の実際を示しています。教師の教えたことが生徒を通して広がるように、脳が忠実な細胞を通して自己を表現するように、神は、キリストが「かしら」としての役割を果たす「からだ」を通してご自身を表現なさいます。イエスがこの地上におられた間、私が住んだイギリス、インド、北アメリカの三つの地域は何の影響も受けませんでした。しかし、その後数世紀にわたって、イエスが命じられたとおりに、その弟子たちは、神の王国の忠実な前哨基地をそれらの地域および多くのところに築いてきたのです。

「あなたがたに耳を傾ける者は、わたしに耳を傾け、あなたがたを拒む者は、わたしを拒むのである。わたしを拒む者は、わたしを遣わされた方を拒むのである」と、イエスはかつて弟子たちに語られました（ルカ一〇・一六）。「からだ」と「かしら」が完全に一つであることが、ここからわかります。それからしばらくして、キリストが捕まった夜、キリストは、混乱し沈痛な面持ちの弟子たちに、間近に迫ったご自分の死を説明されました。「わたしが去って行くのは、あなたがたのためになる」と言われました（ヨハネ一六・七）。そのときはまだ弟子たちにはわかりませんでしたが、新しい指導の下の時代が始まろうとしていたのです。

### 委ねることのリスク

ドロシー・セイヤーズは、神が自ら進んで受けた三つの大きな屈辱について述べています。一つめは受肉で、神は神としての特権を捨て、地上で人間として生きるために降臨されました。第二は十字架刑で、神の御子は不名誉な死を遂げられました。そして、第三の屈辱は教会である、と彼女は言います。イエス・キリストという人としての神と、私たちの中にいる神とはまったく別のお方です。

細胞である各部分を通して働かれる「かしら」なるお方は、神が全能性を捨て、人類の歴史において目に見えない舞台裏の役割を果たすという、いわば権威の放棄をなさいました。そうすることで、神は神の名と名声を不完全な人間にリスクを冒してお委ねになったのです。キリストの「からだ」の各部分は、十字軍の派遣、異端者の拷問、奴隷貿易といった悪行によって神の名声を汚してしまいました。明らかに「かしら」に欠陥はありません。そこにあるのは屈辱です。

ここでもう一度、人間の身体の類比《アナロジー》に戻りましょう。健康な身体は、脳から身体の各部分への適切な伝達経路と、個々の細胞が頭の意志に従うことに依拠しています。しかし、神経疾患を患う人たちは、言うことを聞かない細胞に絶えずフラストレーションを覚えながら生きています。中には、物理学者の故スティーヴン・ホーキング博士のような素晴らしい知性を持つ人もいますが、そのように苦しんでいる人の多くは、心と身体がバラバラであるために、無知あるいは知能に障がいがあるとみなされています。

どこかに痙縮や痙性麻痺があるときには、多くの場合、細胞への下行性神経繊維のところでコミュニケーションが途切れています。下半身不随の人はベッドに横たわったまま、つま先をどう動かすかを考え、精神的エネルギーをフルに使って動かそうとしますが、接続部分が機能しないため、つま先は動きません。

霊的な「からだ」においては、細胞は「かしら」からの命令に従わなければなりません。なぜなら、「からだ」全体の必要を判断できるのは「かしら」だけだからです。従順さだけが、キリストの「からだ」における個々の細胞を有用に動かす要因となります。間違いはどうしても生じます。言うなれば痙攣のようなものです。全能なるお方にとって、私たちがもたらす屈辱に耐えるのは容易なことではないでしょう。（下半身不随の人が感じるフラストレーションのようなものが神にもあるのでしょうか。)

ここで加えておかなければならないのは、霊的な「からだ」との類比《アナロジー》は部分的にしか当てはまらないということです。なぜなら、脳の損傷によって機能不全に陥るということは決してないからです。しかし、脳性麻痺など多くの神経障害は、脳のレベルより下のシナプスが何らかの原因で詰まることによって起こります。神経科医はときどき、エイリアンハンド症候群と呼ばれる珍しい症状に遭遇します。その患者たちの両手は綱引きをしているようです。一方の手がもう一方の手から物を自然に奪い取ったり、もう一方の手の動きを抑えようとしたりするのです。

隠喩《メタファー》の達人である使徒パウロは、コロサイの信徒への手紙の中で、このような断絶に苦しむ人のことを正確に描写しています。彼が描写する人は、「かしら」なるお方からの命令に従うことよりも、近くの細胞を裁くことに重点を置いています。

「そのような人は、……自分が目にしたことについて細部にわたって詳しく述べます。彼らは霊的でない自分の思いによって、根拠なく思い上がっています。頭〔であるキリスト〕とのつながりを失っており、靭帯と腱によって支えられ保たれている身体全体を、神が成長させておられるのです」(二・一八～一九、英訳)。

**再パターン化**

脳は、手の指、足の指など、身体のそれぞれの重要な部位を管理するように造られています。たとえば、私の脳は、右手の薬指に関連するあらゆることを特定の領域に割り当てています。ギターを弾くとき、薬指はどのように使われるでしょうか。字を書くときに、手を安定させるでしょうか。かつて負った傷の痕《あと》の影響はあるでしょうか。脳はこれらの出来事や能力のことをしっかりと記憶しています。ギターを弾くときのように指が頻繁に使われる場合、脳はその指との関連性をますます強めていきます。

外科医として私は時折、こうした連結経路を遮断し、新たな経路の確立を試みます。ハンセン病の患者には、美容目的のために、頭髪のある頭皮の一部を切り取り、それを額の下から眉毛のあたりまで潜らせて、新しい眉毛を作ることがあります。頭皮の神経と血流につながったままなので、患者の眉毛は「頭皮の一部のように」感じます。移植された眉毛の上にハエが止まったら、患者は自分の頭をはたくでしょう。

あるいは、腱の移植手術では、薬指の健康な腱を、親指の弱い腱や機能していない腱の代わりに移植することもあります。回復期の患者に「親指を動かして」と指示しても、まったく動きません。患者は自分の手を見つめるだけです。今度は「では、薬指を動かしてみて」と言うと、親指がぴょんと前に出てきます。患者は時間をかけて、薬指を動かす感覚を親指に伝えるために、脳を再パターン化しなければなりません。スムーズなパターンを再構築するのに数か月を要することもあります。しかし、四十歳を超えた患者は完全に再構築することができないようです。

親指の細胞が、頭からの新しい奇妙な命令を受け取ろうと奮闘している姿を想像すると、使徒パウロの「心を新たにして」変えなさいという命令を理解することができます。また、パウロはフィリピの人々に、「キリスト・イエスにもあった心を、あなたがたのうちに起こさせなさい」（二・五、英欽定訳）と勧めています。私は、霊的訓練とは、細胞とその「かしら」なるお方との間の伝達をスムーズで安定した流れにするために必要な再パターン化療法であると考えています。

近年、クリスチャンの中には、古代の信仰訓練を再発見している人もいます。瞑想、断食、祈り、質素な生活、礼拝、祝祭などを通して、私たちは自分自身と神との関連性をますます豊かにしていくことができます。『祈禱書』の祈りを繰り返しささげるというシンプルな実践は、心を律するのに役立ちます。

霊性と同様に神経生理学においても、服従の行為を繰り返すことで、結びつきが強まります。優れたピアニストは、音を奏でるのに一本一本の指を意識して動かそうとはしていません。指は、何時間にも及ぶ練習によって築かれた経路に従うのです。

クリスチャンになったばかりの人にとって、キリストの心を学んでいく過程は何か単調で魅力のないものに思えるかもしれません。クリスチャンの歩みは、幼児のよちよち歩きに似て、最初は失敗やつまずき、踏み間違いもたびたびです。けれども徐々に、膝や足腰の筋肉や関節が協調するようになり、子どもはその過程を意識することなく、部屋中を走り回ることができるようになります。そして、新しいことに挑戦するたびに、最初は手探りで、失敗を繰り返しながら、流れるような自然な動きができるようになるのです。

人体にはあらゆる驚くべき側面がありますが、その中でも、私の体内の何兆もの細胞の一つ一つが脳にアクセスしていること以上に不思議なことはありません。そして、霊的な「からだ」においては、私たち一人ひとりが「かしら」なるお方と直接つながっていることほど、不思議なことはありません。

信じられないことに、神は、「からだ」を構成する様々な人たちと関わることを切望しておられるのです。神は私たちの意見に耳を傾け、私たちの要求を考慮し、その情報をもとに世界の動きに影響を与えられます。「正しい人の祈りは、大きな力があり、効果をもたらします」（ヤコブ五・一六）とあるとおりです。

**本能のままに生きる**

生理学から自然界へと視点を移してみましょう。外を散歩しているときに、若いアカクロムクドリモドキのつがいが初めての巣を作るのを見ました。数本先の枝には、年長の鳥が昨年作った巣がぶら下がっています。その巣は、木の枝を引きちぎるほどの冬の嵐にも耐えた頑丈なものでした。しかし、この若い鳥たちは、古い巣を調べに飛んで来て、巣の設計を研究したりすることはしません。彼らはそんなことをしなくても何をすべきかをよく知っているのです。そして、食べるのも忘れて、急いで自分たちの巣作りをします。

アカクロムクドリモドキはまず、最良な場所を選ぶことから始めます。巣を編むのに、十分な間隔で枝分かれしている小枝を探します。リスの侵入を防ぐために、枝は葉の重みで少し垂れ下がるくらいの細いものでなければなりません。また、上空を飛ぶ鷹や他の捕食者から子どもを隠すために、葉が巣の周りを取り囲むようにしなければなりません。

一番良い場所が決まると、鳥たちは、一定の長さと硬さを持つある種類の草を探し回ります。一羽が叉木《またぎ》の小枝に足をかけ、一方の足の下に草の葉を持ちます。くちばしだけでその小枝に半結びをし、長いほうの端をぶら下がったままにします。そして、別の草を取りに飛び立ってから、もう一本の小枝に半結びをして、二本の草を編み込みます。この作業を何度も繰り返し、草の束を太い縄に編んでいきます。巣はこの縄の間を揺れ動きます。二羽の鳥は数日をかけて、小枝と葉を選び、編んでいき、強風にも耐えうる球体の巣を完成させます。

家の中では、妻がセーターを編んでくれています。鳥を見つめながら、窓越しに妻を見ます。彼女が編んでいる毛糸は、羊飼い、毛刈り、紡績、染色職人たちの技術と経験の結晶です。マーガレットは、熟練した編み物職人たちの技と計算が反映する染模様をじっと見ています。その説明書を読むには理解力が必要であり、そのとおりに編むには長年かけて身につけた技術が必要です。長い年月にわたって、多くの頭脳が共有した知識の結晶がようやくセーターとなるのです。生きている羊を与えられ、だれの力も借りずにセーターを作れと言われたら、妻は間違いなく挫折するでしょう。

どんなに集中力を高め、長年の手術で培った手先の器用さをもってしても、私には、草の束を編んで、嵐の中でも枝にしっかりつながった中空の球体を作ることはできません。実は一度だけ試みたことがありますが、できあがったものはぐにゃぐにゃに崩れ落ち、とても使いものになりませんでした。私には十本の指があり、アカクロムクドリモドキにはくちばしと二本の足があるだけです。本能が鍵なのです。

同種のホオジロは、もう一つの刷り込まれた行動規範に従って、メキシコ湾を渡って八百キロ先の新しい住みかに向かいます。私は渡り鳥が飛び立つのを見たことがあります。鳥たちは湿地の葦の上に座り、果てしなく広がる水面を見渡します。そして理性に邪魔されることなく、必ず南へと進みます。彼らの本能的な知恵は、卵から孵《かえ》ったときよりずっと先を行っているのです。

霊的な決断に悩むとき、私は、ホオジロやアカクロムクドリモドキのことをよく思い出します。神からのメッセージは、混み合ったコミュニケーションの経路を通って私のところに届きます。聖書に書かれていることを熟考しているときでも、私は別の結論を合理的に導き出すことがあります。愛と犠牲とあわれみと純粋さというはっきりとした指示が出されているのに、私はそれにとても従えないという言い訳を考え出してしまうのです。そうしたとき、私自身の利己心と高慢さが頭をもたげてしまうので、理性よりも頼りになる力が必要となります。

そして、その力は、私たち一人ひとりに備わっているのです。良心や潜在意識、つまり、私たちの心に書き込まれた掟です。私たちは、信仰の訓練によって、この本能を促進し、成熟させることができます。たとえば、いちいち状況において真実を語るかどうかを決めなければならないとしたら、私の人生はどうしようもなく複雑なものになるでしょう。しかし、もし私が真実を語るという反射神経を養っていれば、一歩一歩足を止めることなく、クリスチャンとして歩くことができるようになるのです。

重大な選択の瞬間が訪れたとき、熟考する時間がほとんどないということがよくあります。その瞬間に、それまでのすべてのことが関わってきます。私は、アカクロムクドリモドキやホオジロのような小さな鳥を思い浮かべながら、神が私の心を新たにして、あたかも遺伝のように私に指示を刻み込んでくださることを願っています。「かしら」なるお方からのメッセージが途切れることなく流れ、それに対して忠実で従順な応答ができるようにと祈っています。

## 21　導きの段階

健康な人は、神経系の構成要素が美しいハーモニーを醸し出しています。朝、職場へ歩いて向かうとき、患者のことを考えていると、枝にとまる鳥に気がつきます。私の脚の運動単位〔訳注＝運動ニューロンと筋線維との組み合わせの一単位〕は、脳からの意識的な指示を必要としません。忠実なニューロンは、心臓に負担がかかれば歩くペースを落とし、つまずけば反射的に行動を起こします。このように、ヒエラルキー〔階層構造〕のあらゆるレベルが私の健康を守っているのです。

細胞の行動に影響を与えるものとして、もう一つ、ホルモンを外すわけにはいきません。こうした化学化合物は、脳の命令によって、主要な出来事を指揮する代理人の役割を果たします。脳が特定の神経に正確かつ的確なメッセージを送るのに対して、ホルモンは全身の細胞にいろいろな呼びかけを発します。すべての細胞がその呼びかけを聞き、適切な細胞だけがそれに反応します。

ホルモンの力は、特に妊娠という現象に顕著に現れます。成人女性の身体は毎月、妊娠の可能性に備えています。ある日、受精卵が子宮内膜の受容細胞に着床すると、警報音が鳴り、ホルモンが分泌され、九か月のカウントダウンが始まります。それまで軽い反応しか示さなかった分子が、受精後、突然、革命を起こすのです。

たとえば、プロゲステロンは毎月子宮を訪れ、ときには内膜を刺激し、月経痛という不快感を引き起こしてきました。ところが、卵子の受精後、子宮の細胞はその役割を完全に理解します。子宮はすぐに大掛かりな補強工事を行い、まもなく庇護し保護することになる胎児のために、壁を厚くします。細胞は細胞の上に積み重なり、伸び、分裂し、最終的に子宮の壁は以前の百倍の大きさにまで成長します。

女性の身体はどんどん、慣れ親しんだ自分の生命を守るだけでなく、新しい生命を生み出すことを優先するように変わっていきます。たとえば、身体が消化酵素の生産に割く資源を減らすと、吐き気を催すことがあります。おなじみの「つわり」です。

そして、母体にも子どもにも属さない胎盤という驚くべき器官が発達し始めます。免疫学的に見れば、胎盤は母親にとって異物であっても、母体は胎盤を歓迎します。母と子をつなぐ経路はなく、細胞は膜を越えず、母親は完全に母親のまま、子どもは完全に子どものままです。（それぞれの血液型が異なって、血液が混ざると、命に関わることがよくあります。）胎盤は、母と子の「共生的な親密さ」という最高の絆を築きます。

胎盤がその役割を果たした後に初めてこれを見る人は、胎盤を「後産」という不名誉な名前で片づけてしまいます。しかし、胎盤は自然界で最も素晴らしい構造物の一つです。胎盤は母体の組織の奥深くに潜り込み、細かい膜で血管を網の目のように張りめぐらし、母体の血液中の化学物質を胎児の血液中に拡散させ、胎児の老廃物を母体を通して排泄させることができるのです。胎盤は、発育中の胎児にとって、腎臓、胃、肝臓の役割を果たします。

ほかの場所では、プロゲステロンとその仲間であるエストロゲンが、腰、腱、乳房、子宮筋など離れた部位の細胞からの反応を呼び起こします。骨格を常に緊張させ、安定させてきた靭帯は、それまでとは違った行動を取ります。骨盤骨は、赤ちゃんの頭が通るのに十分な大きさに広がっていなければなりません。結合組織の緩みが母親に腰痛を引き起こすかもしれません。妊婦特有の歩き方をさせるかもしれません。他の関節は、まったく同じ化学的メッセージを受け取っても、自分には当てはまらないと認識します。そのため、妊婦は頭がぐらついたり、膝が緩んだり、肘が簡単に外れたりする問題は起きません。

股関節の靱帯を緩め、子宮の壁を強固にするよう細胞に指示するホルモンは、乳房も変化させます。これらの分子は何年もの間、毎日乳房の細胞を通過していても、何の影響も与えませんでした。ところが妊娠をきっかけにして、これまで予備役としてのんびりしていた細胞が、現役として働くようになるのです。母乳生産工場が形成され、いくつかの細胞が脂肪細胞の中で枝分かれした管に整列し、脂肪細胞は新しい管に合わせて収縮します。乳房の変化においては、血管を伸ばし、皮膚を成長させ、大胸筋を強化する必要があります。

そして八～九か月後、子宮からの報告があり、母体は出産の時期が近づいていることを確信します。母体の血液は、血管が破れる可能性が高くなるので、血液凝固特性を調整します。また、出産時に大量出血する可能性があるため、血液量を五〇％も増加させます。

次に、子宮は、身体が経験するどんなことよりも極端な収縮と弛緩を繰り返します。出産後もホルモンは体内にあふれ続け、多くの場合、出産前とは正反対の反応を引き起こします。子宮はもはや大きくならず、収縮します。胎盤から切り離された血管は、自ら閉じます。胎盤自身はこの活動を見事に管理していましたが、拍子抜けするほどあっけなく排出され、廃棄されます。

新たな優先事項に変わります。治癒、回復、そして二つの別々の存在〔母と子〕の絆です。授乳は母と子の美しい共生の姿です。赤ちゃんが母親を必要とするように、母親も赤ちゃんを必要とします。乳房が張ってきて、うつ乳〔訳注＝乳管（乳腺で作られたお乳を出口の乳首の先まで運ぶ管）にお乳がたまり、詰まった状態〕と痛みを取り除かなければならないからです。胎盤が排出される前の最後の合図、新生児が初めて乳房を吸おうとする姿、そして泣き声、それらすべてが合わさって母乳の流れを刺激し、赤ちゃんはすぐに母乳を飲むことを覚えます。母乳は赤ちゃんと母体の間で双方向のコミュニケーションを取ります。赤ちゃんの吐き戻しが母体に危険を知らせると、母体の免疫システムが活性化し、新しく調合された様々な母乳を通して赤ちゃんに伝わります。

**自分の役割に耳を傾ける**

霊的な「からだ」の細胞がどのようにして最善な形で協力し合えるかについて、私は人間の肉体に洞察を求めます。同じ化学伝達物質が、出産時に子宮の細胞を収縮させたり、子宮頸管の細胞を弛緩させたりするよう指示します。数百万の細胞のうちの一つが霊的な「からだ」と結合するとき、私はどのようにして自分に与えられた役割、使命を知ることができるのでしょうか。

正直なところ、私は自分が細胞の一つであることに苛立ちを覚えることがあります。身体全体であるとか、他の役割を持つ別の種類の細胞であるとかを望むことがあります。しかし徐々に、神の導きのもとで達成できる大事業があり、自分がそのための小さな役割を担っていることがわかるようになったのです。

人間の身体では、局所のニューロンに直接つながることで、個々のニューロンにコミュニティ内での行動の仕方を伝えることができます。同様に神も、局所の代行者、すなわち、霊的指導者、愛する人たち、信仰のコミュニティを通して伝えておられる、と私は考えています。教会は、退廃した都市に対して、難民に対して、家族を引き裂く緊張の高まりに対して、どう対応すべきでしょうか。聖書において神は、「からだ」全体がどう対処すべきかの原則を示し、具体的な個々のことについてはキリストに従う局所の者の判断に委ねておられます。

感受性豊かな「からだ」の構成員であれば、多くの人々の声を耳にするでしょう。ある人は他国の人々の絶望的な窮状を語り、ある人は身近な人に注意を向けます。ある人は、刑務所改革、人種差別、環境破壊、人工妊娠中絶、貧困、依存症、性的人身売買といった特定の問題に焦点を当てます。また、ある人は観想的な生活を強調します。これらの声にはみな意味があり、私たち一人ひとりの心に訴えてくるものがあるでしょう。しかし、神の聖霊が私たちに具体的な対応を指示してくださいます。私たちは聖霊の声に耳を傾けなければなりません。

物理的な必要が大きいインドで人生の大半を過ごしたこともあって、私は、感受性豊かなクリスチャンが人間の必要に心揺さぶられる姿を見ると、とても嬉しくなります。とはいえ、私たちの反応は実に様々です。宣教の最前線にいる人たちのために祈り、励ますこと、支援活動を行うこと、短期赴任すること、経済的に支援することなど、ホルモンに対する私の身体の細胞の反応のように多様です。

クリスチャンの中には、具体的な導きについての問いに対して感覚がほとんど麻痺している人もいます。だれと結婚すればいいのか。余った収入はどのように使えばよいのか。人種差別や世界の貧困問題で、自分はどのような役割を果たせるのか。つまり、どうすれば神のみこころを知ることができるかという問いです。

反対に、「神様が自分に語ってくださった」というような表現を何気なく使うクリスチャンに出会います。「神様が私にそろそろ新しい車を買いなさいと語られた」とか、「神様は、私たちの教会が私たちの財産をこういうふうに使うように望んでおられる」などと言います。実際、神が私たちに知らせたいと望んでおられることのほとんどは、すでに聖書に記されていると私は信じています。神からの直接の語りかけなるものは、神のみこころを知るための通常の方法ではありません。

私は、ローマの信徒への手紙一二章にある使徒パウロの言葉を思い出します。「この世と妥協してはなりません。むしろ、心を新たにして自分を変えていただきなさい。そうすれば、何が神のみこころであるか、何が良いことで、神に喜ばれ、完全なことであるかをわきまえるようになります」（二節、英訳、傍点筆者）。この箇所には、新約聖書で初めて「身体」との類比《アナロジー》が十分に言及されています。そしてそれに続いて、神のみこころを詳細に述べた唐突とも言える命令の一覧が記されます。「悪を憎み、善を追い求めなさい。互いに自分自身よりも他者を重んじなさい。困窮している神の民に分け与えなさい。高慢であってはなりません。すべての人と平和に暮らしなさい」（九〜一八節参照）。

パウロはここで、こうしたことに応える生き方を妨げる家庭問題や社会学的な要素について深く考えているわけではありません。ただ神のみこころが何であるかを述べて、「心を新たにするように」

と諭すのです。それが、神の備えられた階層に私たちを配列させるプロセスなのです。クリスチャンは、個人的な啓示を求めるよりも、神がすでに明らかにされたことに対して日々従順であることに焦点を当てるほうがよいのです。

興味深いのは、新約聖書が指導者の資質や霊的な賜物を列挙するときに、技術的なことを強調していないことです。指導者にとって最も重要なのは、霊的な資質です。神に対してどれだけ献身的であるか。自分自身の気質をコントロールできるか。家族はどのような状況か。特に重要なのは、「かしら」なるお方に忠実であるかです。神は、ご自分に身をささげている人ならだれとでも一緒に働く、と言っておられるのです。

忠実な細胞の最初の仕事は、耳を傾けることです。「からだ」の必要を判断し、様々なメッセージをよく聴き、準備万端整えて待たなければなりません。神の聖霊はいろいろな方法で語りかけ、進むべき道を教えてくださいます。とはいえ、それは耳を傾けた場合に限られます。よく考えもせず行動に移したくなるかもしれませんが、それが聖霊に促されたものでないかぎり、「からだ」全体の役には立ちません。

忙しさに押し潰されそうになるとき、神とのいつもの時間を脇に追いやってしまいたくなります。私は長い年月をかけて、苦労しながらも、そのような時こそ、霊的な刷新が必要であることを学んできました。天と地が一つになる時間を作らなければなりません。私は祈りつつ、一日の雑事を神に委ね、神のみこころに照らして自分の人生の歩みの一つ一つを見たいと願っています。

## 神の感覚器官

世界で最も多忙で、最も著名な人物の一人であったマハトマ・ガンジーは、月曜日を「沈黙の日」としていました。その日は一切の予定を入れず、一日中何も言葉を発しませんでした。周囲の喧騒の中で声帯を休ませ、自分のたましいの中に調和をもたらすために、静寂が必要である、と彼は語りました。もしすべてのクリスチャンが週に一日をささげ、神の声に耳を傾け、私たちの人生に対するメッセージを聴き分けることに注力したら、どんな力が発揮されることでしょうか。「助言者」なるお方は、私たちが耳を傾けて初めて私たちを導いてくださるのです。

祖母ハリスは九十四歳の生涯でしたが、介助なしで歩く姿を私は見たことがありませんでした。病弱で、ベッドに寝ているか、ヴィクトリア調の家具が置かれ、レースのカーテンのかかった趣のある暗めの部屋で「おばあちゃんの椅子」に座っているかでした。妹と私は、毎日一時間ほどその部屋を訪れていました。ユグノーの末裔である祖母は、私たちにフランス語の聖書を読ませ、その箇所について話し合うことで、フランス語と聖書の学びをさせてくれました。

祖母の腰は曲がり、顔は皺《しわ》だらけで、ひどい頭痛に悩まされていました。めったに笑うことはなく、私たちのジョークも祖母には通じませんでした。それでも、祖母の静かな喜びと安らぎは、遊び好きの私たち子どもにも伝わってきました。祖母は愛に満ちていました。

祖母は眠れないとき、夜半まで起きて、暗記した聖書の一節を暗唱し、十一人の子どもたちとたくさんの孫たちのために祈っていました。叔母たちは交代で祖母の部屋で寝泊まりしましたが、真夜中に祖母が突然、自分の考えを書き留めるよう頼むことがよくありました。「イプスウィッチのスミス牧師が今、助けを求めているわ。彼にこう書いてくださいな。」そして手紙を口述し、叔母に小切手を同封するように頼みました。

数日後、牧師から返事が届くと、祖母は嬉しそうにしていました。その手紙には必ずと言っていいほど、「どうして適切なタイミングに、必要な金額がわかったのですか」という驚きの言葉が記されていました。祖母は、それを見て無邪気に笑っていました。子どもの私たちは、神と祖母の親密な関係に驚かされました。

霊的な「からだ」において、祖母の姿は交感神経の中の神経のようなもの、神がそのときそのときの必要を察知する責任を託した感覚器官のように、私には思えます。スミス牧師は「かしら」なるお方に助けを求めていました。祖母は、「かしら」なるお方から送られたインパルスを受信し、必要なものを供給しました。

祖母は、その裏方の役割のために生涯をかけて備えてきました。若いころは、十分な体力と美しさがありました。十一人の新しい生命を養い育てるという多忙な日々を送りながらも、神を知るための時間を取っていました。新約聖書と詩篇のすべてを暗記し、神の言葉で心を満たしていました。その後、老いが進み、身体が弱ってきたとき、彼女は神の恵みの澄んだ水路となりました。

人間の身体において、微量の適切なホルモンが、新しい生命を生み出すために必要な変化を導くことができます。霊的な「からだ」においては、神のかすかな細い声を聞き、それに応えれば、人、コミュニティ、そしておそらく世界をも変えることができるのです。

## 回り道と見えるもの

私の経験からすると、神は通常、さりげない方法で導いてくださるようです。ある考えを私の心に吹き込んだり、どうしても心が満たされないということで語りかけたり、より良い選択をするよう促したり、見えなかった危険な誘惑を明るみに出したりされるのです。「かしら」なるお方と直接つながっているような、確かな導きを感じたのは、私には数えるほどしかありません。導き手である聖霊は、私の自由を圧倒するような方法ではなく、真の助けを与えてくださるのです。

私の人生を振り返ってみると、様々な時点では正反対のことが真実のように思えても、状況はある種のパターンにはまっていることがわかります。たとえば、幼少期から十代のころ、私は宣教師になりたいと思っていました。両親から、困窮している人たちを助けることが、人間が求める最高の目標の一つであるという価値観を植えつけられたからです。それで私は父に倣って、建築の道に進むことにしました。父は学校や病院、住宅を建てていたので、そうした技術がインドで役に立つと思ったのです。

医学部の学費を出すという叔父のありがたい申し出を断って、私は四年間、石工、大工、工学の原理を学びました。実習期間を終えてから、リビングストン・カレッジで一年間、応急処置や基本的な治療法などの医療の基礎を学びました。そこで初めて（主に、先に述べたコノート病院での経験から）医学に惹きつけられたのです。そして、四年前に叔父の申し出を断ったのは間違いだったのではないかという思いが心をよぎりました。

そんなことを考えながら、両親が属する宣教団の責任者を訪ね、インドで奉仕したい旨を伝えました。ところが驚いたことに、彼の考えは私の思いとまったく異なるものでした。私の動機と準備について何度も質問をし、そしてはっきりと「だめです」と言ったのです。宣教団が求めるような働きをするには私はまだ早いと判断し、さらに準備をして、それからもう一度、願書を提出するようにと勧められました。

私は打ちのめされました。神のみこころははっきりしているのに、この人がその邪魔をしていると考えたのです。

とにかく彼の助言に従い、私は、ミッショナリー・トレーニング・コロニーのコースに参加しました（遠隔地で自分の生活を管理する方法を教える学校です）。そこでも簡単な医学の授業を受けましたが、私の内なる声はますます大きくなっていきました。そして、医学の分野に強く惹かれるようになり、二年間の宣教師養成コースを中退し、医学部に編入したのです。

このとき、建築業の勉強に携わった四年間は、自分にとって無駄な遠回り、寄り道のように思えました。出発が出遅れましたが、幸い医学部での成績が良く、医師としての一般知識を身につけることができました。建築業と医学の両方の資格を誇らしげに携えて、私は再び宣教団へ向かいました。ところが、またもや断られたのです。今度は「イギリス中央医療戦時委員会」（the Central Medical War Committee of Great Britain）によるものでした。宣教地の病院への派遣を認めず、その代わりに、ロンドンにある爆撃被害者救護班に加わるように命じられたのです。心穏やかではない待機期間に、私は整形外科の資格取得のために勉強しました。

私の名案は、賢明で信仰の厚い宣教団の責任者と、宗教色のない国の医療委員会によって妨げられました。そのたびに私は動揺し、混乱しました。自分の人生に対する神のみこころを読み違えていたのか、と。

一見したところ偶然、私は医学の道に戻ったように見えますが、今振り返ってみると、すべての段階で神の御手が私を導いていたことがわかります。やがてボブ・コクランという人が、同じ中央医療戦事委員会を説得して、インドのヴェールールにある新しい医科大学へ私を送ってくれました。彼こそが、私の使命を明確に示してくれたのです。

**チングルパットでの啓示**

作家フレデリック・ビュークナーは、神のみこころを見極める方法を簡潔に述べています。「神があなたを召しておられる所とは、あなたの心からの喜びと、世の中の深い飢え渇きが出合う場所である。」

ようやくインドに戻れることになったとき、私は一年契約を提示しました。まだ自分の将来に対して不安を覚えていたからです。そして私は、キリスト教医科大学で教鞭をとり、手術を行い、病院の日常業務をこなしました。そして数か月後、後見人のボブ・コクラン博士を訪ねることにしました。

皮膚科の専門医として有名なボブ・コクラン医師は、マドラス（チェンナイ）から南へ数キロ離れたチングルパットのハンセン病療養所の責任者でした。私の病院にはハンセン病患者はおらず、私もハンセン病についてほとんど知識がありませんでした。ボブはその病院の敷地内を案内してくれました。しゃがんだり、包帯を巻いた足でよろよろと歩いたり、私たちの後をついて来たりする患者たちは、目が見えず顔も変形していました。ボブは彼らに会釈しながら、病院の説明をしてくれました。私は次第に緊張が解け、職業上の好奇心のようなものが湧いてきて、患者たちの手に目がいくようになりました。

顔の研究をしている人たちがいるように、私は手の研究をしています。そのため、出会った人の顔よりもその人の手のほうをよく覚えています。ハンセン病療養所では、私に手を振ったり、挨拶の手が伸ばされたりしました。しかし、それは医学部で学んだ工学的に精巧な手ではなく、ねじれ、曲がり、潰瘍だらけの手でした。爪の形に丸まっている手もありました。指が欠損している手もありました。手が完全になくなっている人もいました。

私はとうとう自分を抑えきれなくなりました。そして、ボブの皮膚病についての話を遮って、言ったのです。「ボブ、私は皮膚のことはよくわかりません。彼らの手について教えてくれませんか。どうしてこんなふうになったのですか。あなたはどんなことをしているのですか！」

すると、ボブは肩をすくめて言いました。「ポール、すまない。私にもわからないんだ。」「わからないって！」私はその答えに大きなショックを受けました。「あなたは長年ハンセン病の専門医としてやってこられたのに、本当にわからないのですか。彼らの手のために何かできることがあるのではありませんか。」

ボブは厳しい顔つきで私のほうへ向き直って言いました。「だれの責任だと言うんだい。私のか、君のか？　私は皮膚の専門家だ。確かにハンセン病の皮膚を治療することはできる。君は骨の専門家だろう。整形外科医だろう！」

彼は落ち着きを取り戻してから、悲しげな声で、ハンセン病患者千五百万人の変形を研究した整形外科医は一人もいないと話しました。

私たちは歩みを続けましたが、彼のその言葉が私の胸に突き刺さりました。ハンセン病の患者数は、ポリオや自動車事故によって障がいを負った人たちの数よりも多いのです。それなのに、彼らのために働く整形外科医が一人もいないとは？　コクランは、そのベースにある偏見を非難しました。ハンセン病にまつわる汚名のせいで、ほとんどの医師が距離を置いてしまうのです。

そのとき、若い患者が地面に座り込んでサンダルを脱ごうとしている姿が私の目に入りました。親指と手のひらの間にサンダルの紐《ひも》を挟もうとしていましたが、両手が不自由なため、なかなかうまくいきません。彼は、物がいつも自分の手から滑り落ちてしまう、とつぶやいていました。私は突然の衝動に駆られ、彼のところへ行き、タミル語で「どうぞ、手を見せてください」と言っていました。

青年は立ち上がり、両手を前に突き出しました。私は少しためらいながら、その手を握りました。変形した指を自分の指でなぞり、じっくりと観察しました。そして、彼の指をこじ開け、握手するように私の手を彼の手の中に入れました。「私の手を力いっぱい握ってみて」と言うと、驚いたことに、予想していたような弱い力ではなく、私の手に激痛が走るほどの力でした。彼は万力のような握力で、指の爪が鉤爪のように私の手の肉に食い込みました。私は「放して！」と叫び、ムッとして顔を上げました。彼の顔に浮かんだ優しい笑みが、すぐに私の感情を和らげました。彼は自分が相手を傷つけていることに気づいていなかったのです。それは私に一つの手がかりを与えてくれました。そのひどく変形した手のどこかに、力強い筋肉があったのです。その筋肉は他の筋肉と協調して働いておらず、自分の力がどれくらいのものであるかを感じ取ることができなかったのです。その筋肉をうまく活かすことはできないものか。

あたかも私の人生のすべてがその瞬間を中心に回っているかのような疼《うず》きを感じました。私の心からの喜びと世の中の深い飢え渇きが出合う場所に、私はたどり着いたのだと思いました。

一九四七年の、このたった一つの出来事が私のすべてを変えました。その瞬間から、私の身体の細胞が自分の役割を知っているように、私は自分の使命に気づいたのです。療養所の周りに立っていた人々、木陰にたたずんでいる人々、私が手を握っていた患者の顔など、その光景の細部までが私の心に刻まれています。それが、私が神の聖霊の召しを感じた時でした。自分の職場に戻ったとき、私は自分の人生を新しい方向へ向かわせなければならないと思いました。

それから何十年か経って、私は今、建築工学に費やした時間に深く感謝しています。というのは、リハビリ機器の開発、より良い靴の設計、手術手技への工学的力学の応用、反復性ストレスの実験などに、これらの原理を用いない日はほぼないからです。そして、私を外科手術へと向かわせた回り道にも感謝しています。

インドのニューライフ・センターの茅葺き屋根の下に立って、私は、この数年間に神がなさったことを振り返ってみました。私の作業所で患者たちが大工仕事をしているのを見、木屑の匂いやリズミカルな工具の音が押し寄せてくると、ロンドンの大工小屋で見習い仲間に囲まれていたころのことがよみがえってきます。けれども、すぐに私は現実に戻り、それとの違いに気づきます。この人たちはインドのハンセン病患者であり、再建された手とそれを守るための道具を持っているのです。医師として彼らの病気を治療し、整形外科医として手を作り直し、大工職人として新しい人生を切り開く手伝いをする、そんないくつかの光栄な仕事を神は私に与えてくださったのです。

決してまっすぐではない道に導かれたおかげで、私はこうしたいくつかの形で患者と接することができました。もし、もっと早くインドへ行っていたら、あるいは、建築の仕事を学んでいなければ、私は簡単に道を踏み外し、役に立たない者であったかもしれません。今にして思えば、回り道と思えるようなことでも、神は私の人生の細部を計画しておられたと心底感じます。ローマの信徒への手紙八章二八節の約束に私は大きな慰めを感じます。「さらに、神を愛する者たち、すなわち、神のご計画にしたがって召された者たちには、すべてのことが益となるように共に働くことを、私たちは知っています」（フィリップス訳）。

# 22 神の似姿

システィーナ礼拝堂の現代的雰囲気は、ミケランジェロの最高傑作に対する当初の構想を歪めています。バチカンを訪れる人々は、一度に数百人単位のグループで入場し、その多くがプラスティックのヘッドホンを耳に当てています。素晴らしい礼拝堂に入っても、顔を上げることなく、床に貼られた赤いテープをたどって、音声ガイドの場所を探すことに気を取られています。

観光客たちは、頃合いの良いときに頭を上げて、自分が目にする光景に驚きます。壁や石造りの天井の隅々まで、「光と闇の分離」、「太陽と月と植物の創造」「ノアの犠牲」「最後の審判」などの壮大な芸術作品が描かれています。フレスコ画の中心には、ミケランジェロの「アダムの創造」が描かれています。

観光客のほとんどが去った後、私はしばらくその荘厳な空気の漂う部屋にとどまります。夕暮れの光が黄金色に熟していきます。頭を傾け、変な角度で見ているため、首が少し痛みます。ミケランジェロは足場の上で一日仕事をした後、どんな感じだったのでしょうか。私は、神が最初の人間〔アダム〕に生命を吹き込もうとする重要な場面に目をやります。神の御手と人間〔アダム〕の手がまさに触れようとしているところで、大論争を呼ぶようなところで、画家は、神を人間の姿《イメージ》で描くことをためらわなかったのです。実際、アダムの顔をデジタルカメラで撮影し、目元を老人のように描き、白い髪と髭《ひげ》を描き足すと、ミケランジェロが描いた父なる神の姿《イメージ》と重なるのです。

けれども、神を描くことができる画家がはたしているのでしょうか。旧約聖書では、神は霊であり、彫像で表すことはできないとされています。十戒にも、それを明確に禁じる掟があります。私は彫像や偶像があふれる国に住んでみて、それらを禁じる理由がよくわかります。

ヒンドゥー教には何千もの神々がいて、インドの町の一区画を歩くだけでも、偶像や彫像を見かけないことはまずありません。これらのものが一般のインド人に与える影響を観察すると、二つのことに気づきます。最も一般的なことは、神々の平凡化です。神聖さや神秘性といったオーラが失われ、マスコットやお守りのような存在になっているのです。タクシーの運転手は女神像で車内を飾り、安全祈願のために花と線香を供えます。その対極として、恐怖と抑圧を呼び起こす力を具現化した神々もいます。コルカタの暴力的な女神カーリーは、長い舌を垂らし、腰は切り取った手足で飾り、生首をつないだ首輪をかけています。ヒンドゥー教徒は蛇、ネズミ、男根象徴、さらには天然痘の女神を崇拝することもあります。

賢明にも、聖書は、神の姿《イメージ》を物質のレベルに矮小化することを強く戒めています。そのような像は、神の真の性質に対する私たちの理解を狭めてしまうからです。私たちは神を、ミケランジェロが描いたような、空にいる髭面《ひげづら》の老人のように考えてしまうかもしれません。そうすると、言葉によって宇宙を創造した全能の霊なるお方の概念は失われてしまうのです。イザヤは問いかけます。「それでは、神をだれと比べようとするのか。神に似せて、どのような像を作ろうとするのか」(イザヤ四〇・一八、英訳)。

## 隠れたる神

クリスチャンは、イエス・キリストに神の真の姿《イメージ》を見ることができると信じています。霊なるお方は、皮膚と骨と血液と神経細胞から成る人間の身体をとられました。ヘブライ人への手紙は、イエスを「神の栄光の反映であり、神の本質の完全な現れ」(一・三)として描写しています。言い換えれば、神がどのようなお方であるかを知りたければ、イエスを見るように、ということです。

眼科医は、一瞬でも太陽の光を肉眼で直視しないようにと警告します。そのようなことをすれば、光受容体が破壊され、網膜が火傷状態になってしまうからです。イエスは、三十三年の生涯を通して神ご自身を理解できるような鮮明なイメージを示されました。それは、目を傷めずに日食を見るためのピンホールカメラのようなものです。けれども、ここには不可思議なことがあります。イエスが明らかにされた神の姿《イメージ》に、ほとんどの人が驚いたのです。

イエスの物語をよく知る私たちには、「隠れたる神」という衝撃、それも大きな衝撃が理解できないかもしれません。イエスは、神に対する人々の期待を大きく裏切り、ある者は懐疑的な目をもって「この人は大工の息子ではないか」と尋ねました〔マタイ一三・五五参照〕。「ナザレ! あそこから良いものが出るだろうか」と民族的な中傷をする人もいました〔ヨハネ一・四六参照〕。イエスの兄弟たちでさえイエスの正気を疑い、彼を信じませんでした。そば近くにいた一人は裏切り、呪いをかけて否認する者もいました。

イエスはダビデより偉大な王であると主張しましたが、その姿《イメージ》は王族の姿とは程遠いものでした。武器も持たず、旗も振らず、一度だけ許された行進もロバに乗り、足が地面を引きずっていました。つまり、イエスは王として、ましてや神として、期待される姿《イメージ》にはそぐわなかったのです。

私たちは本能的に、イエスが完璧な容姿だったと考え、宗教美術では通常、背が高く、流れるような髪を持ち、その画家の文化で受け入れられている理想像に倣った美しい顔立ちで描かれています。しかしそれは、何を根拠に描かれたのでしょうか。イエスが身体的に傑出した人物であったことを示す証拠は何も残っていません。

幼い時、普段は優しいユニス叔母さんが激怒して、聖書研究会から帰って来たことがありました。だれかが、歴史家ヨセフォスの書いたイエスについての描写を読んだというのです。イエスはひどい猫背であったというものです。ユニス叔母さんは屈辱感と怒りで震え、顔を真っ赤にしていました。それは冒瀆だったのです。彼女は断言しました。「これは神への冒瀆よ！　あれはおぞましい風刺であって、私の主を描いたものではないわ！」　影響を受けやすい子どもだった私は、共感の憤りで相槌を打たずにはいられませんでした。

当時はヨセフォスのあのような見解に嫌悪感を覚えましたが、今となっては、イエスが理想的な容姿の持ち主でなかったとわかったとしても、動揺することはまったくないでしょう。聖書にはイエスの身体的な描写はありませんが、イザヤ書の「苦難のしもべ」の預言の中に、次のような描写があります。

「乾いた地に埋もれた根から生え出た若枝のように
この人は主の前に育った。
見るべき面影はなく
輝かしい風格も、好ましい容姿もない。
彼は軽蔑され、人々に見捨てられ
多くの痛みを負い、病を知っている。
彼はわたしたちに顔を隠し
わたしたちは彼を軽蔑し、無視していた。」(五三・二〜三)

さらにイエスは、魅力のない、役立たずと思われている人々に寄り添われました。飢えている人、病人、疎外された人、裸の人、投獄されている人について、「この最も小さい者の一人にしたのは、わたしにしてくれたことなのである」(マタイ二五・四〇)と言われました。私たちが神の御子と出会うのは、権力や豊かさの廊下ではなく、人間の苦しみと困窮の脇道なのです。

イエスは、世の中が称賛するもの、今でいえば社会的地位、容姿を競うコンテスト、『フォーブス』誌の長者番付に載ることなどには、何の足跡も残されませんでした。けれども、ナザレ出身の大工の息子、十字架の上で傷つき、身もだえするその姿も、神の似姿を正確に表現しているのです。顧みられなかった人――言いようのない貧しさと身体に障がいのあるインドのハンセン病患者――の上に光が昇るというこの衝撃的な真実はいくら強調してもし過ぎることはありません。そうした人にとって、イエスは明るい希望の先駆者となるのです。

## 同じ考え

私は、ハンセン病患者の治療を始めるまで、イエスが示された革命的なことを理解していませんでした。私は何度も、無情にも社会から追放された人々を目の当たりにしてきましたが、その彼らが神の愛と善を放っているのです。その人たちが恨みを抱くのは当然なのですが、イエスを信じてクリスチャンになった患者たちの霊的成熟は、私たち医師や宣教師のありようを問うものです。

イエスが示された神のかたち《イメージ》だけでもかなり衝撃的でしたが、新約聖書は、イエスに従う者は同じかたち《イメージ》を表すように、と記しています。イエスが模範を示したへりくだること、仕えること、愛は、「からだ」の基準となりました。フィリピの信徒への手紙の一節を思い出してください。「互いの関係において、キリスト・イエスと同じ考えを持ちなさい」(二・五、英訳)とはっきり書かれています。

私は、この「同じ考え」を最もよく体現している人たちについて、私の記憶をたどってみました。子どものころ、私はしばしば大きな教会やリトリートセンターに通い、英国で最も有名なキリスト教の講演者たちの話を聞きました。その多くは雄弁さと博識さを示していました。けれども、私の記憶に残っているのはその人たちではなく、ウィリー・ロングです。

私は、海辺のリゾート地にあるプリミティブ・メソジスト教会でウィリー・ロングと出会いました。ウィリーが説教壇に立つと、青い漁師服に付着した魚の鱗が会堂に刺激的な匂いを放ちました。けれども、無学で、ノーフォーク州訛《なま》りが強く、文法にとらわれない話し方をしながら、それでもまっすぐな信仰を持つこの男が、どの著名な講演者たちよりも、私の信仰の形成期に大きな影響を与えたのです。キリストについて語るときには、彼は友人について話すように語りました。そしてその流す涙を通して神の愛を放ったのです。ウィリー・ロングは、人々のイメージからすれば取るに足りない存在だったかもしれませんが、私に神の姿《イメージ》を見せてくれました。

その後、インドで私は、外科医のメアリー・ヴェルゲーゼと患者たちとの霊的な信頼関係《ラポール》を、畏敬の念をもって見ることになりました。メアリーは将来を嘱望された私の学生の一人でしたが、恐ろしい交通事故に遭い、下半身不随になってしまいました。何か月も病院のベッドに横たわり、理学療法を拒否しました。神の癒しに望みを託し、下半身麻痺のリハビリは時間の無駄である、と言いました。神はすぐにでも自分の両足を完全に元どおりにしてくださるからだ、と言うのです。

結局、メアリーは奇跡的な癒しを求める気持ちを思いきって捨て、代わりに、自分の弱さの中にこそ最も良い形で現れる霊的な力を感じ取るようになりました。あらゆる困難を乗り越え、外科医師の免許を取得し、キリスト教医科大学の病院で力を発揮するようになりました。

メアリーは下半身不随に加え、顔にも大きな傷を負っていました。頬の骨格の再建手術を繰り返し、形成外科医は彼女の顔の側面に大きな傷跡を残さざるをえませんでした。その結果、彼女の笑みも左右非対称の不自然なものになりました。完璧な身体というものがあれば、彼女はそれに遠く及ばないものでした。それでも、彼女はヴェールールの患者たちに並外れた影響を与えていました。

落ち込んでいるハンセン病患者たちはよく、病棟の廊下をあてもなくうろうろしています。そんなときに、メアリーの車椅子のキーキーする音が近づいて来るのが聞こえます。すると、まるで病気がすべて治ったと宣告されたかのように、患者たちの表情がパッと明るくなるのです。メアリーには、彼らの信仰と希望を新たにする力がありました。このように、メアリー・ヴェルゲーゼを思うとき、彼女の顔ではなく、多くの人々の笑顔の中に映し出された彼女の姿、彼女の傷を負った身体を通して放たれた神の姿《イメージ》を見るのです。

最後に、私の人生に最も影響を与えた偉大な人物をもう一人紹介します。それは私の母「ブランドおばあちゃん」です。年老いた母には、身体的な美しさはほとんど残っていませんでした。若いころはだれもが認める美人でしたが。インドでの過酷な環境に加え、度重なる転倒で歩行に不自由さを覚え、さらに腸チフス、赤痢、マラリアを患ったゆえに、やせ細った猫背のおばあさんになっていました。長年、風と太陽にさらされてきたため、顔の皮膚は革のように硬くなり、私が見たどの人よりも深い皺《しわ》が広く刻まれていました。母は、見た目の美しさはとっくに失われていることをだれよりもよく知っていたため、家に鏡を置くことを頑なに拒んでいました。

七十五歳の時、南インドの山中で仕事をしていた母は、転んで臀部を骨折してしまいました。翌朝、作業員が発見してくれるまで、一晩中、痛みで地面に横たわっていました。四人の男性たちが、母を紐《ひも》と木で急ごしらえで作ったベッドに乗せて山道から平地まで運び、そこからジープで二百四十キロもの轍《わだち》の道を走りましたが、母にとってどんなに厳しい路程だったかと思います。母は以前にも、頭から落馬して、同じような経験をし、すでに膝から下が麻痺していました。

それからまもなく、私は山中にある土壁の家を訪ね、母に引退を勧めました。そのころの母は、自分の背丈よりも高い二本の竹の杖の助けを借りてしか歩くことができず、麻痺した足が地面を引きずらないように、杖をついて足を高く上げて一歩一歩、歩を進めていました。それでも母は、福音を宣べ伝え、病気を治療し、村人の抜歯のために、馬に乗って旅を続け、辺境の村々で野営するのをやめませんでした。

私は、引退するよう説得しに行きました。「母さん、こんな辺鄙なところでひとりで暮らすのは危険だよ。何かあっても、一日はかかるのだから」と話しました。母はバランス感覚に障がいがあり、足に麻痺があって、常に医療上の危険にさらされていました。すでに脊椎や肋骨の骨折、脊髄神経根の圧迫、脳震盪、大腿骨の骨折、手のひどい感染症にも見舞われていました。「どんなに有能な人でも、七十代になれば引退することもあるよ。ヴェールールに引っ越して、ぼくの家の近くに住まない?」と、微笑みながら話してみました。

ブランドおばあちゃんは、そんな私の言い分をナンセンスだと跳ねのけ、厳しい口調で言い返してきました。「だれがこの仕事を続けるの? この山岳地帯のどこを見渡しても、みことばを伝え、傷の手当てをし、農場と研修所を運営する人はいないのよ。」 そしてこう断言しました。「とにかく、神が私を必要としているところで用いられないのなら、この老体を維持することに何の意味があるのよ。」

そして、母はそこにとどまりました。十八年後、九十三歳になった母は、あまりに頻繁に転ぶので、ポニーに乗るのをしぶしぶあきらめました。献身的なインドの村人たちが母をハンモックに乗せて町から町へと運んでくれるようになりました。さらに二年間の宣教活動の後、母は九十五歳で人生の幕を閉じました。埋葬は本人の希望で、よく使われるシーツを敷いただけの簡素なものでした。母は棺桶に高価な木材を無駄に使うことを嫌い、肉体を元の腐植土に戻し、霊を解き放つという象徴的な方法を好んだのです。

母との思い出で最も心に残っているのは、母が大好きだった山の中の村での光景で、おそらく私が村の中で見た母の最後の姿だと思います。母は村を囲む低い石垣の上に座っており、四方から人々が押し寄せて来ます。彼らは、母が語るイエスのお話を聞いています。そして、人々の深く鋭い質問に答えると、母はうなずきながら、彼らを力づけています。「おばあちゃん」の涙に潤んだ目は輝いていて、そばに立つ私には、母が衰えた目を通して見ているものが見えました。それは、絶対的な信頼と愛情をもって彼女のことをじっと見つめる人々の顔でした。

人々は皺《しわ》だらけの老いた女性の顔を見ていますが、委縮した彼女の細胞組織は透き通り、生気にあふれていました。ブランドおばあちゃんには、ガラスと磨き上げられたクロミウムでできた鏡は必要ありませんでした。彼女には何千人ものインドの村人たちの顔が映っていました。母のやせ衰えた肉体の姿《イメージ》は、彼女を通して灯台のように光を放つ神の姿《イメージ》を引き立てるものなのです。

＊　＊　＊

ウィリー・ロング、メアリー・ヴェルゲーゼ、ブランドおばあちゃん。この三人の中に私は神の姿《イメージ》をはっきりと見ました。ミス・ユニバースやハンサムなオリンピック選手が神の愛と力を示すことができないとは言いませんが、そうした人たちには不利な点があります。人間の自己像《セルフイメージ》は、肉体的な魅力、社会的地位、知性、才能などによって形成されます。人が依存するそうした資質が、神の聖霊に頼ることを困難にするのです。

人気や名声は、キリストがご自分の姿《イメージ》を現そうとする人に求めておられる特質、すなわち謙遜、無私無欲、愛をもみ消してしまう傾向があります。むしろ、神の聖霊は、弱者の弱さ、貧者の無力さ、身体の変形を通して最も光り輝くのです。そのことは聖書に明らかです。「神は、見劣りのする部分をいっそう引き立たせて、体を組み立てられました。それで、体に分裂が起こらず、各部分が互いに配慮し合っています」（コリントI一二・二四〜二五、傍点筆者）。

キリストの考えが私たちを導くようになると、私たちもまた、キリストの姿《イメージ》をより正確に伝えられる者となります。「わたしたちは皆、顔の覆いを除かれて、鏡のように主の栄光を映し出しながら、栄光から栄光へと、主と同じ姿に造りかえられていきます。これは主の霊の働きによることです」（コリントII三・一八）。

# 23 存在

自然界の中で、強さ、敏捷さ、耐性、繊細さすべてを兼ね備えた人間の手にまさるものはないと思います。芸術、音楽、執筆、治療といった素晴らしい活動に、手の働きは欠かせません。私は外科医として、人間の手指を専門としてきました。当然のことながら、神の「受肉」ということを考えるときに、イエスの手のことを思い浮かべます。

神が幼子の姿をとるというのは、私にはほとんど想像することができません。けれども確かに、イエスは、新生児の小さく、きゃしゃな手をして、この世に入って来られました。小さな爪、こぶしや関節の周囲にできた皺《しわ》、それに擦り傷がなく荒れたことのない柔らかい肌を持っておられたでしょう。G・K・チェスタトンは言いました。「太陽や星を創造した手は、牛の巨大な頭も届かないほど小さかった。」自分で着替えることも、食べ物を口に入れることもできないくらい小さかったのです。神の御子は幼子の無力さを経験されました。

私は大工の経験があるので、父親の店で大工の仕事を学んでいた幼子イエスの手を容易に想像することができます。その肌にはおそらくタコや痛んでいる所があったに違いありません。ありがたいことに、痛みも感じていたでしょう。私のハンセン病患者たちにとって、大工は危険な職業です。尖った刃や粗い取っ手の道具を使う際に、痛覚の警告を感じることができないからです。

真の医師の手が現れました。聖書には、イエスが人々を癒したとき、その手から力があふれ出たと書かれています。イエスは一度に大勢の人々に対して奇跡をもって癒しを行うのではなく、一人ひとりに触れて癒されました。イエスは長い間完全に乾ききった目にイエスの手が触れると、突然、光と色彩が戻りました。ユダヤの律法では、汚れに触れると、自らが汚れることになるとあるのを知りながら、イエスは長血を患った女性に触れられました。だれもが触れようとしなかった人にも手を伸ばされました。こうした小さな形でしたが、イエスの手は、ご自分の愛するこの世界で破壊されたものを矯正していかれたのです。

イエスの生涯で最も重要な場面でも、その手が関わりを持っていました。多くの善きわざをしてこられたその手が捕らえられ、片方ずつ太い釘で打ち貫かれました。その場面を想像すると、胸が張り裂けそうになります。私はこれまでの人生を手の切開に費やしてきたと言えます。神経、血管、骨、腱、筋肉の複雑に入り組んだ手の内部を見えるようにするため、メスで一層ずつ組織を切り開いていく繊細な作業に携わってきました。二十年もの間使えなかった指に健康な腱を移植するために、広げられた手の中で宝探しのような作業を行ってきました。それゆえ、十字架上で釘を打たれた人間の手指がどのような状態になるのか、胸が痛むほどわかります。

当時の死刑執行人は、指を制御する腱と正中神経が通っている手根管に直接、釘を突き刺しました。手首に釘を刺すと、手が鉤爪のように変形します。イエスに麻酔薬が投与されることはありませんでした。イエスはその手が完全に駄目になり、使いものにならなくなることを許されたのです。

その後も、十字架にかけられたその身体の重みで、多くの組織が引き裂かれ、さらにたくさんの血が流れました。木にかけられ麻痺状態になった神の御子ほど、無力な姿はないでしょう。「自分を救え！」と群衆は嘲りました。「他人を救ったのだから、自分も救えないわけはないだろう」と。イエスがメシアであることを期待していた弟子たちは、暗闇の中に身を潜め、遠く離れて行きました。自分たちはきっと間違っていたのだ、と。

最後に、イエスは弱さの極限の中で言われました。「父よ、あなたの御手にわたしの霊をゆだねます。」刑は執行され、受肉の屈辱は終わりを告げました。完了したのです。

しかし聖書は、イエスの手についてもう一つのことを垣間見せてくれます。弟子のトマスが、仲間たちがでっち上げたとしか思えない話に異議を唱えているその隠れ家に、イエスが現れるという場面です。人は死んだらよみがえったりしない、とトマスは嘲ります。それは幽霊か幻影にすぎない、と。すると、何の前触れも予告もなく、イエスが入って来て、紛れもない自分の手を差し出されたのです。身体は変わり、壁や鍵のかかった扉を通り抜けることがおできになりました。しかし、その手には傷痕が残っており、その人は確かに、彼らが十字架で見た人物でした。

イエスはトマスを呼び寄せ、自分の指を傷痕に当てるように言われました。トマスは非常に驚き、ただ「私の主よ！　私の神よ！」と叫び声をあげました。ここは、イエスの弟子の一人がイエスを直接「神」と呼んだ最初の記事です。重要なのは、イエスの傷を見たことが〔キリストの〕顕現の口火となったということです。

キリストはなぜ傷痕を残されたのでしょうか。天の栄光に帰られるときに、完全な身体を持つことができたし、あるいは身体を持たないことも可能だったでしょう。そうではなく、地上に来たことをしっかりと記憶し、その証しとして傷痕を残されたのです。人間の痛みが神の痛みとなったのです。

## 新しい手

私たちは、イエスが起こされた大改変をどこか見逃していないでしょうか。古代の神話は、天が地に影響を与えると語っています。子どもたちが道路の橋の上から下を走る車に石を投げつけるように、神々は雨や地震や雷の形でもって地球に裁きと災いを下したというのです。けれども今、この古代の公式は覆されました。「上にあるように、下にもあれ」が「下にあるように、上にもあれ」となったのです。祈りのような人間の行為は、天に影響を与えます。

ヘブライ人への手紙の著者は、受肉を省察し、神と人間の親密さの進展に注目しています。旧約聖書では、祭司を通して遠くにいる神に近づくという形を取っていましたが、今はイエスが近づいてくださるようになったのです。ヘブライ人への手紙の著者は断言します。「だから、憐れみを受け、恵みにあずかって、時宜にかなった助けをいただくために、大胆に恵みの座に近づこうではありませんか」（四・一六）と。「かしら」なるお方は目覚めさせられたり教示されたりする必要はなく、知恵や力が足りないからと、地上での神の活動が制限されることはありません。制限があるとすれば、構成員の細胞が、「からだ」の他の部分に仕えるために「かしら」なるお方に従っているかどうかということです。

今日、イエスが弟子に使命を引き継がれたことによって、神の活動のわざが世界中に広がっています。弟子たちは、イエスが地上におられたときに一度も訪れなかったところに、「ユダヤとサマリアの全土、また、地の果てに至るまで」恵みとあわれみと正義のメッセージを伝えています。結局のところ、イエスはその短い生涯で、世界のほんの一地域でしか活動しませんでしたが、それは最初からのご計画でした。新約聖書には三十回以上にわたって、私たちイエスに従う者はキリストの「からだ」であり、この世で神を目に見える形で示す存在であることを想い起こさせます。私たちが行くところに、神も行かれるのです。

私は四つの福音書を読んで、イエスがどのように弟子たちを新しい主権の局面を備えておられたかを見てみました。イエスは三年の宣教の働きの間、自分の仕事を徐々に弟子たちに引き継がれました。最初は、癒し、悪霊払い、困窮者への奉仕をご自身の手で行っておられました。しかしご自分の死が近づくにつれて、イエスは残される者たちの訓練に力を注がれました。いくつかの重要な出来事があります。

「わたしは、狼の群れの中に小羊を送り込むように、あなたがたを送り出す」と、ご自分のために出て行く最初の弟子たちに警告を与えられました（ルカ一〇・一〜二四参照）。イエスはこうして、七十二人の寄せ集めの未熟な弟子たちに聖なる任務を託されたのです。厳重な警告がありましたが、七十二人はその働きで大成功を収め、イエスはそのことを心底喜ばれました。イエスがこれほど喜びに満ちあふれている場面を私はほかに知りません。イエスがひとり待っておられる間にも、御国のわざは進んでいたのです。

その後、地上の生涯の最後の最後に、イエスは最後の晩餐の席で、すべての使命の引き継ぎを行われました。「わたしの父がわたしに支配権をゆだねてくださったように、わたしもあなたがたにそれをゆだねる」（ルカ二二・二九）とその夜、言われました。それ以来、イエスは主に人間の「細胞」を通してみわざをなすという自己抑制的な形を取るようになられました。明らかに、神は私たち人間に権限を委譲することを望んでおられるのです。

**トイッグ夫人**

若手医師としてロンドンの病院で夜間当直をしていたときのことです。八十一歳のトイッグ夫人の病室を訪ねました。この勇気ある女性は咽頭癌と闘っていましたが、機知に富み、明るくふるまっていました。彼女はしゃがれた声で、延命のためにできるかぎりのことをしてほしいと言い、私の教授の一人が喉頭とその周囲の悪性の組織を摘出しました。

トイッグ夫人は順調に回復しているように見えましたが、ある日の午前二時ごろ、彼女の病室への緊急の呼び出しがありました。彼女はベッドから身を乗り出して座り、口から血があふれ出ていました。恐怖がその表情に満ちていました。私はすぐに、喉にある動脈の後壁が侵食しているのだと察しました。私は、自分の指を彼女の口の中に突っ込み、脈打っている部分を圧迫する以外に、出血を止める方法を知りませんでした。片手で彼女の顎《あご》をつかみ、人差し指でよく滑る喉の奥を探り、動脈を見つけ、それを遮断するよう圧迫しました。

看護師たちが顔の周りをきれいに拭いている間に、トイッグ夫人は息を吹き返し、吐き気も治まってきました。私を信頼するようになるにつれ、恐怖心も徐々に消えていきました。十分ほど経って、正常な呼吸に戻ってきて、頭を後ろに傾けたので、私は指を抜いて器具に取り替えようとしました。けれども、器具を入れようにも、喉の奥が見えず、指を抜くたびに血が新たに吹き出し、トイッグ夫人はパニックに陥りました。顎は震え、目は見開き、私の腕を強くつかみました。ついに私は、外科医と麻酔科医が家から駆けつけるまで、指で止血しながら待つと伝えて、彼女を落ち着かせました。

私たちは腰を据えることにしました。私は右腕を彼女の頭の後ろで曲げて、支えました。左手は、ゆがんだ彼女の口の中でほとんど見えなくなり、人差し指は危険な部分を押さえていました。歯科医に通った経験から、私は、自分の手全体が入るほど大きく口を開けていることが、小さなトイッグ夫人にとってどれほど疲れ、苦しいことであるかはよくわかっていました。けれども、彼女の青い瞳には、必要なかぎり今の姿勢を保つという強い決意が見えました。

彼女の顔は私の顔から十数センチのところにあり、彼女の死の恐怖がヒシヒシと伝わってきました。彼女の息も血のにおいがしました。彼女の目は無言のまま、「動かないで。離さないで！」と訴えてきました。不格好な姿勢を緩めれば、出血多量で死んでしまうことを、私も彼女も知っていたのです。

私たちは二時間近くその状態で座っていました。彼女の懇願するようなまなざしは、決して私から離れることはありませんでした。最初の一時間の間に二度、筋肉痛のような痛みが私の手を襲ったとき、私は出血が止まったかどうかを確かめようと動こうとしました。けれども出血は止まっていませんでした。トイッグ夫人は、温かい血液が喉に流れ込んでくるのを感じると、咳き込み、私の肩をぐっとつかみました。

その二時間をどうやって持ちこたえたのか、私にはわかりません。筋肉が激しい痛みで叫び声をあげました。指先はしびれて感覚を失いました。私は、転落したパートナーを何時間も一本のロープでつなぎとめているロッククライマーの姿を想像しました。このとき、感覚がなくなるほどしびれていた私の一〇センチほどの指が、命綱でした。二十代の若手医師である私と、この八十一歳の女性は、人間のわざとは思えないほどしっかりとしがみついていました。彼女が生きるために、それが必要だったのです。

外科医が到着しました。助手が手術室の用意をし、麻酔科医が薬品の準備をしました。病院職員たちが、異様な格好で抱き合っている私とトイッグ夫人を手術室に運び込みました。そこで、皆がきらびやかな器具を持って身構えているなか、私はゆっくりと彼女の喉から指を離しました。血が吹き出す感じはありませんでした。私の指にもはや感覚がなくなったからでしょうか。それとも、二時間も圧迫して、ようやく血が固まったからでしょうか。

私は手を口から離しました。それでも、トイッグ夫人は楽に息をしました。彼女の手は私の肩をつかんだまま、その目は私の目をじっと見つめていました。徐々に、傷つき腫脹している唇の端がかすかに丸くなっていき、微笑みを浮かべるようになりました。血が固まったのです。咽頭を切除した彼女は話すことができませんでしたが、感謝の意を表すのに言葉は必要ありませんでした。彼女は私の筋肉がどれほど苦痛に耐えていたかを知っていましたし、私は彼女の恐怖の深さを知っていました。まどろみの病棟での二時間、私たちはまさに、ほとんどひとりの人間になっていたのです。

### 神はどこにいるのか

あれから四十年、トイッグ夫人とのあの晩のことを思い出すと、それは、私たち一人ひとりの中にある人間の無力さと神の力との相反するものの一つのたとえ話のように思われます。あの苦悩の晩、私が受けてきた医学的訓練はほとんど役に立ちませんでした。重要なのは、私の存在と、患者にとにかく応えようとする私の意欲だったのです。

多くの医師や医療従事者と同じように、私も現実の苦しみを目の前にして、しばしば自分の無力さを感じます。痛みは津波のように突然襲ってきます。ある女性は胸に小さなしこりを感じ、恐怖に襲われます。子どもが死産すると、両親にとっては、人生そのものが止まってしまったかのように感じます。少年が交通事故を起こし、フロントガラスから放り出され、意識は朦朧《もうろう》としています。医師らは慎重を期しますが、回復の見込みはほとんどないと伝えます。

苦しみが襲ってきたとき、そばにいる私たちは衝撃のあまり打ちひしがれます。込み上げてくる感情を抑えて、病院に駆けつけ、慰めの言葉を口の中で繰り返し、悲嘆に暮れている家族に何と声をかけたらよいかを考えます。しかし後になって患者さんやその家族に、「だれに一番助けられましたか」と尋ねると、意外な答えが返ってきます。話が上手で、性格が明るい人、という答えはまずありません。そうではなく、静かな人、話すよりも耳を傾けてくれる人、必要なときに必要な手助けを実際にしてくれる人、批判をせず、アドバイスもあまりしない人だということです。

「存在です」と、その人たちは言います。「私が必要とするときに、そこにいてくれる人です。」手を握ってくれること。共感してくれること。当惑しながらも抱きしめてくれること。苦しい思いに寄り添ってくれること。他の人の苦しみに直面したとき、私たちは手術マニュアルにあるような正確な対処法を欲しています。けれども、人間のたましいはあまりにも複雑です。ときに私たちができる最善のことは、そこにいること、愛すること、そして触れることなのです。

私はこれまで、霊的な「からだ」に関わる教訓について書いてきました。「かしら」なるお方に忠実に仕えることの必要性、皮膚の柔軟性や適応性、構成員の細胞の多様性とその協力体制から生まれる驚異的力などです。まとめると、こうしたことは、この世界に「神の臨在」を感じさせることができるということです。

イエスはこの世を去るとき、その働きを、ご自分の死に際して大方が見捨てていった弟子たちの失敗だらけのコミュニティに引き継がれました。私たちは、イエスがこの地上に残していかれた者たちです。イエスは書物や教義や思想体系を残されませんでした。ご自分を具体化し神を世に現す、目に見えるコミュニティを残されたのです。「キリストのからだ」という独創的な隠喩《メタファー》は、イエス・キリストが地上を去った後にしか生まれないものです。

使徒パウロは、コリントと小アジアの信徒に宛てた手紙の中で、そして彼がその不誠実を厳しく非難する諸教会に宛てた手紙の中で、その「からだ」についての偉大で明快な言葉を記しています。比喩と隠喩《メタファー》の達人であるパウロは、神の民が「キリストのからだのようである」とは言っていません。どの箇所でも、私たちが「キリストのからだである」と言っています。聖霊が来て、私たちの間に住み、私たちが神を表現し、私たちが神を具現化することによって、この世界は、目に見えない神を知るのです。

聖書に三つの象徴があります。栄光の雲としての神、死を担ってくださった御子としての神、そして、新しい「からだ」と一体となった霊としての神です。それは、恐れから、人間性の共有へ、そして本質の共有へと、親密さの進展を示しています。神は世界のどこにいるのでしょうか。私たちは至聖所やナザレの大工を指し示すことはできません。私たちが、神の霊の内在によって神が存在することを具体化するのです。それは確かに私たちにとって大きな重荷です。

「キリストにおいて、あなたがたも共に建てられ、霊の働きによって神の住まいとなるのです」(エフェソ二・二二)。私たちはこの地球上で神のかたち《イメージ》を担っているのです。

＊　＊　＊

第二次世界大戦後、ドイツの学生たちは、爆撃によって破壊されたヨーロッパの教会の再建をボランティアで手伝いました。作業が進むにつれ、両手を広げ、「わたしのもとに来なさい」と刻まれた大きなイエス像をどう修復するかが議論されるようになりました。注意深く修繕が行われ、キリストの手以外の損傷はすべてきれいに修復されました。けれども、この両手は爆撃で粉々になっていました。その手をもう一度作り直すという精巧な仕事に挑むべきでしょうか。

修復に従事する人たちは決断を下しました。その決定は今も引き継がれています。イエスの像には手がなく、碑文にこういう文字が刻まれています。「キリストには手がありませんが、その代わり、私たちの手があります。」

アビラのテレサがこのことを適切な言葉で表現しています。

「キリストはあなたの身体以外には肉体をもっておらず、地上にはあなたの手足しかありません。あなたの目はキリストがこの世に慈悲を注ぐ目であり、あなたの足はキリストが善を行うために歩む足であり、あなたの手はキリストが全世界を祝福する手です。あなたの手、あなたの足、あなたの目、あなたはキリストのからだです。キリストには今、あなたの身体しかありません。地上にはあなたの手足しかありません。キリストには今、この世に慈悲を注ぐ目があります。キリストには今、あなたの身体しかありません。」

# 訳者あとがき

本書は、医師のポール・ブランド博士とジャーナリストのフィリップ・ヤンシー氏の共著です。原著の表題は *Fearfully and Wonderfully: The Marvel of Bearing God's Image*, 2019です。フィリップ・ヤンシー氏は有名なクリスチャン・ジャーナリストで、数々の著書が日本語に翻訳され、日本のキリスト教界に大きな影響を与えてきました。整形外科医のポール・ブランド博士は、宣教師の子どもとしてインドで生まれ、英国で医学を学んだ後、インドに戻り、ハンセン病患者への医療に尽力しました。新しい治療法の開発に貢献し、医療界に大きな足跡を残しました。その功績は国際的に高く評価され、医学界のノーベル賞とも称されるアルバート・ラスカー医学研究賞を受賞し、大英帝国勲章を授与されました。

この本は、医学、科学、神学の視点から、人間の存在の神秘を深く掘り下げています。ブランド博士の豊かな経験と洞察に満ちた本書から、生命の尊さ、そして「神のイメージ」を担う者としての生き方を深く考えさせられます。

私たちは、健康な日々を送るなかで、自分の身体の働きを意識することはあまりありません。しかし、本書は、四十兆個の細胞が緻密に連携し、奇跡的なまでに機能している身体の神秘を解き明かします。たとえば、脳内の百兆個以上のシナプスが織りなす複雑なネットワークは、まるで宇宙の星々のように、絶え間なく情報を伝達し合っています。

人体は、私たちに深い教訓を授けます。社会において評価が低いとされる仕事も、人体にとって不可欠な腎臓のように、すべての存在が平等な価値をもつことを教えてくれます。これは、人体の各器官が互いに連携し、一つの生命を支えているように、キリストの「からだ」を構成する私たちも、互いを尊重し、全体の益になるよう行動すれば、より良い社会を築けることを示唆しています。

本書はまた、私たちが神に似せて造られた存在であることを語りかけてきます。個々人は不完全な存在でありながらも、集合体として神の存在をこの世に現せることを教えてくれます。キリストの「からだ」に属する私たちに求められていることは、傷ついた世界に愛と善をもたらすことであると語ります。マザー・テレサ、ファウ医師、そしてブランド博士をはじめとする数々の聖者たちの生き方は、私たちに深い感動を与え、その証しとなっています。彼らのみならず、ブランド博士が語ったハンセン病患者の信仰は、私の心に深く刻まれました。

本書の翻訳は私にとって貴重な経験となりました。医学用語の正確な訳語を探し、聖書の深い意味を理解しようとするなかで、多くの困難に直面しました。しかし同時に、ブランド博士の言葉一つ一つを丁寧にひも解き、日本語に置き換える喜びも感じました。この本を通して、読者の皆さまが自分自身と向き合い、より豊かな人生を送るためのきっかけとなれば幸いです。

最後に、本書の出版にあたり、多くの方々に支えられたことを心から感謝いたします。特に、いのちのことば社出版部の長沢俊夫様には、文献調査から翻訳まで、多大なるご尽力を賜り、深く御礼申し上げます。フィリップ・ヤンシー氏の作品に精通した翻訳家の山下章子様には、読者の視点に立った、丁寧なご助言をいただきました。心より感謝いたします。また、医学用語の正確な訳語と丁寧な監訳を担ってくださった有光潤介様にも御礼申し上げます。そして、いつも私のそばで支えてくれる家族、特に夫の謙介と息子の聡真にこの場を借りて心から感謝いたします。

本書が、読者の皆さまの人生に少しでも光を照らすことを祈っております。

二〇二四年十二月

赤木真理子

訳者　赤木真理子（あかぎ・まりこ）

小・中にアメリカ・カリフォルニア州で4年間過ごす。

立命館大学卒業、大阪大学大学院国際公共政策研究科修士課程を修了(Master of International Public Policy)。

立命館アジア太平洋大学や企業（川崎重工、小林製薬等）でリーディング、ライティング、スピーキング、英検、TOEIC対策等を指導。トーストマスターズ・インターナショナル全国スピーチ大会準優勝（2022年)。企業内翻訳や通訳に携わる。

監訳者　有光潤介（ありみつ・じゅんすけ）

千里丘かがやきクリニック院長、広島大学医学部客員准教授。

1998年に愛媛大学を卒業し、医師免許を取得。

2003年大阪大学医学部分子病態内科学博士課程入学、2007年同大学院卒業後、大阪大学漢方医学寄附講座助教、金沢大学附属病院漢方医学科非常勤講師など経て、2021年に開業。同年より、広島大学医学部客員准教授を併任。

著書に、『経方脈学』(共著、東洋学術出版社)、『漢方処方 定石と次の一手』(分担執筆、中外医学社）がある。日本東洋医学会漢方専門医・指導医、アレルギー学会専門医。日本消化器病学会専門医。

# 驚くべき人間のからだ
## ——神のかたちとして——

2025年2月15日 発行

著　者　ポール・ブランド
　　　　フィリップ・ヤンシー
訳　者　赤木 真理子
監訳者　有光 潤介

印刷製本　日本ハイコム株式会社

発　行　いのちのことば社
〒164-0001 東京都中野区中野2-1-5
電話 03-5341-6922（編集）
03-5341-6920（営業）
FAX03-5341-6921
e-mail:support@wlpm.or.jp
http://www.wlpm.or.jp/


ISBN 978-4-264-04540-3　Printed in Japan